中国百村调查丛书

国家社会科学基金重点项目（滚动资助，批号：98ASH001）

"十二五"国家重点图书出版规划项目

"十三五"国家重点图书出版规划项目

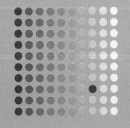

中国古村调查

中国百村调查丛书·银达村

文化新村

YINDA:
REMOTE VILLAGE, DYNAMIC CULTURE

魏胜文　李有发
孙占鳌　乔德华 / 著

社会科学文献出版社
SSAP
SOCIAL SCIENCES ACADEMIC PRESS (CHINA)

文中照片、图片除各章由作者提供外，
其余照片由魏胜文、乔德华提供。

全部书稿由乔德华初审、汇稿、统稿，李有发、孙占鳌复审，
魏胜文终审。

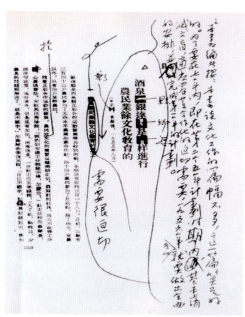

毛泽东主席一九五五年十二月二十七日为银达村题写"光辉按语"

银达村文化设施

银达村村民开展体育活动

银达村居民公约与文化墙一隅

"天下和静、在于民乐"——银达村"文化剧院"（一）

"天下和静、在于民乐"——银达村"文化剧院"（二）

银达村道德讲堂

调研组对文化传承人代表进行专访

调研组与肃州区文化馆、广电局、文体局、教育局、
史志办、妇联部门负责人、老干部集体访谈

银达村文化室

典型文化传承人方秀兰与其所获的
世界妇女生活创造奖奖励证书

银达村民家中醒目地摆放着的治家格言

银达村民家中的床头书柜

银达村资料

中国百村调查丛书总编辑委员会

中国百村调查丛书·银达村
课题组成员

课题研究单位　甘肃省农业科学院　甘肃省社会科学院

课题主持人　魏胜文

课题组成员　李有发　孙占鳌　乔德华　陈文杰

　　　　　　　刘徽翰　吴绍珍　白贺兰　宋文姬

　　　　　　　任　慧　黄炳凯

总　　序

　　中国百村调查，是继全国百县市经济社会调查之后又一项经国家社科基金立项，由中国社会科学院组织协调的大型调查研究项目，其目的是加深对中国国情的认识和研究，特别是加深对中国农村社会的认识和研究。

　　在改革开放的大潮中，中国农村经历了空前的变化。早在 20 世纪 90 年代中期，在完成百县市调查研究后，中国社会科学院百县市调查课题组发现，县市调查属于中观层次，需要村落调查给予充实和完善。当时农村人口依然占中国总人口的多数，尤其是改革开放以后，农村基层社会变化最深刻，这是决定中国社会主义现代化命运的基础，是弄清国情必不可少的。在百县市调查的基础上，继续开展对村庄的大型调查，可以对县市村形成系统的、全面的认识。百村调查是百县市经济社会调查的姊妹篇，两者结合起来研究，将相得益彰，让我们更加完整地理解我国的基本国情。

　　因此，总课题组当时做了两件工作：一是组织一个课题组，到河北省三河市行仁庄进行试点调查，形成村的调查提纲、调查问卷和写作方案，为开展此项调查做了准备；二是在 1997 年 7 月写出了《中国国情丛书——百村经济社会调查》的课题报告，向全国哲学社会科学规划办申请立项，但因当时国家社科基金"九五"重点课题都已在 1996 年评审结束，立项时间已过，不好再单独立项。后来总课题组同全国哲学社会科学规划办反复协商，全国哲学社会科学规划办考虑到百县市经济社会调查课题组很好地完成了任务，考虑到再做一次百村调查是百县市国情调查的继续，很有必要，所以于 1998 年 10 月特别批准了将百村经济社会调查补列为国家社会科学基金"九五"重点项目，并专门下批文确认，批文为 98ASH001 号。

"百村经济社会调查"课题立项后，就受到各地社会科学界，特别是原先参与过百县市调研的单位和学者的欢迎，迄今已经有几十个单位组织课题组，陆续进行了选村、进村工作并开展调研。从 1998 年到现在的 19 年时间，百村调查在参与者的通力合作下，已先后出版了 23 本有影响力的专著，其他村庄的调查研究还在进行之中。

村庄的数量之多、差异之大，非县市所能比。究竟选择什么样的村庄，用什么样的视角，采用什么样的研究方法，形成什么样的成果，都不是用一个模式能解决的。但是，总课题组有一个宗旨是很明确的，那就是希望研究者对村庄进行长期的、深入的调查，不追求速度，要追求质量，通过对一个村的系统研究，获得新的知识和理论创新。由于课题重大、内容丰富、追求质量、工程艰巨，每个村的调研写作和出版的周期都比较长，可用研究经费筹措困难，加上我们课题组主观努力不够，此项调查进行的时间拖长了。为了确保百村研究延续下去，2012 年总课题组向全国哲学社会科学规划办提出顺延申请。规划办组织相关领域的专家对项目的研究工作进行了评估，评审专家充分肯定了已有的研究成果，并一致认为该项目具有较高的学术研究价值和史料价值，意义重大，而且工程浩大，很难在短期内完成。基于此，全国哲学社会科学规划领导小组批准，将本课题定为滚动项目，并予以资金资助，这为项目的下一步研究提供了重要的支持。

在过去的 19 年时间中，总课题组与各地课题组建立了一套有效的研究合作机制，对推进百村调查起到了重要的作用，这样的合作机制对其他长期的大型课题研究有一定的参考价值。首先，总课题组建立了课题协调、子课题论证、研究指导和监督、成果审定的机制，有专人负责。其次，总课题组开展定期的学术研讨和交流活动。迄今为止，先后在北京、河北徐水、安徽黄山、浙江温州、贵州贵阳、浙江杭州和德清、辽宁沈阳等地召开了多次学术研讨会，会议的内容一般分两部分：一部分是参会者将研究成果拿来交流，另一部分就是安排下一步的百村研究。最后，形成了一个开放的发展机制，即不定期地吸纳新的研究者参与到百村调查和研究中，不断挖掘和培养新的研究人才。

百村调查课题自启动以来，不仅出版了一批高质量的学术著作，推进了中国农村研究，而且培养了一批中青年研究骨干，产生了良好的社会效益，深受学术界重视。现已出版的百村研究成果都是在研究者深入的田野调查基础上写就的，内含大量的第一手实证资料，既涉及中西部贫困村庄，又研究了沿海发达村庄；既涉及纯农业村落，又选择了工业发达村庄；既对传统村庄进行研究，又对正在进入城市化进程的城中村、城郊村等进行调查，对如此多不同类型的村庄进行的深入调查和研究，可以形成对中国农村发展新的认识图像，改变过去那种对中国农村单一的认知印象。

在现有开展的村庄研究基础上，我们已经进行一些概念提炼和理论概括，渐渐地显现出对促进中国社会科学理论创新发挥作用的迹象。在《内发的村庄》一书中，作者们强调了行仁庄具有内发发展的性质，分析了地方政府、村组织和村民三个行动主体之间的关系。认为行仁庄内发发展的性质的形成主要与人民公社时期历史的延续和主要政治精英的观念意识相关。这一认识实际上说明了中国农村发展有其很强的内在动力和相应的资源条件，如果忽视了这一点，会在政策上产生很大的偏误，反过来不利于农村的发展。由贵州民族大学教授孙兆霞同志主持的《屯堡乡民社会》一书，系统、深入地研究了贵州省安顺地区的屯堡社会及屯堡文化的形成、构建及基本特征，对屯堡社会提出了不同于以前研究的理论解读，尤其是提出了"乡民社会"这一概念，认为"乡民社会"与费孝通先生曾概括的中国农村宗族血缘社会即"乡土社会""差序格局"的社会结构有所不同，屯堡社区的社会结构不是单纯以血缘、地缘为基础，而是发生学意义上的地缘关系与后来族群内通婚形成的血缘关系二者结合的产物。我们相信，后续其他村庄调查和研究的开展，会进一步深化和丰富对中国发展现状的认识，为中国的社会科学研究创新提供更加坚实的经验和理论基础，能让我们的学者更有力地参与到与世界其他国家的社会科学学术交流中，丰富世界社会科学的研究经验和理论视角。

百村调查项目不仅进一步凝聚了百县市调查项目的科研人员，而且还吸引了一批新的科研人员加入。通过现有的二十多个项目的调查研究以及专著出版，培养和锤炼了一批科研人员，使他们成为当地社会科学院、高校、党校乃至政府政策研究部门的科研骨干，促进了各地的社会科学研究。百村调查之所以能培养和锤炼科研人才，首先是因为其要求科研人员在中国最基层进行长时间的实地调查，没有这样的调查，是写不出专著和论文来的；其次与总课题组的科研指导有着直接的关系，总课题组对所有各地负责百村调研的人进行定期的培训和指导，还专门派人到现场对各地的科研人员进行指导，这种合作模式有效地整合了各方的科研资源，产生了倍增的科研效力。

此外，百村调查和研究还引起了一些地方政府对村落保护性发展的重视，尤其推动了它们积极去保护一些地方的传统文化，更好地实现经济发展、旅游开发与文化保护相互促进的作用。

总之，百村经济社会调查的目的，同百县市调查一样，也是为了加深对我国基本国情的认识，特别是对我国农村、农民、农业的现状和发展有一个科学的认识。通过调查，"摸准、摸清" 1949 年以来，特别是改革开放以来这上百个村在政治、经济、社会、文化和生态的变化过程、变化状况；经过综合分析，通过文字、数据、图表把这些村庄过去和现在的状况如实地加以描述，既能通过这个村的发展展示农村几十年来发展的一般规律，也能展示这个村特有的发展轨迹。

《中国国情丛书——百村经济社会调查》编辑委员会遵循实事求是、严肃认真的科学态度，坚持贯彻"真实、准确、全面、深刻"的方针，要求社会科学工作者深入农村，同当地的干部、群众相结合，采用长期蹲点调查、问卷调查、个案访谈等多种调查方法，力求掌握真实全面的第一手资料，通过"去粗取精、去伪存真、由此及彼、由表及里"的科学分析，如实全面地反映客观状况，杜绝弄虚作假的恶劣做法。社会科学成果，只有真实的才是有生命力的，也才有存在的价值。

《中国国情丛书——百村经济社会调查》是一项集体创作的成果。参加这项大型国情社会调查的，有国家和各省、市、自治区的社会科学院、大学、党校以及党政研究机构的社会科学工作者，他们与被调查地区的党政领导干部相结合，并得到他们的支持和帮助，还得到了被调查行政村的干部和群众的积极配合。专业工作者、党政部门的实际工作者和农民群众三结合，才能共同完成这项科学系统的调查任务。百村调查和研究不仅是一项研究课题，还是一个研究者与实际工作者共同合作、携手参与我国农村社会经济发展的实践平台。因此它是一项长期的、具有非常重要价值的工作。我们将在新的起点上凝聚各方力量，提升调查和研究水平，更好地为认识中国农村、推进理论创新、服务农村发展和振兴做出持续不断的努力和贡献。

《中国国情丛书——百村经济社会调查》

编辑委员会

2017 年 11 月 23 日

前　言

时值新中国成立 70 周年，我主持完成的又一项国家社科基金项目"中国百村调查丛书·银达村"的成果《文化新村》付梓了，这也是我们课题组向国家献上的一份生日礼物。

国情调研在我从事社会科学研究历程中具有里程碑意义。2001 年初我到甘肃省社会科学院任副院长那时起，便与国情调查结下了不解之缘。

之后，在课题实施过程中，通过多次参加总课题组的工作会、协调会、研讨会、发布会，我有幸结识了中国社会科学界丁伟志、陆学艺、郑杭生、何秉孟、黄浩涛、李培林、水延凯、谢寿光等社会学家和国情调研领域的大师，通过面对面聆听教诲，点对点接受问询，手把手授业解惑，加上国内同行前辈的经验分享和启发，以及高强度的培训研讨、高密度的交流互鉴，不仅极大地丰富了我的社会学专业知识，而且拓展了国情调查的视角。一分耕耘，一分收获。2006 年 10 月，我主持的"永昌县经济社会追踪调查"成果《传统农业县的变迁》由社会科学文献出版社出版，被列入中国社会科学院文库，并在 2009 年 5 月荣获甘肃省第十一届社会科学优秀成果三等奖。第一次主持完成的国情调查成果得到学术界的肯定和认可，进一步增强了我致力于国情调查的信心。此后，由我主持完成的第二项"中国百县市经济社会追踪调查"子课题"静宁县经济社会追踪调查"的最终成果《反贫困之路》于 2009 年 1 月由社会科学文献出版社出版发行，并于 2011 年 12 月荣获甘肃省第十二届社会科学优秀成果一等奖。我主持的两项国情调查课题得以高质量完成，在总课题组诸位专家前辈的鼓励鞭策下我从事国情调查的信心和能力进一步提升。我深切体悟道：是百县市追踪调查这种以"项目带人"的方式培养了我，是国情调查这一"高端平台"成就了我。感谢有你——国情调查！

"中国百村调查丛书·银达村"之《文化新村》是我向中国百村调查项目总主持人、丛书总编辑委员会主编陆学艺先生交上的一份答卷。由于承担百县市追踪调查项目的缘故，我与中国农村社会学研究会理事长、著名社会学家、农村问题专家、中国社会科学院荣誉学部委员陆学艺先生熟识。在2012年6月应邀参加百村调查（温州）协调会议期间，当得知我有意参与百村项目时，陆老师高度赞许。他语重心长地对我说："你已主持了两个县的追踪调查，总体完成得不错。但县域在中国社会属于'中观层面'，要更全面深刻地摸清中国农村的真实情况，还必须从'微观视角'实地进行村落研究，这也就是20世纪30年代费孝通先生开展'江村调查'的意义和价值所在，希望你加入'中国百村调查'的队伍中来。"陆老师还亲切地嘱咐我："中国东部、中部、西部经济差距比较明显，而西部地区较之经济而言社会建设方面的差距更大，是一条'短腿'，尤其在农村社会问题方面的研究相对薄弱，西部地区社会学研究亟待加强。从长远发展和国际国内的实践观察，社会建设就是要建设社会现代化。你作为省社科院的负责领导，应当重视并带头抓好社会学学科建设，力争尽早补上这块短板，为当地社会建设提供有力的理论支撑。"他随即将当年3月出版的新著《社会建设论》赠予我。陆老师的赞许和嘱托，再一次给了我继续国情调查的信心和力量。在我与陆学艺先生相识交往的10年里，多次领受先生的教诲，先生艺精德馨、诲人不倦的高尚品德，是我学术道路上的一盏指路明灯，时时照亮我前行的方向。斯人已逝，音容犹在。在此，谨以"中国百村调查丛书·银达卷"之《文化新村》作为答卷，告慰陆先生在天之灵！

"中国百村调查丛书·银达村"之《文化新村》还是一份迟交的作业。温州会议后，我即抓紧与相关地方政府联系对接，紧锣密鼓地开始选点。在2012年8月，我赴河西开展理论宣讲后，到酒泉与市政府衔接甘肃省社科院酒泉分院成立事宜过程中，提出在酒泉选一个有代表性的村开展国情调查的想法，得到了时任酒泉市政府副市长柴绍豪先生和市政府副秘书长兼地方史志办公室主任孙占鳌先生的高度赞同，并答应在调研经费等方面提供支持。经反复讨论，最终选择了具有浓郁乡村文化气息的酒泉市肃州区银达村作为调研对象。酒泉市银达村是远近闻名的"文化村"。20 世纪 50 年代，银达村掀起了学习文化的热潮，受到毛主席的高度评价并亲自写了按语。几年前，我曾到该村参观考察，印象很深。为了确保百村调查精确选点，8 月 16 日在孙占鳌副秘书长的陪同下，我以"国情研究者"的身份再访银达村。银达村犹如一颗镶嵌在陇原大地上的乡村文化明珠，60 多年来，在毛泽东同志光辉按语的指引下，在历届村委会和人民群众的共同努力下，乡村文化事业生机勃勃、历久弥新，走出了一条富有地域特色的文化发展之路，具有一定的代表性和重要的研究价值。银达村项目报批立项非常顺利，总课题组更是给予高度关注。

　　就在项目准备就绪，即将正式实施的时候，2013 年 5 月我受命担任甘肃省农业科学院党委书记。由于工作岗位的调整，课题研究只得暂时搁置，但课题任务及陆学艺老师的殷切期望我始终铭记在心。在新岗位各项工作基本理顺后，我便积极统筹协调，依托甘肃省农科院农业经济与农村发展创新工程团队和甘肃省社科院专业研究力量，组建了新的课题组，以发挥两院各自专业优势，于 2017 年完成实地调查工作，2018 年完成调研文稿。虽然百村调查作为百县市经济社会调查的姊妹篇，在调研方针、成果定位、调查方法等方面有许多相近之处，但由于研究视角不同，研究方法自然迥异。比如百村调查要求内容更具体、更细致，对调查精准性、精细性的要求更高，加之行政村统计资料、档案文献资料、文化历史资料保存较少且不系统，资料收集相当困难，只采取田野调查、个案访谈等方法获取资料，与百县市调查相比，调查有一定的难度。好在在项目实施过程中，得到了百村经济社会调查总课题组相关领导和专家多次悉心指导，王春光博士、高鸽老师耐心协调、跟进督促，社会科学文献出版社谢寿光社长及出版人团队更是持续鼎力相助，经过课题组的不懈努力，终于在 2019 年完成了这份"迟交的作业"，对此，我总是心怀歉疚！

　　中国百村调查丛书·银达村围绕银达村文化活动发展的历史轨迹、阶段性变迁、现实情况以及未来发展方向这条主线展开，以经济社会和文化协调发展为视角，通过调研所得的第一手鲜活资料，全面揭示银达村文化发展的经验和成就，为新时代乡村振兴过程中文化发展提供思路和对策。希望本书成为各级党政机构、专家学者和社会各界了解甘肃省酒泉市银达村乡村文化建设的有益读物，成为研究西部农村经济社会与乡村文化协调发展、推动实施乡村振兴战略的重要参考书。

尽管我们力图在乡村文化发展理论、研究方法和评价实践上做一些创新尝试，为实施乡村文化振兴提供更多有价值的理论探索和实践对策，但由于数据资料获取方面的局限，加之受研究者能力水平的制约，研究工作仍不够深入细致，许多方面还不尽如人意，纰漏之处在所难免，敬请各位读者批评指正。

魏胜文

二〇一九年八月

目　录

目　录

第二篇　困惑与坚守

第三篇　跨越与创新

目　录

导　　言

　　进入新时代，我国社会的主要矛盾已经转化为人民日益增长的美好生活需要和不平衡不充分的发展之间的矛盾，而最大的不平衡是城乡发展不平衡，最大的不充分是农业农村发展不充分，"三农"问题仍是当下中国最突出、最迫切的问题之一。因此，党的十九大对新时代"三农"工作做出了全面部署，发出了"实施乡村振兴战略"的总动员令，明确提出了"加快推进农业农村现代化"的总要求，为新时代"三农"工作提供了遵循、指明了方向，这就是切实将新发展理念贯穿到实施乡村振兴战略的全领域全过程，按照产业兴旺、生态宜居、乡风文明、治理有效、生活富裕的总要求，全面推进乡村产业振兴、人才振兴、文化振兴、生态振兴和组织振兴。

　　实施乡村振兴战略，是化解新时代我国人民日益增长的美好生活需要和不平衡不充分的发展之间矛盾的重要举措。从发展实际观察，农业是"四化"同步发展的短板，农村是城乡经济体系的薄弱环节，农业农村发展是全面建成小康社会的重点和难点。实施乡村振兴战略，强调农业农村优先发展，加快推进农业农村现代化，正是抓住了决胜全面建成小康社会的"牛鼻子"。实施乡村振兴战略，将"三农"问题确定为关系国计民生的根本性问题，充分体现了党中央对农业农村问题的高度重视，尤其将农业农村现代化发展摆在突出位置，进一步体现了对全面建成小康社会进程中不平衡不充分短板的把握，进一步体现了战略举措的精准与务实。

　　随着城镇化步伐的加快，在农民大量进城、农村土地被大片征用、第一产业从业比例迅速降低的现实境况下，亟待通过重构乡村文化，即通过推进

1

农业现代化，提高农民文化自觉意识，以及在文化创新中凸显乡村文化个性。着力复兴乡村文化，需要继续完善建设乡村文化基础设施，不断加强农村文化供给，为农民群众搭建展示自我的平台；需要重塑乡村社会规范，把伦理道德、村规民约、风俗习惯作为乡村治理的重要载体和乡村文化建设的重要手段，加强农村文化道德建设；需要大力培育乡村文化建设的主体，鼓励农民工返乡创业，吸引城市居民选择乡村居住，催生新型乡贤文化，激活传统乡村文化中的活性因子。

银达村犹如一颗镶嵌在陇原大地上的文化明珠，20世纪50年代初，因自觉组织农民扫盲学文化成绩突出，受到毛主席的肯定和表扬。60多年来，在毛主席光辉按语的指引下，乡村文化事业生机勃勃、历久弥新，走出了一条深深扎根田野，散发着浓郁乡韵特色的文化发展之路。银达村是我国乡村文化建设的典型和现实缩影，银达村乡村文化的历史传承与创新发展是我国社会主义新农村建设的重要内容，更是乡村振兴特别是乡村文化振兴的时代要求。为了系统分析银达村乡村文化发展情况，进一步研究探索乡村文化振兴与乡村振兴战略的全局性、关键性重大问题，我们依托甘肃省农业科学院倾力打造的农业经济与农村发展创新工程团队和甘肃省社科院专业研究力量，在进行深入细致的田野调查和问卷调查基础上，研究和撰写了《文化新村》。

本书是国家社会科学基金重点项目"中国百村经济社会调查"（98ASH001）子课题——酒泉市肃州区银达镇银达村经济社会研究的主要成果，是"中国百村调查丛书"的重要一卷，由甘肃省农科院和甘肃省社科院两家专业研究机构相关专家学者共同调查研究编创完成。全书围绕银达村文化活动的历史轨迹、阶段变迁、现实情况以及未来发展方向这一主线展开，共分三篇八章。第一篇"曾经的辉煌"，主要描述银达村历史沿革、自然地理环境与社会传统，银达村文化的起源与变迁，改革开放前银达村文化与经济社会发展情况；第二篇"困惑与坚守"，以改革开放后银达村经济社会发展与乡村文化变迁、银达村文化与社会发展为主要研究内容，探讨银达村文化发展的现状与存在的问题；第三篇"跨越与创新"，以银达村文化建设与经济社会协调发展的特色与经验、面临的挑战以及发展展望为主要内容，针对银达村文化的未来发展方向，提出了发展思路和对策建议。

本书所用的研究资料和数据主要来自课题组入户访谈、问卷调查、重点调查、座谈讨论，以及各章节作者在相关研究工作中的积累，同时引用了银达村提供的部分资料，还参考了国内外同行的研究成果。本课题调查问卷的设计从社会学视角出发，尽量体现乡村文化这一主题，重点捕捉生活中的文化信息，旨在详尽了解银达村文化活动的历史轨迹、阶段变迁、现实情况，以及村民态度、参与程度等内容，以探索文化与政治、经济、生态、生计、社会协调发展的相互作用。

　　《银达村乡村文化调查问卷》共分三大部分，涉及 36 个具体问题。

　　第一部分是调查对象基本情况，共 12 个问题，形式为选择题，包括调查对象的住址、年龄、性别、民族、文化程度、政治面貌、职业身份、家庭人口、当年收入，以及收入主要来源、是否为低保户、是否参加农村合作医疗等。

　　第二部分是乡村文化基本情况调查，共 12 个问题，形式为选择题，包括本村文化娱乐活动开展的情况、文化娱乐活动的主要形式、本村开展戏曲演出的主要形式、开展集体文化娱乐活动的间隔时间、本村文化娱乐活动设施情况，以及改革开放前后本村文化活动的基本情况对比、受重视程度，本村举行集体文化娱乐活动的传统节日及本村所具有的传统文化类型，村民对文化传统的看法和文化生活的感受、参与文化娱乐活动的主要类型等。

　　第三部分是乡村文化需求调查，共 12 个问题，形式为选择题，包括每户每年用于文化娱乐方面的支出情况、村民喜欢的文化体育娱乐活动类型、村民是否愿意在农闲时参与文化娱乐活动、村民最想参与的文化娱乐活动、村民认为本村文化活动存在的主要问题、本村文化产业发展的有利条件、发展乡村文化最主要的方法、村民在文化方面最迫切的需求、最应该建设的公共文化设施、最愿意在哪些文化娱乐方面投入资金，以及村民在其他方面的需求和对文化发展的建议。

　　本课题现场调查采用入户访谈与问卷调查相结合、重点调查与逐户普查相结合、座谈讨论与资料调研相结合的方式进行。

　　入户访谈：课题组 8 名研究人员先后分两批次进驻银达村，与村党支部、村委会负责人及部分村民打成一片，进行体验式、聊天式蹲点调查，通过与村民面对面直接交谈、深入沟通，既听取意见建议，也进行深入访谈。

问卷调查：选择春节农闲时节，课题组充分依靠肃州区文史馆、银达镇政府、银达村委会的工作力量，对银达村559户村民逐户发放调查问卷，要求每户户主亲自作答，或与家庭成员共同商讨，主要对村民家庭基本情况、乡村文化基本情况、乡村文化需求情况普遍进行问卷调查。

重点调查：课题组先后深入肃州区史志办、文化馆、文体局、广电局等相关部门及银达镇政府、银达村委会，在召开专题座谈会进行重点调查的基础上，重点对银达村现任、历任村党支部书记、村委会主任及部分村民小组组长，以及具有代表性的主要文化传承人进行个别访谈；同时赴酒泉市文史馆、肃州区史志办、银达镇档案室进行专门调研。

本书在深入研究分析历史资料和实地调查的基础上，从社会学视角出发，充分挖掘文化元素内涵，重点捕捉银达村群众生活中的文化信息，旨在探索乡村文化与政治、经济、生态、生计、社会协调发展的相互作用，它是村庄文化发展历史的一种整体叙述，也是中国西部近70年农村文化变迁缩影的展现。本书资料翔实、分析透彻、结论可靠、对策具体，是一部各级党政机构、专家学者和社会各界全面了解甘肃省酒泉市银达村乡村文化建设的代表作，也可作为研究西部地区农村经济、政治、文化、社会，全面实施乡村振兴战略的重要参考书。

二〇一九年八月

第一篇　曾经的辉煌

第一章 银达村历史沿革、自然
地理环境与社会传统

第一节 银达村的历史沿革

银达村属酒泉市肃州区银达镇所辖村之一，是一个久负盛名的乡村文化典型村落，是酒泉市乡村文化与社会经济协调发展的代表。

酒泉市位于甘肃省西北部、河西走廊西端，处于阿尔金山、祁连山与马鬃山之间，广阔富饶的平原舒展在中腹部；东接张掖市和内蒙古自治区，南接青海省，西接新疆维吾尔自治区，北接蒙古国，是古丝绸之路上的边塞重镇。东西长约680公里，南北宽约550公里，总面积19.2万平方公里，占甘肃省面积的42%，全市辖"一区两市四县"（即肃州区，玉门市、敦煌市、金塔县、瓜州县、肃北蒙古族自治县和阿克塞哈萨克族自治县），总人口110万人。

先秦时期：这里称西戎地、西羌地、匈奴右地及西部、西方、河西三危地等。秦汉以前，上古为羌戎所居，羌、戎为这里土著居民，羌族指月氏，乌孙即"戎"的转音。实际上，最早乌孙原住在张掖以西靠祁连山一带，月氏住在张掖以东河西地区。到奴隶社会阶段，整个河西方被月氏独占。

汉代时期：前176年（汉文帝前元四年），匈奴迫使月氏大部分退出河西，迁徙到伊犁河上游一带，征服了那里的塞种人，留居下来，史称"大月氏",而留在敦煌、祁连间的,史称"小月氏"。自此,直到前 121 年（汉武帝元狩二年）五十多年间,酒泉一带为匈奴族驻牧地,故又称"匈奴右地"。前 121 年（元狩二年）,汉武帝派霍去病进军河西,这年秋天打垮了浑邪王,把匈奴残部追逐到玉门关外,西汉王朝把中原数十万人迁来河西酒泉等地居耕,于是这里的文明昌盛开始了新的一页。距今 2220 年前的西汉中期,酒泉以"城下有泉""其水若酒"而得名。西汉王朝收复河西地区后,设立了酒泉、张掖、敦煌、武威四郡,史称"河西四郡"。从西汉设置酒泉郡,到北魏太延元年（435 年）,均称酒泉郡,长官称太守。隋初废酒泉郡,置酒泉镇,隶甘州。仁寿二年（602 年）,酒泉镇从甘州分出,设肃州,州置总管,领福禄县。酒泉称肃州由此开始。

隋唐时期:583 年（隋文帝开皇三年）,改酒泉镇长官称镇军,602 年（仁寿二年）起,撤郡,仅存州、县两级,改酒泉镇为肃州,州的长官为刺史。763 年（唐代宗广德元年）,酒泉地方属吐蕃,并建"肃州千户府",至851 年（唐宣宗大中五年）的 88 年中,均为吐蕃所据。唐末至五代酒泉属回鹘（最早居牧在今蒙古国）。

宋元时期:宋时酒泉归西夏,西夏败亡后,酒泉归蒙古;1271 年蒙古改国号为元,设肃州路,长官称"达鲁花赤"。

明清时期:明代置肃州卫,长官称"指挥使"。清乾隆三十七年（1772年）,改置为肃州直隶州,设知州。

民国时期:中华民国（1911—1949 年）,于 1912 年酒泉废肃州直隶州,置安肃道,设道尹。1927 年改道为"行政区"。1936 年改设酒泉为甘肃省第七区行政督察专员公署,长官为专员。

中华人民共和国时期:1949 年 9 月 25 日酒泉和平解放,置酒泉专区。1951 年 4 月,酒泉分区行政督察专员公署改称酒泉区专员公署。1959 年,酒泉、金塔两县合并建立酒泉市（地级）。1961 年撤销地级酒泉市改为县级市,恢复金塔县。1964 年 11 月撤市改县,1985 年撤县建市。2002 年 9 月,酒泉地区撤销县级酒泉市,设立地级酒泉市和肃州区。至 2010 年,酒泉市辖肃州区、玉门市、敦煌市、金塔县、瓜州县、肃北蒙古族自治县、阿克塞哈萨克族自治县等一区二市四县,市人民政府驻肃州区。

银达村是银达镇所辖村之一。银达，旧称"鞑子沟"。银达有文字记载的历史始于汉代，当时这里隶属于酒泉郡福禄县，有"银地"之称，经唐宋，到元代，彪悍强盛的蒙古民族西征时，看到这里水肥草美，许多蒙古人便定居此地，汉民称其为"达子"，后人取"银地""达子"二者之意，称为"银达"。悠久的历史在这里留下了众多的文物古迹，著名的东滩大面积汉晋古墓群，元朝的达子沟庙、李家碑亭，明代修筑的长城由东到西与嘉峪关相连，境内烽燧井然，明清新修的新添墩、三十里大墩等遗迹尚存，古风犹在，为银达平添了历史的陈香。

新中国成立前，银达属河北乡，1950 年属河北区。1954 年组建五四永丰农业合作社。1958 年建永丰公社。1971 年 2 月，为纪念毛主席在《中国农村的社会主义高潮》一书中给《酒泉县银达乡是怎样进行农民业余文化教育的》一文写的按语，更名"银达公社"。1983 年改乡。2005 年 12 月，银达乡与怀茂乡合并后改为银达镇。

第二节　银达村自然地理环境

银达镇位于肃州区以北 7 公里处，地理坐标为东经 98°20′～99°18′，北纬 39°10′～39°59′，西邻果园乡，东接三墩镇，南与泉湖乡隔讨赖河相邻，北与金塔县接壤。东西宽 10 公里，南北长 17 公里，总面积 710315.1 亩。总耕地面积 119405 亩，其中基本农田面积 91690.2 亩。辖银达、蒲上沟、余新、拐坝桥、谭家堡、杨洪、明沙窝、怀中、怀茂、黑水沟、关明、六分、西坝、南坝 14 个行政村，共 95 个村名小组，7499 户 28684 人。镇政府驻地在拐坝桥村一组。

银达地势西高东低，坡度 4‰，海拔高度 1300～1500 米。按地形地貌特点，全镇分为南北两片，南片分布银达、蒲上沟、余新、拐坝桥、谭家堡、杨洪、明沙窝 7 村，地肥水美，塘坝遍布，为井水灌溉区，是久负盛名的瓜菜主产区；北片分布怀中、怀茂、黑水沟、关明、六分、西坝、南坝 7 村，地域辽阔，滩涂广袤，盐碱性土壤，地质松软，夏秋两季较为湿润，为河灌区，是粮食作物和经济作物生长的适宜之地。银达境内共种植作物 10 大类

408 个品种。主要有小麦、玉米和豆类等粮食作物及各种油料、瓜果、蔬菜等经济作物，有野兔、锦鸡、野鸭等野生动物 36 种，有甘草、麻黄、梭梭、冰草、马莲等野生植物 57 种，森林覆盖率达到 10.1%。

银达属于大陆性中温带干旱气候，光照充足，年日照总数达 3000 小时。年平均气温 7℃ ~ 8℃，极端最高气温 34℃，最低气温零下 28℃，昼夜温差 11.9℃，全年无霜期 145 天，地表温度 9.5℃，相对湿度 46%。四季多风，风向多为西北风，最大风速 25.7 米/秒，平均风速 2.5 米/秒。年平均降水量为 87.3 毫米。丰沛的水源、充足的光照和较大的昼夜温差等特点，加之平坦肥沃的土地，为农业生产提供了良好的自然条件。

银达以水见长，辖区水资源丰富，有魏家湾、花园、月牙湾、三屋海子、四清坝、陈家坝、陆家坝等九个大小水库，总库容 1200 万立方米，水质矿化度小于每升 1 克，属于碳酸盐性水，非常适用于农业用水和生活用水。境内有北大河、清水河两条河流，北大河依辖区南界流经银达村、蒲上沟村、谭家堡村。清水河自中部魏家湾发源，流经佘新村、银达村、拐坝桥村、谭家堡村、杨洪村、妥家沟村，年流量 100 万立方米，常年不断流，依河两岸有约 8500 亩湿地有待开发利用。农业灌溉用水以辖区内水库蓄水和地下水为主，属肃州区典型的井河混灌区。

银达环境优美，河流沿岸风景秀丽。尤其是闻名遐迩的清水河两岸风光旖旎，鸟叫蛙鸣，鱼成塘，鸭成群，形成江南水乡的自然风貌。沿岸休闲度假村鳞次栉比，环境十分优美，休闲、度假、旅游者络绎不绝。由区、镇两级聘请北京达沃斯巅峰旅游规划设计院以"大漠湿地生态公园"为主题对清水河生态区进行了规划设计，该设计方案现已分期实施。

银达土壤以黑色和碱性土壤为主，土地肥沃，适宜小麦、玉米、瓜类、棉花、啤酒花以及各类蔬菜、豆类种植。农田采用井水河水混灌，农渠网络四通八达。耕地资源丰富，目前大力发展种植、养殖和林果业，加快发展高产、高效、优质农业，大面积、大范围推广立体种植。

银达村地处银达镇西南缘，南距酒泉市区仅 5 公里，东临蒲上沟村，西接果园乡中所沟村，南依北大河，北靠清水河，地理位置优越，地形平坦，气候适宜，水资源丰富，环境优美，土壤肥沃，为村民提供了得天独厚的生产生活条件。

第三节 银达村经济传统与生计模式

一 银达村产业发展及生计模式调查情况

(一) 银达村农民的生计模式

生计模式是物质资料生产的重要内容，也是人类适应自然与社会的一种生存方式，在微观层面上，一个社会的生计模式影响或决定着当地的家庭经济状况。我国农村家庭的生计模式可概括为"农业生计模式"、"农业兼非农业生计模式"和"非农业生计模式"三种。

课题组于 2015 年 7 月先期对银达村 19 户进行了典型入户调查，2016 年 1~2 月又对全村 559 户进行了全面的问卷调查，调查统计表明，银达村农民的生计模式以种植业和务工为主。非农业收入中主要是打工收入，农民家庭中的青壮年一般都选择了外出打工，家庭成员中有在外打工的样本（从事一、二、三产业或者自主创业的人员）占所有农户的比例为 54.9%，由此分析银达村农民的生计模式主要有以下几种。

（1）种植业

1990 年以前，以种植小麦、玉米和普通蔬菜为主。1990 年开始调整种植业结构，实施粮食亩产过千斤、人均纯收入过千元的"双千"工程，选用良种、规范化种植等科技措施，推广啤酒大麦、高粱、甘草、小杂粮等高效经济作物种植。1995 年围绕城市"菜篮子"建设，大力发展种植业、养殖业和林果业，加快发展高产、高效、优质农业，大面积、大范围推广立体种植，确定蔬菜、养鸡、制种三大主导产业，加大结构调整力度，把粮、经二元结构调整为粮、经、草三元结构。蔬菜以日光温室为重点，大力推广反季节蔬菜、无土栽培蔬菜和双孢菇种植。目前，银达村农民的家庭收入主要来源于种植业，432 户人家属于种植户，占比为 80.4%[①]。

---

① 总农户数为 559 户，此问题有效问卷数为 537 份，本书稿相关数据均以有效问卷数进行统计、计算。

银达村地势平坦，土地肥沃，光照充足，昼夜温差大，良好的自然地理条件有利于各种农作物的生长，特别适宜于种植各类蔬菜。银达村是酒泉市的蔬菜主产区，蔬菜生产成为种植业的主要收入来源。

　　银达村蔬菜专业技术协会成立于 2012 年 4 月，主要对会员进行蔬菜种植技术培训和名优新品种示范推广。银达村地处酒泉市城郊，蔬菜产业优势明显，年种植蔬菜和蔬菜制种在 4000 亩地以上，设施拱棚蔬菜近 300 亩地。蔬菜种植面积占耕地总面积的 85% 左右，成为银达村的第一大产业。为了更好地服务群众、服务协会会员，协会于 2013 年投资 216 万元建成三联栋育苗大棚、高标准温室 8 座，为周边群众和会员育苗近 300 万株，并对 266 户协会会员进行了 4 次种植技术培训，当年会员拱棚内种植的青笋、甘蓝、白菜都取得了较好的经济效益，亩均收入在 8000 元以上，在相同种植条件下效益提高 20% 以上。会员种植技术和经济效益同步提高，种菜积极性空前高涨。同时结合农时季节，邀请农业专家为协会会员细致讲解种植无公害有机蔬菜的要求和细节，播放无公害有机蔬菜种植专题片 8 场次，为会员和周边群众增加收入打下坚实的基础。

　　无公害有机蔬菜基地建设推动了蔬菜产业发展壮大，禾之源无公害有机蔬菜基地落户银达村六组（见图 1-1）。2014 年蔬菜专业技术协会和上海华联超市签订供菜协议，年供菜量在 20 万吨。为了保障供给，提高蔬菜质量和产量，在本村流转土地 500 亩，投资 200 万元，建成禾之源无公害有机蔬菜基地，搭建高标准拱棚 60 座和高标准连体高架拱棚 10 座，在蔬菜专业技术协会育苗基地培育茄子、辣椒、甘蓝、笋子、西兰花等蔬菜幼苗，为会员和周边群众种菜提供优质、高效、高产蔬菜幼苗。基地辐射银达村及周边几个村，面积 12000 亩（包括核心区示范农场 500 亩，蔬菜新品种示范区 1500 亩），优质露地蔬菜生产基地 1500 亩，辐射区面积 8500 亩。在核心区、示范区的带动下逐年带动有机蔬菜产业的发展。基地通过"公司（工厂化育苗、蔬菜种植示范、蔬菜深加工）+基地+农户"的模式，采取订单生产、保护价收购，全面推广蔬菜无公害栽培技术，常年向酒泉及外地市场提供绿色无公害蔬菜，蔬菜日交易量在 200 吨以上，有力地带动项目区内有机蔬菜种植业的发展，提高了农户的收入水平；同时对蔬菜有机栽培技术的推广，为给市场提供优质安全放心的蔬菜起到了强有力的保障作用。

图 1-1　无公害有机蔬菜大棚

2015 年 2 月，银达村积极动员能人大户王玉霞接手原赵学军的禾之源拱棚蔬菜基地 204 亩，在原小区 142 座拱棚的基础上，于同年 3 月底又搭建拱棚 164 座，并于 4 月 15 日之前全部移苗种植，种植的品种有甜瓜、西瓜、白菜、甘蓝等果蔬。由于 2015 年蔬菜价格较好，每个拱棚的收入都能在8000 元以上，所以银达村群众种植拱棚蔬菜的积极性很高，小区所用的务工人员都是银达村群众，有效增加了群众劳务收入。

（2）转移性收入

2011 年肃州区银达镇银达村农作物良种补贴为 9.81 元/亩；2013 年农作物良种补贴为 10 元/亩，高效农田节水技术推广补贴资金为 11.25 元/亩，粮食直补和农资综合补贴为 72.43 元/亩；2014 年银达村农作物良种补贴为10 元/亩，粮食直补和农资综合补贴为 71.17 元/亩。

（3）务工

随着社会的发展、人口的增多，农村出现了越来越多的剩余劳动力。目前全村有 295 户人家以打工维持生计，占总户数的 54.9%。

调查结果显示（见表 1-1），银达村劳动力转移人数为 529 人，打工行业趋向多样化，有餐饮、电工、焊工、管道工、瓦工、司机等，其中司机、瓦工、餐饮这三种行业人数居多。工作地点主要在肃州区，每月收入为2000~4500 元。通过就近务工，银达村的剩余劳动力得到了有效的安置，既增加了农民的收入，也推动了银达村经济和社会的健康发展。

表 1-1　银达村劳动力转移就业统计

行业	样本数量（人）	占比（%）	月收入（元）	地点
餐饮	112	21.17	2000～4500	肃州区
电工	9	1.7	4500	肃州区
管道工	6	1.13	2000～4500	肃州区
焊工	8	1.51	2000～4500	肃州区
木工	12	2.27	4500	肃州区
司机	131	24.76	2000～4500	肃州区
推销	27	5.1	2000～4500	肃州区
瓦工	170	32.14	2000～4500	肃州区
制种	5	0.9	2000～4500	肃州区
自主择业	49	9.26	2000～4500	肃州区

（4）林果业

以林果业为生计模式的农民有 6 户，占比为 1.1%，是农民家庭收入渠道中比例最少的一种模式。2013 年退耕还林补贴为 90 元/亩，补贴面积为 39 亩，补贴总金额为 3510 元（见表 1-2）。

表 1-2　2013 年银达村退耕还林补贴资金汇总

补贴组	补贴面积（亩）	补贴标准（元/亩）	补贴金额（元）
九	17.6	90	1584
十一	1.3	90	117
十三	20.1	90	1809

本次调查发现（见图 1-2），以做买卖为生计模式的农民有 32 户，占比为 6.0%；以搞运输为生的农民有 23 户，占比为 4.3%；其他收入的农民有 105 户，占比为 19.6%。

（二）农民的经济收入状况

调查资料显示（见图 1-3），银达村 2015 年农民的家庭年收入在 50000

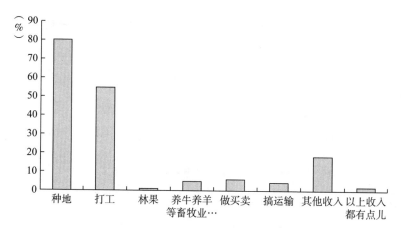

图 1-2　银达村农民的主要收入来源

元以上的农户占比为 42.3%，家庭年收入在 45000~50000 元的农户占比为 17.4%，家庭年收入在 35000~40000 元的农户占比为 15.9%，家庭年收入在 25000~30000 元的农户占比为 11.6%，家庭年收入在 10000~20000 元的农户占比为 12.8%，家庭年收入在 50000 元以下的农户累计占比为 57.7%[①]。

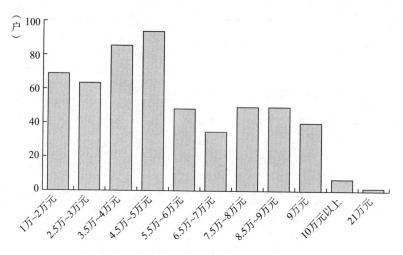

图 1-3　银达村 2015 年农民的家庭年收入情况

注：横坐标最后一个区间"21 万元"反映的是该村农户的最高收入水平。

---

①　银达村农民家庭年收入数据来自调查问卷，问卷设计区间为 10000~20000、25000~30000、35000~40000、45000~50000、55000~60000 等，不是连续区间。

通过典型调查和入户访谈，近年来银达村农民不仅收入呈现持续、快速增长之势，在收入来源渠道上也发生了较大的变化，包括种植业、林果业、养殖（养牛、养羊）业等农牧业收入，以及务工、运输等，呈现多样化的发展趋势。

二　银达村基本情况调查分析

调查样本的村组分类是研究不同村组居民生计模式，以及文化与经济相关性的基本依据。本次调查的样本类型按行政区划分 14 组，这样可使调查分析更具科学性和说服力；样本的年龄分布科学合理，基本处于 36~65 岁，占总样本的 82% 以上。16 岁以下的未成年人不在问卷调查之列，因为他们对整个家庭生计情况和银达村经济文化等情况的了解不全面或不深入。但是超过 66 岁的老人却在本次调查之列，因为他们对整个家庭状况很熟悉，认知和理解的经验比较丰富，容易得出切实可靠的结论；调查样本中男性样本数量为 420，占整体样本的 75.1%，而女性样本占 24.9%。这说明劳动力比较充足，外出务工者多在本地就近就业，早出晚归者占有较大比例。这一分布也正好说明了银达村经济发展和农村现有人口的基本情况，种植业、养殖业发展基础较好也为二、三产业的发展提供了劳动力资源。

调查样本的文化程度分布情况如表 1-3 所示，从样本分布情况来看，比较合乎我国农村教育发展的实际情况。从表 1-3 中可以发现，87.5% 的村民已经拥有小学、初中和高中、中专文化程度，这是义务教育和农村教育发展所取得的实际效果，特别是从 1986 年开始普及义务教育以后，银达村的"80 后"学生基本上都完成了初中学业，并且随着农村义务教育的普及推广，也促进了农村高中教育、中技教育的发展，其生源和招生规模都在扩大。此外，银达村大学生的比例偏低。

表 1-3　调查样本的文化程度分布

单位：人，%

文化程度	样本数量	占比	观察值占比	累计占比
不识字	30	5.4	5.7	5.7

续表

文化程度	样本数量	占比	观察值占比	累计占比
小学以下	34	6.1	6.5	12.2
小学	107	19.1	20.4	32.6
初中	285	51.0	54.3	86.9
高中及中专	67	12.0	12.8	99.6
大学本科及以上	2	0.4	0.4	100.0
合计	525	93.9	100.0	
缺失值	34	6.1		
总计	559	100.0		

调查对象的职业身份分布情况如表1-4所示。此次调查中，课题组把接受调查的村民区分为12种身份类别，样本中有340人为纯农（牧）民，占比60.8%；农民工133人，占比23.8%；个体工商户18人，占比3.2%；城乡无业、失业半失业员工9人，占比1.6%；村组干部10人，占比1.8%；私营企业老板和农业技术人员各为8人，共占比2.8%。据实地调查了解，银达村季节性外出务工人员比例较高，长期在外打工者较少。

表1-4　调查样本的职业身份分布

职业身份	样本数量	占比	观察值占比	累计占比
村组干部	10	1.8	1.8	1.8
乡镇企业工作者	2	0.4	0.4	2.2
私营企业老板	8	1.4	1.5	3.7
农业技术人员	8	1.4	1.5	5.2
乡镇机关工作人员	1	0.2	0.2	5.4
个体工商户	18	3.2	3.3	8.7
工人	3	0.5	0.6	9.2
农（牧）民	340	60.8	62.8	72.1
商业服务业员工	4	0.7	0.7	72.8
城乡无业、失业半失业员工	9	1.6	1.7	74.5
农民工	133	23.8	24.6	99.1

职业身份	样本数量	占比	观察值占比	累计占比
其他	5	0.9	0.9	100.0
合计	541	96.8	100.0	
缺失值	18	3.2		
总计	559	100.0		

第四节　银达村历史文化传统与风土人情

中国农村传统文化历史源远流长，内涵非常厚重。纵观古今，中国农民一直保持着以儒家思想为核心，和平共处、和谐发展的生活方式，这种朴实的生活有利于社会关系的稳定，它产生于农村社会，本质是农业文化，蕴含于我国传统文化之中，内容极其丰富。农村传统文化是指与农村区域的生活、生产方式相联系，能适应当地群众需要的思想、道德、法律、科学文化、知识教育、文娱活动等的统称，是农村政治、经济、社会生活发展变化的反映。银达村历史文化传统悠久，内容独特，类型多样，其中酒文化传统、婚姻文化传统、丧葬礼仪文化传统、寿诞生辰文化传统、节日文化传统等文化传统类型长盛不衰，蓬勃发展。

银达村是甘肃省乡村文化发展的典型，在1955年毛主席就为银达村开展的扫盲运动题写了光辉按语。领袖的关怀，按语的光辉，为银达村乡村文化蓬勃发展播下了希望的种子，也使银达乡变成了全国文明的"文化乡"。60多年来，银达村的文化活动开展得如火如荼。在20世纪50年代就成立了业余剧团，历届村党支部都在文化发展方面不敢松懈；当然也曾经迷茫过，因为搞文化活动费钱又费力，且没有经济效益。但群众有这方面的需求，有一段时间村里开展的文化活动少了一些，群众就对村党支部提出意见，所以文化活动成了银达村的常态，组织文化活动成为村党支部和村委会的常项工作。长期开展文化活动和文艺节目演出有利于农民文化素养的提高，同时也教育了群众，丰富了群众交流的渠道，使群众思想开通，遇事不钻牛角尖，邻里关系和睦了，参与赌博、喝酒、打牌等其他活动的农民比其他村社减少了许多，也促进了社会安定和谐。通过文化活动的滋养，村民精神追求有明显的提高，入户走访时，课题组惊喜地发现，每户村民家中都有一个小书柜，多数村民利用业余时间学习科技、法律知识，或参加文化活动，有效推动了银达村社会经济的发展。

一　银达村历史文化传统

（一）酒文化传统

唐代诗人李白的《月下独酌·其二》写道：

> 天若不爱酒，酒星不在天。
> 地若不爱酒，地应无酒泉。
> 天地既爱酒，爱酒不愧天。
> 已闻清比圣，复道浊如贤。
> 贤圣既已饮，何必求神仙。
> 三杯通大道，一斗合自然。
> 但得酒中趣，勿为醒者传。

这首诗堪称一篇"爱酒辩"，从天地"爱酒"说起。以天上酒星、地上酒泉，说明天地也爱酒，整首诗畅快淋漓，一气呵成。

酒泉，因祁连雪水灌溉而成为千里沃野，以仓廪丰足、牛马布野的富饶景象，给人以旖旎的、婉约的美感，令人豪情奔放；其灿烂的地域文化、淳朴的乡风民俗和悠久的酿造历史，孕育了独特而鲜明的酒文化。

酒泉酿酒历史悠久。西汉时，汉武帝即遣大量的中原人到酒泉屯耕戍边，带来了先进的农耕技术的同时，也带来了内地的饮酒风习和酿酒技术，使酒泉饮酒的传统显得既悠久又深厚。魏晋南北朝时期，酒泉的酿酒技术已经比较成熟。由于社会生活的改善，饮酒也渐渐从王公贵族向寻常百姓普及，渐成普遍之事，饮酒不仅是人们追求高尚生活的方式，而且早已形成了以以酒会友、情感交流为主要内涵的聚饮形式。

至今，酒文化的核心便是"酒民文化"，人的酒行为更为普遍，与人的命运更为密切，广泛地融入了人们的生活，贴近生活的酒文化得到了空前的发展，如生日宴、婚庆宴、丧宴等以及相关的酒俗、酒礼成为生活中不可或缺的内容。

（二）婚姻文化传统

婚姻习俗是随着婚姻的产生而产生的，不仅是一个时代社会风尚的反映，也是一个地区或民族的价值观、审美观、道德取向等的直接反映，还是一种地区文化或民族文化的充分体现。先秦时期有血缘婚、对偶婚、个体婚；到了两汉时期有聘娶婚、收继婚；唐宋时期盛行媒妁婚、门第婚，离婚制度有"七出"、"义绝"和"和离"；元明清时期，酒泉婚姻最突出的特点是买卖婚姻，婚嫁重彩礼。

解放初期，娶媳妇都用马车。可是马很少，多数都是牛车，大部分是木轮车；上边搭着席棚，前后挂着门帘，披红挂彩，算是头车；里边坐着新媳妇和两个老成的伴娘，一个押轿（或者压轿，有镇压、压实的意思，寓意稳妥）的小男孩，当然车上坐的都是和新媳妇属相般配、互不妨碍的，谓之"不冲"。婆家去一挂头车，娘家还会跟一挂车，拉着吃宴席的娘家客，女眷乘车，男人跟在车后走，头车前边有一个抱着红木匣子、一路走一路撒红帖的男孩子，谓之"撒帖娃娃"，撒帖娃娃先到，就该准备接媳妇了。"文革"期间（1966~1976年），改用自行车，那时候有自行车的人家少，会骑的人更少，一般娶官两人，撒帖娃娃一个，两辆自行车，一辆带新娘，一辆驮嫁妆。彩礼讲究四大件——"三转一响"。"三转"是自行车、缝纫机、手表，而"一响"则是收音机。在物资紧缺、收入有限的当时，买起来这些可不容易，特别是自行车、缝纫机这"两转"。如果男方在婚前能把这"三转一响"送到女方家，女方便会喜笑颜开，喜事自然喜上加喜。

婚姻是人生大事，在古代甚至是宗族大事，因此，从古至今，酒泉民间都比较重视和讲究婚俗礼仪的沿袭和传承，形成了一整套从择婚、议婚、订婚到嫁娶的完整习俗。择婚有相亲、央媒说亲、择偶禁忌，议婚有问名、生肖婚配，订婚有纳吉、纳征、请期，还有开婚、合婚纳聘等，娶亲有道客、迎亲、抬嫁妆、送亲、上轿、下轿、进门、拜堂、办婚宴、闹洞房。民国时期，酒泉婚俗因受民主、科学、平等思想与封闭、落后、愚昧等传统思想相互碰撞影响，其主要特征是"新旧并呈，中西杂糅，多元发展"。中华人民共和国成立后，婚姻礼俗最主要的特征就是婚姻自由，一夫一妻。主婚权属于婚姻主体也就是男女双方，婚姻目的强调的是爱情不是生育，因为生育是爱情放射出来的副现象，婚姻规范是婚姻平等，结婚自主、自觉、自愿、自决是婚姻自主的表现，它不仅适用于结婚自主，也适用于离婚自主。

（三）丧葬礼仪文化传统

丧葬礼俗是个体人生旅程中的最后一项礼仪，是民俗文化的一种重要表现形式。酒泉汉族人对亲人去世俗称"老了人"，又叫"办白事"。长者病危，在外儿女子孙要火速归家守候，听其遗嘱，否则就会被认为未能尽孝，以此引为憾事。酒泉传统文化强调叶落归根的思想，人老要还乡，客死他乡则为人生大不幸。老人临终前，请家族中年长的人为其穿上寿衣和寿鞋。整套衣服不带扣子，全部用带子系紧，这样做是表示"带子"，即后继有人之意。一旦长者去世，屋内亲人即跪在床前号啕痛哭，同时要烧"倒头纸"作"路上盘缠"，此为"送终"。当遗体停放停当后，孝子马上到家族的族人家去报丧。孝子到亲友家报丧后，其他族人帮着布置灵堂搭设灵棚。灵堂一般设在堂屋。灵前摆放一张桌子，挂白衣，桌上摆着供品、香炉、蜡台和长明灯等，并摆上插有筷子的一碗夹生米饭，上放一枚红枣，俗称"枣头饭"。桌前置一个陶瓷盆子（又叫"粮浆盆子"），上香烧纸钱，纸钱烧在粮浆盆子中，用米汤、开水泡馍或汤饭、酒等祭奠，以敬逝者。孝子跪在遗体两旁守灵，每逢亲友来祭奠，他们（指孝子）都要哭泣示哀。死者家属（孝子）披麻戴孝，死者的晚辈和直系亲属都要戴孝示哀（夫妻、兄弟之间也有互相戴孝的习俗），直系子孙、女眷要头戴孝帽，穿不钉扣子的白长衫，叫孝衫（衣），腰系麻绳，鞋面缝白布。子女要在灵堂日夜轮流守灵，坐夜，烛火不熄。在酒泉，一般丧事的丧期为三天，过去也有特殊情况要五至七天或九天半个月甚至数月才下葬。人死后，要请本族中德高望重的长者做大东，负责调配亲朋好友协办丧事。首先，派人到当地以操办丧事为业的道士（又称"阴阳"）家中选择适宜下葬日期。请专门从事挖墓穴的人（又称"打坑的"）在家族坟地中破土挖坑，又名"撅穴"。家族坟地中穴位已满的，得请风水先生选定一个"藏风聚气"的立穴之处，俗称"择新茔"。下葬前一天，宾客前往吊唁。吊唁时，宾客在灵堂前跪下烧纸、磕头，孝子、孝女在灵堂一侧（一般在西侧）磕头致谢，并哀哭。出殡前一天傍晚或当天凌晨，将死者裹棉穿戴整齐入棺，谓之"入殓"。出殡是指按照事先确定好的时间抬灵柩出门去埋葬，也称"送葬"，送葬赶早，日出前就要下葬。下葬前先将枣头饭、文房四宝及面塑的公鸡等动物放入墓穴内，以为能让亡灵早日投胎转世，给后人带来文脉和家道兴旺。灵柩入穴后，用酒祭奠，然后在棺木上撒上五谷，意思为丰足而不缺吃的。接着，由长子、长者、亲人、朋友一起添土，隆起坟头，坟头讲究越大越好，意思为发达、旺盛，保佑子孙后代兴旺。坟攒好后，在坟头压白色纸，插上纸做的幡，为"引魂幡"，意为指引灵魂不至于迷路。同时，在坟前烧奠"纸扎"（用纸糊的宅院、井灶、人、马、家禽、摇钱树、金山银山等）及家人亲友送的花圈等，意为死者可以在阴间有房住，俗称"化库"。最后燃放鞭炮，以告知天地并图吉利。祭祀活动主要有"攒三"、"祭七"、"新七月半"和"周年祭"等。在"文革"期间，老人过世不允许举行任何仪式，悄悄掩埋。祭祖敬神也受到非常严厉的禁止，很多人放弃了祭祖敬神的活动，但也有部分人仍在家中偷偷祭祖敬神。

（四）寿诞生辰文化传统

寿诞，是庆贺某人生日的书面语。其中，"寿"指享有或期盼较高的年岁，"诞"指生日。寿诞礼都是对生命的纪念和祝福，是人生礼仪的重要组成部分。庆祝寿辰，酒泉又称"过生""庆生"。50岁以下的人称过生日，50岁以上的人始称做寿。60岁以后，儿女大多已成家立业，便开始为老人祝寿。旧时，普通人家为老人煮几个鸡蛋、蒸一锅白面馍，也就算是做寿了。馍是必须蒸的，而且蒸馍是有讲究的，叫作"滚轮运气"。出嫁的闺女则要购置寿糕、寿桃（馒头蒸成桃形）回来孝敬老人。有钱人家则要大摆寿宴，宴请宾朋，为老人祝寿。

按酒泉祝寿习俗，岁数大多提前一年，也就是过去所说的虚岁，59岁做六十大寿，69岁做七十大寿。八十、九十、百岁都是如此。66岁生日是个大庆的日子。这一天，凡有女儿者，其女儿必购猪肉六斤六两，或买六元六角钱的肉，为父母祝寿。还要蒸核桃般大小的小馒头66个，请寿者食之，别人不得分食，否则谓之"夺福"。俗话"吃了闺女买的肉，活到百岁庆大寿"，或者"六十六，吃块肉"，都是指的这段缘由。但若家里还有年龄更大的老人，即使下辈到了 66 岁也不能过寿，只要父母还在，下辈的人就都算年轻人，只能向父母尽孝心，必须等到父母去世后才能开始庆祝生日。老人过寿，客人亲友均要馈赠礼品，但切忌送钟表，因"送钟"与"送终"谐音相同。参加寿宴吃东西叫作替老人"嚼灾"，主食多用面条。面条下锅时，不要扯断，谓之"长寿面"。子女要把自己碗中的面条向老人碗中添一些，称"添寿"。

早期人类社会中，无论在生产劳动还是在部落战争中，人口都是很重要的因素，所以酒泉先民运用各种方式将繁衍壮大人口的愿望神圣化，产生了一种生殖崇拜。酒泉先民以最质朴的形式，表达他们对人口繁衍的强烈愿望。基于这种原始的生殖崇拜，在此后的几百年，酒泉人慢慢地通过进化，逐渐摆脱了专注个体的生物本能，并把对生命延续的理解从单纯的生殖、延续后代升华为一系列的求子、妊娠、诞生、生日、成年等重要人生礼仪。酒泉古代求子的主要形式有五类：拜神物求子、吃食物求子、独特行为求子、请"有福人"求子等。

酒泉男子的成年礼称"冠礼"，这是古代给跨入成年人行列的男子加冠的礼仪，意味着要按照"为人子、为人弟、为人臣、为人少者"四个方面的礼仪规范加以约束，使之成为具有"孝、悌、忠、顺"完美品德的人。酒泉女子成年礼称"笄礼"，行过笄礼后，女子挽髻插笄，在发髻上缠缚一根五彩缨线，表示身有所系，此后，基本上深居闺中，不与外人接触，直到成亲之日，方能由丈夫将缨线解下，表明她已成婚为妇。后来，一般女子在结婚时才能举行笄礼。现在酒泉青年礼节逐渐淡化。

（五）节日文化传统

岁时节日是与天时、物候的周期性转换相适应，在人们的社会活动中约定俗成的，具有某种风俗活动内容的特定时日；同时也是一种深藏在人们的行为、语言和心理中的基本力量，规范着人们的思想和行为，蕴含着丰富的精神文化。

总体来说，新中国成立初期的春节习俗与新中国成立前没有什么差别。

节日期间，人们忙着对保佑、赐福于他们的神祇、祖先有个交代；要对一年来的往来账目有个结算；要对亲戚、邻友给以节日的慰问，以使今后大家能更好地相处。对一年来的家庭事、个人事都要加以总结，以使在新的一年里，个人更有进步，家业更加兴旺。从 20 世纪 50 年代末到 60 年代初，银达村亦如当时全国大多数的农村一样，正处于人民公社化运动、"大跃进"以及三年自然灾害时期。国家提倡"过革命化的春节"，饥饿、身体的疲累和缩短的闲暇时间，使大多数人没有过春节的心思，集体化的生活也使他们无法积累过春节的多余物资。从 60 年代末到 70 年代，即"文革"期间的经济状况有些许好转，但物资仍很匮乏。在这段时间，过年仪式也大为简化。

1. 春节

春节各种习俗活动丰富多彩。小年，即腊月二十三，是祭灶、送灶神的日子，从汉代起灶神就是赐福之神；农历正月初一、初二、初三被称为"大年"，大年是春节的高潮部分，因此习俗活动更多些。吃团圆饭、放爆竹、守夜、拜年，直到正月十五再次掀起过春节高潮。

春节，为一年之首节，是中国民间最隆重、最富有特色的传统节日。一般指农历腊月三十和正月初一至初三。但在民间，传统意义上的春节是指从腊月二十三的祭灶，一直到正月十五，其中以除夕和正月初一为高潮。

春节期间有扫尘的风俗，意为"除陈布新"，把一切穷运、晦气统统扫出门，寄托着人们破旧立新的愿望和辞旧迎新的祈求。酒泉人在腊月三十这天还有"打醋炭"的习俗，可起避恶驱凶和给空气杀菌消毒的作用。贴对联是春节必不可少的一项习俗，春联以工整、对偶、简洁、精巧的文字描绘时代场景，抒发美好愿望，是我国特有的文学形式。在贴春联的同时，有的人家还要贴门神、门花、窗花和福字，以增加新春气象。

除夕夜，最重要的要数吃年夜饭了。年夜饭除了丰盛的菜肴外，酒泉人家家户户都要吃臊子面（面里掺入适量食用碱拉制而成的长面），取"健"与"俭"、"长寿"的谐音，一方面祝贺"健康长寿"，另一方面教育子女节俭粮食。年夜饭之后，家族子女聚集在长辈房中，为长者叩头，名曰"辞旧岁"，祝老人健康长寿；长辈给晚辈发压岁钱，勉励儿孙在新的一年里学习进步。之后则开始坐夜，即通夜不睡，据说，坐夜可以延年益寿，故又称

"熬寿""守岁"。这时，妇女们赶做年饭（包饺子），男主人则给子女们讲家规家教、历史故事，或让识字者念卷（民间宝卷），一则进行劝善，再则作为一种家庭娱乐活动。到零时，即新的一年到来之际开门燃放爆竹，以噼噼啪啪的爆竹声辞旧迎新。第二天早上，就是新年的初一，人们都早早起来，穿上新衣服，打扮得整整齐齐，出门去走访亲友，相互拜年，恭祝来年大吉大利。

2. 元宵节

元宵节在道教里称"上元节"，耍社火、吃元宵、玩灯、赏灯是元宵节的主要活动。酒泉的社火有舞狮、舞龙、跑旱船、踩高跷等。正月初四之后，民间就开始组建灯会，除了家庭自制的小花灯可提在手上外，还有多人或以乡村为团体制作的大型花灯，集中摆放在广场等便于人们观赏和聚集的地方。酒泉民间的花灯形式繁多，上至天上飞的，下至地上走的、水中游的，无一不有。当夜幕降临时，从远处望去，张灯结彩，人头攒动，花灯尽绽，万紫千红，锣鼓之声、喝彩之声不绝于耳。

3. 二月二

农历二月二，俗称"龙抬头"，主要活动是踏青。根据农历，这天前后是二十四节气之一的惊蛰，气候转暖，冰消雪化，土地复苏，草木含有生机，入土蛰居之草虫惊醒。据说经过冬眠的龙，到了这一天，就被隆隆的春雷惊醒，便抬头而起，所以古人称农历二月初二为"春龙节"，又叫"龙头节"或"青龙节"，传说在这一天理发能够带来一年的好运。

4. 清明节

每年农历三月上旬，公历4月5日前后，是我国的传统节日——清明节。《岁时百问》谚云："万物生长此时，皆清洁而明净，故谓之清明。"清明时节，由于气温回升，雨量增多，冻地化开。春光明媚，草木碧绿，大地一片欣欣向荣，一切生物显得清净明朗，给人以气清景明的感觉。酒泉民间按传统习惯，在清明节有扫墓、踏青、放风等的习俗。各家上坟扫墓，祭奠祖先。儿童放风筝，青年男女踏青游春。扫墓上坟主要是通过表现亡亲子孙终生不息的孝思体验，并把这种孝道传递给后人，希望自己寿终正寝时也能享受晚辈敬奉的祭品与烟火。

5. 浴佛节

传说农历四月初八是释迦牟尼佛诞辰，居家弟子于当天必去寺院供佛、菩萨，参加浴佛和诵经，从初一至初八，酒泉信众无论有多紧要的事情都要放下，有多穷都要穿一身新衣裳，到文竹山、大法幢寺等寺庙赶庙会，布施浴佛，为佛、菩萨进献功德钱，或用衣物、钱粮供养僧众，祈求安康。

6. 端午节

农历五月初五是端午节。从自然气候上看，农历五月酷热将至，蜈蚣、蚰蜒、蛇、蝎、蚊、蝇之类肆虐，传染病也趋于流行，威胁人们的健康，故而是月被视为"恶月"。端午处于五月初五，自然也被视为"恶日"。所以人们通过举办一系列民俗活动，以求达到祛病驱瘟、禳灾除害的目的。端午这一天，酒泉的主要习俗活动是插艾条、蒲叶、柳枝、沙枣花，戴五彩花绳子，吃米糕或粽子。

7. 中秋节

农历八月十五为中秋节。时值中秋，月圆色明，天高气爽，人们以月类比，借此赏月，品味月饼，取"月圆"之意，象征家人团圆。白天，亲友间相互馈赠月饼，互道祝福。入夜，明月当空，家家户户设香案，献锅盔、月饼、水果等在桌上，其中月饼和西瓜是不能少的。在酒泉，中秋节不仅有赏月、拜月、饮团圆酒等风俗，还有父母接女儿回娘家过中秋节的习俗，以示全家团圆。中秋节期间，酒泉民间制作的食品有锅盔和月饼，并将各种瓜果镂空刻成花的形状以示美好，制作好的锅盔和月饼用来祭献月亮、馈赠亲友，以月之圆、饼之圆寄寓人之团圆，也有祈盼风调雨顺、五谷丰登之意。

8. 重阳节

农历九月九日为重阳节，也称"菊花节"，古人习惯赏菊、簪菊、饮菊酒、食菊糕、赋菊诗。重阳节还是传统的登高节，酒泉民间亦有九月九登高、赏菊、饮野菊酒、插茱萸的习俗。此俗一直流传至今，人们在重阳节喜欢结伴郊游、登高，既游览山野秀色，又锻炼身体，赋予了节日新的内容。1989年后，重阳节被定为老人节，每到这一天，社会各界还要组织老人开展游园、登高、运动会、歌舞表演等活动，以丰富老人的精神文化生活，表达全社会对老人的尊敬和关爱。重阳节时回家探亲成为儿女送给父母最珍贵的一份礼物。在这天酒泉当地各家各户都要蒸梅花卷，卷上栽五个沙枣，名曰"花糕，供献太阳神"。

在我国，传统节日里举行文化娱乐活动是中华民族的文化传统，在银达村，文化活动也选择在一些传统节日举行，比如春节、元宵节、中秋节等（见表1-5）。其中以春节居多，达到了93.7%，其次文化娱乐活动会选择在元宵节和中秋节举行，累计比例为24.3%。因而传统节日与传统文化是不可分割的文化传统。

表1-5　举行集体文化活动的传统节日

单位：人，%

节日	样本数量	占比	观察值占比
春节	505	62.2	93.7
元宵节	65	8.0	12.1
重阳节	4	0.5	0.7
中秋节	66	8.1	12.2
其他	172	21.2	31.9
合计	812	100.0	

注：缺失值为20，占比为3.6%；有效值为539，占比为96.4%。

传统节日是我国的文化传统，尤其在我国农村，传统节日文化是各民族在其历史长河中逐渐积淀而成的民族瑰宝，但随着社会的发展，传统节日文化面临一系列的挑战，有逐渐淡化的趋势。因此，加强传统节日文化的弘扬力度与创新性建设，充分利用媒体力量，鼓励农民自觉提高文化素养，挖掘农村特色文化，传承传统文化，保持传统节日文化的生命力，增强我国文化软实力，是农村文化建设中的一项重要的工作内容。

课题组在对银达村村民对于文化传统的感受与看法的问卷调查中发现，79.7%的村民认为农村文化传统"应该继续发扬"，29.0%的村民认为几千年来沉淀下来的文化传统"是本村文化财富"，但是也有一部分人对文化传统很冷漠，不喜欢也不关注本村的文化传统。农民是文化传统的继承者和建设者，只有最大限度地调动其文化建设的热情与积极性，才能更好地传承和发展文化传统。

二 银达村民俗风情

银达村历史文化悠久，是远近闻名的文化村，独有的"地蹦子""二鬼摔跤""灯笼社火""赶驴"等社火品种已被列入省级、市级非物质文化遗产名录。银达村民间艺人编演的《摔罐》《洞房花烛夜》《老娘家中宝》等一批文艺节目先后获得了国家、省、市、区的表彰奖励，并在群众中产生了良好的社会影响。银达戏剧类型多样，有小陇剧、眉户剧等，曲艺类有接口词、对口词、二人组、单弦、民歌联唱等，民间小曲有《织手巾》《绣荷包》《茉莉花》《姐儿摆街》《张先生拜年》《兰巧担水》《仇姐儿怀胎》《割韭菜》等。著名的戏剧有《摔罐》（见附录一）、《二混混接妻》、《二混混发家》、《双丰收》等。其中，由银达村民间艺人李玉春原创，当地文化部门工作人员高正刚改编的小陇剧《摔罐》以处理好婆媳关系、孝敬老人、家庭和睦为主题，深受当地民众喜爱，村民百看不厌，已在当地流传20多年。

银达村是传承和发扬银达镇文化遗产的"主战场"，银达村现有农民艺术团体1个，农民自乐班8个，具有器乐演奏、歌舞表演、戏曲演唱等方面爱好特长的群众180余人。这些文艺团体和文艺骨干对传承和发扬银达村非物质文化遗产起到了积极的作用。银达村的传统民俗风情还有手工艺（如剪纸）、饮食文化（如荼文化）等，呈现多样化态势。

（1）闲暇时村民的主要文化娱乐活动

农民在闲暇时参与的主要文化娱乐活动有社火、秧歌舞蹈、健身等，其中41.1%的农民在闲暇时选择社火活动，39.4%的农民选择健身活动、锻炼身体，26.8%的农民选择秧歌舞蹈，35.9%的农民选择棋牌如扑克、麻将。67.9%的农民选择传统文化为主要娱乐方式，这有利于文化传统的传承与发展，传统文化是农村文化的精神瑰宝，在农村文化建设中起着重要的作用。

（2）村民文化娱乐活动的主要形式

银达村文化娱乐活动的形式多种多样，类型十分丰富，有社火、秧歌、戏曲、舞蹈、看电影、唱卡拉OK、听广播看电视、读书看报、打牌上网、体育健身等。在这些文化娱乐活动类型中，社火、秧歌、戏曲、舞蹈、体育健身、读书看报的人数较多，以社火为文化娱乐活动的人数最多，占比达到88.3%，以秧歌为文化娱乐活动的人数占比为43.1%，以戏曲为文化娱乐活动的人数占比达到31.9%，以舞蹈为文化娱乐活动的人数占比达到39.4%，以体育健身和读书看报为文化娱乐活动的人数占比合计达到37.3%（见表1-6）。调查统计结果表明，银达村的传统文化活动以社火、秧歌、舞蹈、戏曲为主。这与我国农村文化传统相符合，与我国传统文化的类型相一致。

表1-6　银达村文化娱乐活动的主要形式

单位：人，%

形式	样本数量	占比	观察值占比
社火	477	32.8	88.3
秧歌	233	16.0	43.1
戏曲	172	11.8	31.9
舞蹈	213	14.7	39.4
看电影	25	1.7	4.6
唱卡拉OK	7	0.5	1.3
读书看报	90	6.2	16.7
听广播看电视	54	3.7	10.0
打牌上网	71	4.9	13.1
体育健身	111	7.6	20.6

注：缺失值为19，占比为3.4%；有效值为540，占比为96.6%。

（3）村民对文化娱乐活动开展情况的评价

村民对文化娱乐活动开展情况的评价比较高，53.6%的村民认为文化娱乐活动开展得很好，对目前的文化娱乐活动比较满意；38.5%的农民认为目前文化娱乐活动开展得较好。总体上讲，92.1%的村民对本村文化娱乐活动的认可度比较高。这说明在银达村相关部门和农民的努力下，银达村开展的文化娱乐活动得到了大部分农民的肯定。

(4) 改革开放后银达村文化事业蓬勃发展

改革开放后，银达村文化事业又迎来了一个全新的春天，随着文化基础设施不断完善，各类文化活动日新月异，农民逐步知识化、科技化。镇上率先建起了文化中心，村村建起了文化站，组组建起了文化活动室，图书拥有量、年订阅报刊数、体育器材种类和数量逐年增加，60%以上的农民家里建起了家庭科技图书柜。农民业余艺术团的各种乐器、演出服装和道具日臻完备，结束了20世纪50年代"升底子当干鼓，犁栓子当梆子"的历史。农民业余艺术团编演反映群众生产生活实际、弘扬传统美德、倡导新风尚、宣传新变化、讴歌新生活的酒泉民歌/地方小戏/说唱歌舞等节目，不仅深受当地群众喜爱，而且走出了酒泉，搬上了荧屏。小陇剧《摔罐》曾获全国第十一届"群星奖"银奖，《勤劳致富多光荣》《追猪》等7个剧目被中央电视台录制播放，银达独有的"地蹦子""二鬼摔跤""灯笼社火""赶驴"等地方特色鲜明的社火品种，被列入省级、市级非物质文化遗产名录。

改革开放后银达村对文化工作比较重视，问卷中认为"重视"的有57.2%，"较重视"的有36.9%，合计比例达94.1%（见表1-7）。改革开放后，银达村积极进行演出设备的项目申请，积极筹建乡村舞台，为农民创造了良好的文化娱乐活动环境。

表1-7 改革开放后银达村对文化工作的重视程度

单位：人，%

重视程度	样本数量	占比	观察值占比
重视	309	56.5	57.2
较重视	199	36.4	36.9
一般	31	5.7	5.7
不重视	8	1.5	1.5
合计	547	100.0	

注：缺失值为19，占比为3.4%；有效值为540，占比为96.6%。

1. 积极申请项目增加流动演出设施设备

早在20世纪50年代初，银达村干部群众在以极大的热情投身于社会主义建设的同时，也掀起了学习文化、发展社会主义文化事业的高潮，毛主席的光辉按语对银达镇银达村的文化事业给予了高度评价，由此，银达镇也成了闻名全省乃至全国的"文化之乡"。

银达村农民业余艺术团始建于 1950 年，随着文化知识的普及与提高，在经常开展扭秧歌和其他小型文艺活动的基础上，大型的演唱活动也日趋频繁，翻身后的银达人对文艺活动有了迫切的要求，银达村农民业余艺术团就理所当然地应运而生。这个成立于 50 年代初的银达村农民业余艺术团，现有固定业余演职人员 62 人。60 多年来，演员换了一茬又一茬，而每年排练和演出却从未间断，他们自编自演的小陇剧《摔罐》、秦腔大戏《红柳泪》、眉户剧《二混混接妻》等一大批优秀剧目，深受广大群众欢迎。1996 年全国文化交流会在银达村简陋的剧场进行，各地的代表刚进剧场时都觉得这样的环境不会有好的文化剧目。但当看完小陇剧《摔罐》后，代表们一个个眼中含着泪水说："演得真好，真感动人，在这样简陋的环境下能创造出这样感人的作品真不简单。"小陇剧《摔罐》在 2001 年全国第十一届"群星奖"戏剧比赛中获得银奖，2006 年参加甘肃省首届农民文艺调演获得一等奖。

自 1955 年以来，先后有 20 多位省级领导来银达观看演出，鼓励他们把演出活动坚持下去，不断提高演出水平。省、市、区的专业文艺团体先后派 20 多名专业人员进行指导，演出水平不断提高，银达村农民业余艺术团也一步步壮大，先后投资 80 多万元进行了剧场和活动场地的建设。群众文化的公益属性，决定了银达村农民业余艺术团只能以依靠政府和村集体投入为主。因为投入不足和渠道单一，整体来说银达村农民业余艺术团演出设施设备还很落后，2013 年银达村农民业余艺术团还在全区各乡镇进行了专场文艺节目演出，群众反映良好，但流动演出没有好的灯光音响和服装道具使演出效果大打折扣，道具、演员还用农用三轮车拉运也很不安全。银达村委会积极向有关部门争取购置灯光音响、服装道具和运输车辆的资金 35 万元，有效改善了设备条件。

2. 银达村乡村舞台建设情况

银达村乡村舞台整合了党建、宣传、文化、体育、民政、计生等部门的资源，重点打造了占地面积1700平方米的文化广场、750平方米的文化剧场和自乐班活动室、图书阅览室、老年活动室、远程教育室及文体活动中心等"四室一中心"，组建秧歌社火队、健身操队、戏曲舞蹈队和篮球队，组建有62人的银达村农民业余艺术团和8个自乐班，全村拥有各类文艺爱好和特长的群众180余人。每逢节假日特别是春节期间，艺术团及自乐班、村民自发组织开展歌舞、戏曲、篮球等活动，每年都与相邻乡镇村开展文体活动交流6次以上，形成了银达村独特的文化传统。在艺术团和自乐班、文艺骨干的带领下，群众编演的政策法规宣传及以说唱文明新风为主题的各类文艺节目演出活动已常态化。银达村农民业余艺术团、自乐班编演的许多文艺节目被市区选调展演并多次获奖。经实地调查，银达村的文化基础条件较好。

① 民间自办文化社团：银达村农民业余艺术团目前共有演员62人。

② 文化活动室：银达村共有文化活动室8个，共计面积435平方米。

③ 文化大院或室外文化场所：银达村乡村舞台剧场始建于1974年，2014年改扩建后拥有750平方米的室内文化剧场和1700平方米的室外文化广场。

④ 党员远程教育、文化信息共享、数字放映设备：远程教育、文化信息共享以及数字放映设备齐全，功能完善，使用频率高、效果好。

⑤ 音乐器材、服装、道具（种、件）：共有器乐22件，服装380件套，道具210件。

⑥ 农家书屋藏书（册）：农家书屋共藏书4000多册。

⑦ 订购报刊（种、类）：共订阅报纸杂志6种。

改革开放后文化活动的发展状况良好，大部分村民认为改革开放后银达村文化活动的发展势头很好，其中有81.1%的村民认为"比以前丰富"，只有12.7%的村民认为"不如以前"（见表1-8）。调查中发现有相当一部分年轻人不喜欢农村文化活动。在本次调查专访中，有一些年轻人认为农村文化活动比较乏味，一些年长的文化带头人认为这是目前农村文化发展的一个严重问题，是一个亟待解决的难题。

表1-8　改革开放后银达村文化活动的发展状况

单位：人，%

发展状况	样本数量	占比	观察值占比
不如以前	68	11.5	12.7
比以前丰富	434	73.7	81.1
年轻人不喜欢	87	14.8	16.3
合计	589	100	

注：缺失值为24，占比为4.3%；有效值为535，占比为95.7%。

（5）银达村主要文化娱乐设施

经过不断的努力，银达村的文化娱乐设施比较齐全，主要有文化活动室、农家书屋、棋牌室、电影放映场、乡村舞台等。其中银达村的主要文化活动在文化活动室举行，一些体育活动也有专门的体育场所，还有一部分文化活动在农家书屋举办，文艺演出主要在具有一定专业水准的乡村舞台举办。以"演农民、唱农民、农民演、农民唱"的形式，走进生活，贴近群众，传播现代文明理念，弘扬社会正能量，有力地推动了乡村文化建设，加快了银达村的传统文化建设进程。总体来说，银达村的文化娱乐设施相对较好，但是还需要增加一些文化活动场所，让农民的文化活动更加丰富多彩。因此，要进一步加强文化活动场所、文体活动基础设施建设，依托丰富的文化资源优势，培育乡土文化团体，以健康向上的文艺活动娱乐群众、引导教育群众。

表1-9　文化娱乐设施

单位：人，%

娱乐设施	样本数量	占比	观察值占比
文化活动室	422	44.0	77.4
农家书屋	206	21.5	37.8
体育场所	218	22.7	40.0
电影放映场	59	6.1	10.8
棋牌室	55	5.7	10.1

注：缺失值为14，占比为2.5%；有效值为545，占比为97.5%。

银达镇是全国著名的文化镇，1955 年，毛主席在《中国农村的社会主义高潮》一书中，对《酒泉县银达乡是怎样进行农民业余文化教育的》一文加了按语，从此银达在全省乃至全国得以出名。60 多年来，在毛主席光辉按语的指引下，银达镇坚持不懈地开展各类文化体育活动，并取得显著成效。

　　2008 年，银达村委会投资 115 万元，建成了占地面积 2000 平方米、建筑面积 6000 平方米的银达村文化大院，室内设有文化剧场、图书阅览室、文化活动室，室外设有群众健身广场、篮球场等文化体育健身场所。文化大院建成后，村上安排专人管理，并定期向群众开放。先后组织群众开展了书画大赛、体育比赛等健康向上、格调高雅的文体活动，丰富了群众的文化生活，促进了全村经济的繁荣。

　　银达村文化大院经常组织文艺节目演出和体育比赛等各类群众文化活动。现有农民业余艺术团 1 个，演职人员 62 人，演出的剧目以酒泉民歌、地方小戏、说唱歌舞、快板、器乐演奏等为主，节目主要以反映党和国家方针政策的宣传、农村生活状况的变迁、社会公德和家庭美德为内容，倡导新风尚，宣传新变化，讴歌新生活。艺术团的演出主要由演职人员自发地在农闲时间和节假日进行自娱自乐节目编演。目前，银达村文化大院已经成为群众培训学习、健身娱乐的一个好场所。

　　同时银达镇的公共文化体育设施也比较齐全，且由于银达村具有近水楼台的优势，也是补员的一个好去处。

　　2008 年，在上级体育部门的大力支持下，镇党委、政府又专门筹措资金 45 万元，于当年 6 月建成占地面积 6000 平方米的银达镇文化体育广场，配套建设 1 个健身场、1 个排球场、2 个标准篮球场、1 个羽毛球场、4 个乒乓球场，形成了集艺术展览、文艺演出、体育比赛、科技培训、旅游娱乐于一体的多功能文化展馆。这一工程建设，大大提升了银达镇整体文化体育设施的水平，为开展大型文化体育活动打下了基础。与此同时，镇上进一步落实"一村一场"的体育建设项目，采取镇村出资、群众自愿捐资的办法，对全镇文化体育活动场地进行了全面新建和改建，2009 年在全镇 14 个村全部建起了标准化的文化体育广场，全部配套安装了体育器材并投入使用。

银达镇综合文化站始建于 1981 年。为加强文体阵地建设，2007 年镇党委、政府多方筹措资金 40 万元，对原文体工作站进行了改扩建，改扩建后综合文化站占地面积 506 平方米，建成了"八室两场一团一中心"，即图书室、阅览室、展览室、活动室、健身室、培训室、排练室、道具室、体育场、农民剧场、农民业余艺术团和文化信息中心。2008 年又在银达各界的关心和支持下，筹资 35 万元建成了以展示伟人风采及社会、文化发展历程为主题的银达民俗文化展馆。展馆分为三个展厅，陈列了毛主席题写按语的相关资料、革命时期的文字材料、抗日战争和解放战争中用过的物品等。图书室和阅览室总计藏书近两万册，还有大量的报刊和音像制品可供群众借阅。目前，该馆被省纪律检查委员会命名为"全省廉政文化教育基地"，被肃州区委宣传部授予"全区未成年人爱国主义教育基地"称号。每逢儿童节、建党节、建军节、国庆节等重大节日，都会有广大中小学生前来参观学习，通过对新中国发展历程中所取得的辉煌成就的深入了解，进而增强青少年的爱国主义情感。

　　银达镇综合文化站多年来先后获得"全国农村体育先进单位"、"全省农村文化先进单位"、省级"文明乡镇标兵"等荣誉称号，连续 8 年被评为酒泉市"群众文化体育先进集体"。镇文体站建成了全省一级文体站，2003 年被中宣部、文化部评为"全国服务农民服务基层文化工作先进集体"，连续 14 年被评为肃州区先进文体站。由农民业余艺术团编排演出的小陇剧《摔罐》获全国第十一届"群星奖"戏剧比赛银奖、2006 年甘肃省首届农民文艺调演一等奖；2007 年，农民业余艺术团被酒泉市委宣传部、市文化出版局评为全市"十佳文化社团"。1999 年，时任中共中央政治局常委、书记处书记、国家副主席胡锦涛视察银达村，掀起了银达文化发展的又一个新高潮。同年，银达镇又被甘肃省文化厅命名为"甘肃省文化之乡"。

　　（6）农民对本村文化生活的感受

　　课题组在实地走访和问卷调查中发现，经过各级政府及村民的不断努力，村民对银达村文化的发展比较满意。65.7% 的村民对目前的文化生活满意度较高，39.3% 的农户感觉很好，26.4% 的农户感觉较好，33.4% 的农户认为一般。整体来讲，农户对当前文化生活比较满意。这与银达镇人民政府以及村民的努力是分不开的，下面是一次文化艺术节的活动安排案例：

2015 年 8 月 4 日银达镇第五届农民文化艺术节的筹备工作开始了，政府对文艺节目的演出做出了严密细致的安排。

① 各单位文艺节目演出必须以专场演出形式进行筹备，演出时间控制在 90 分钟以内，节目要贴近农村、贴近生活、贴近基层；

② 请各代表队在 8 月 30 日之前将文艺演出队人员花名册、各体育竞赛参赛队报名表、文艺演出节目单及节目串词上报至镇文化站；

③ 参加书画、刺绣、剪纸等手工制作大赛的作品以集体为单位在 8 月 30 日之前上报至镇文化站；

④ 9 月 5 日开始，镇艺术节组委会将对文艺演出专场节目进行验收。

请各单位、各村委会务必高度重视，加强组织领导，并按照之前印发的《银达镇第五届农民文化艺术节实施方案》要求，认真组织实施，确保农民文化艺术节健康有序开展。

通过以上案例和对当前银达村文化生活的走访调查发现，农村文化生活有了长足发展。农村文化建设取得了可喜成绩，文化设施不断增加，农民享受文化生活的意识得到提高，农民文化生活不断丰富，精神面貌焕然一新。

银达村文化传统历史悠久，早已经与村民的生活息息相关、融入骨血，世世代代继承、发展，并不会因为岁月流逝而消失，而是会随着历史发展的潮流与脚步越来越深刻，一直传承下去；民族风情文化日新月异，60 多年来，在毛主席光辉按语的激励下，银达村乡村文化事业生机勃勃，历久弥新，走出了一条深深扎根田野，散发着浓郁乡韵特色的文化发展之路。

第二章　银达村文化的
起源与变迁

第一节　银达村文化的起源

从一定程度上说，文化是推动社会发展的重要力量，比如人类社会从原始社会到奴隶社会再到封建社会，都是阶级文化的发展结果。社会主义社会的发展也离不开社会主义文化的推动，在我们的田野调查中，从银达人娓娓道来的故事中，既生动地体现了这一点，也帮助我们厘清了银达村文化发展的历程，为我们寻找银达村文化发展的渊源提供了宝贵的历史线索。

谈起银达村文化的起源，银达村的乡亲们首先提到的是变工队、互助组，这种组织形式和发展模式是促使银达人学习文化最原始的力量。

新中国成立后，银达人翻身做了主人，也成为土地的真正拥有者。成为土地真正主人的银达人兴高采烈地走在了自力更生的光明大道上，但是生产中的困难也接踵而至，缺牲口、少农具成为他们最大的困扰。1953年，他们自发地组织起来，成立了变工队、互助组这样互助合作的雏形组织，这在当时的生产条件下很好地解决了缺牲口、少农具的困难。党组织从群众这一创举中看到了发展的广阔前景，便因势利导，指出了要想实现社会主义，就要走合作化的道路。

于是，时任党委书记米志清带领村民平田整地，互帮互助、合作入社，于1954年建成了银达乡五四永丰农业合作社，242户社员积极入社。这是酒泉县第一个农业生产合作社，也是当时甘肃省两个最大的农业合作社之一。自此，他们一步一个脚印地向更深层次跋涉，向社会主义大生产的高度、深度和广度迈进。

虽然合作社的成立解决了缺牲口、少农具的问题，但是新问题又出现了。

200 多户社员组成的集体，不是每户的劳动力都相同，也不能保证每个劳动力每天都能上工。那么如何让多劳者多得，如何保证社员之间的公平？聪明的劳动人民采用了记工分的方法，这就需要会识字的文化人。据资料记载，合作社有 25 个生产队，至少需要 7 个会计、25 个记工员，信用社需要 1 个会计，8 个互助组也需要 8 个记工员，再加上收银员、民校教员等 5 人，至少需要 46 个具备高级小学和初级小学文化程度的人。但实际上，全乡在临解放的时候只有 32 个识字的人。在这些人当中，贫农和中农成分的只有 21 个人。新中国成立后，有 12 个人还先后被提拔为脱离生产的干部。1954 年 13 个记工员当中，有几个还是参加速成识字班的半文盲。在记工的时候有的把 15 分记成 105 分，把 8 分记成 18 分。账记不对，清工的时候记工员就和社员吵架。况且社主任和生产队长还要学习政策、搞好业务。事实证明，要办好农业生产合作社，要改进耕作技术，没有文化是很困难的。

那么银达人是怎么跨越文化严重不足这一拦路虎的呢？我们在调研中，从车宏彰、黄显德两位当事人撰写的《酒泉县银达乡是怎样进行农民业余文化教育的》一文中找到了答案。

为了适应互助合作化运动的发展，银达乡在 1950 年就开始试办冬学，1952 年还开办了速成识字班。1954 年五四永丰农业合作社成立以后，推行包工制，改变了"天天评工，夜夜熬眼"的状况，逐渐解决了生产和学习之间的矛盾。挤出时间，将原有的 4 处冬学改成社办民校。成立了 3 个扫盲班，有贫民学员 7 人、青年 24 人，编了一个高小班，集中在乡上学习。4 个民校教员，1 个由乡文书兼任，其余 3 个是社里的青年，都是新中国成立后培养的。为了鼓励教员教好功课，每上一次课，给高小班的教员评一分半工，给扫盲班的教员评一分工。民校教员的文化程度一般是不高的，仅有 1 人是简师毕业。因此，五四永丰农业合作社文教委员会每半个月便组织他们学习一次，由一分社民校教员介绍该校教学情况，再由大家提出疑难问题，研究解决；乡上的 3 个初小教员，在每个星期内轮流到校辅导一次，以逐步提高教员教学的能力。为了克服生产、会议和学习时间的矛盾，并使学习为生产服务，社内民校的学习是结合生产与农事季节进行的。乡党支部确定，星期一、星期二、星期四、星期五学语文和算术，星期三开会，星期六上政治课，星期日上党团课或党、团员过组织生活。春耕前比较消闲，每周上 21 节课，每节课两个钟头。春耕阶段，民校放假一个月。春耕以后农活很多，便将每次学习时间改为一个半小时。在锄草期间，高小班的学员由教员布置作业叫他们自学，在扫盲班内，除了每周课次由 21 节改为 12 节，课时由一个半小时改为一个小时外，还将原来的"单元教学"改成"逐课教学"。

学习内容，扫盲班语文主要学《农民识字课本》，有 43 人学第三册。高小班语文主要学《农民语文课本》第一册，有 17 人学完能写 300 字的简短文章。算术通用《工农通用算术课本》，扫盲班都学第一册；高小班有 11 人学第三册，有 25 人学第一册。民校建立以来，初步建立了点名、请假和考试制度（每月一次），高小班各科都答卷，扫盲班语文、算术答卷，政治口试。

1954 年冬天，民校刚组织起来的时候，没有很好地安排时间，一开会就挤掉了学习时间，尤其是干部学习更没有保证，加上灯油、烤火和教师待遇问题都没有得到及时解决，学校很难办下去，弄得社员、社干部、教员都有意见。为了克服这种现象，保证学习顺利进行，首先加强了原有的文教委员会的工作，分别由团支部书记、妇联主任、各分社主任和初级小学校长负责督促、动员学员上学，检查和布置学习。党支部又指定乡长担任文教委员会的主任委员，各分社主任分别担任民校的班主任，让干部管生产，也管学习。

1955 年，社内对于生产、会议和学习的时间做了统一安排，加上该社自春耕以后又实行了按段包工，因而大部分干部都参加了文化学习。全社 89 个干部，参加学习的就有 52 人。为了照顾干部忙、会议多、对于文化要求迫切等特点，更好地帮助干部学习，对于乡上和社内的一些主要干部采取了包教包学的方法，每天教两个字，每三天检查一次，这就大大地加快了干部的学习进度。例如，三分社主任李成英（又是乡信用社主任），以前因为工作忙，没有参加学习，自从社内统一安排了时间，特别是分社会计专门进行辅导以后，只三四个月就认下了近两百个字。一分社主任王学录，在刚刚参加学习的时候，只认得几个人的名字，几个月后不但能看《新酒泉报》和《甘肃农民报》，而且会写一般的便条，在开会的时候，还能做简单的记录。后来他还被评为学习文化模范，他感激地说："这都是共产党、毛主席给我们带来的好处。"参加过学习的社员一般都能认得工票和手册上的劳动工分，高小班的学员大部分也能记队里的工账。

如果说生产中的问题倒逼是外因的话，那么人的精神需求和社会的全面协调发展则是促进银达文化发展的内因。

据记载，新中国成立前的银达，在国民党反动派的黑暗统治下，21户地主、富农霸占了近80%的土地，210户贫下中农中有188户给地主扛长活、打短工。残酷的政治压迫、沉重的地租剥削，加上国民党反动派无穷无尽的苛捐杂税，使贫下中农过着"秋吃糠，夏咽菜，冬春出门当乞丐"的悲惨生活。新中国成立前夕，有60户贫下中农外出逃荒要饭，49户被迫卖儿卖女，不少人被活活夺去了生命。旧社会，这里的天是地主的天，地是地主的地，文化大权也被地主阶级完全垄断。广大贫下中农"租借契约由人划"，吃尽了没有文化的苦。

1949年9月25日，春雷一声震天响，东方升起了红太阳，酒泉解放了，银达解放了！饱受苦难的银达农民在党的领导下，减租反霸打土豪，打倒地主闹翻身，推翻了三座大山，胜利地完成了伟大的土地改革运动，顺利地完成了新民主主义革命的历史任务。

社会历史演进的终极意义，就是推进人类的解放，最终实现人的自由而全面的发展。毛主席在《湖南农民运动考察报告》中指出："农村里地主势力一倒，农民的文化运动便开始了。"

银达的农民文化运动也是如此。告别了封建统治做了主人的银达农民，在政治上、经济上翻身后，迫切要求在文化上翻身，摘掉文盲帽子做文化的主人，向愚昧和落后发起猛攻。银达乡党组织充分发挥党、团员的带头作用，下决心与文盲现象做斗争的社员们开展了多种形式的以扫盲为中心的业余文化教育。

任何新生事物的发展都不可能是一帆风顺的，银达文化的发展也不例外。在座谈调研中，有村民也回顾了银达文化运动中另一方面的现象。

突然间，农民要学文化了！这就好像变了天，很多人一下子适应不了。一些有保守思想的人说："中国历来只是地主有文化，农民没有文化。""学文化？山顶上打井，费力不出水，对咱们庄稼人没用。"

但是，银达的共产党员们不这么看，他们想：共产主义是解放全人类的伟大事业，咱们庄稼人不学文化，怎么能建设共产主义呢？他们说服了那些保守思想严重的人。

在民校里，社员们不但注意文化学习，对于政治学习也很重视。在学习当中，社员的政治积极性有了提高，在各项运动中都有很好的表现。同时，民校也向学员进行了劳动教育，提高了学员的生产积极性。例如，在春耕结束后，5个分社所奖励的23个生产积极分子当中，就有7个是学习积极分子。

农民业余文化教育的广泛、快速发展，不但消灭了文盲，而且极大地激发了银达群众的文化活力。他们已经成为社会主义新文化的主人，就像他们成为土地的主人一样。因此，他们决心在文化的沃野里挖掘更好更多的精神食粮。

1950年，村民们创建了自己的业余艺术团，掌握命运做了主人的银达群众将一腔热血都浇灌到了文艺的"新苗"上。艺术团成立之初，演员们不拿钱，不挣工分，可登台演出的热情却非常高涨。白天拼命劳动，回家赶做家务，练功排练都在夜晚进行。排戏房里有灯没油，大家几分几毛地凑钱买；隆冬时节，房中像寒窑一样，大家轮流从家里带来柴火和煤块取暖，还有些群众把自家的煤块柴火送到排练场让演员取暖。化妆品、道具、服装都是谁用谁做，想得煞是绝妙：锅底灰用水泡开就能涂个大黑脸；白面可作粉用；麻袋片缝成的军装染成黄色，在舞台灯光下酷似呢子；碎纸片就是雪花；做个摇车吹起锯末、柴草就是风……用什么就能做什么，做什么就像什么，演戏没有拦路虎！

"东西地，长又长，小三娶来了大姑娘，在家能织布，下地能帮忙，人人都说小三命运强，小三摇摇头，不是命运强，多亏救星共产党"等一大批农民自编的歌谣唱响了广袤的原野，唱活了静谧的村庄，表达了翻身农民的喜悦心情和对共产党的感激之情。"吃罢饭，洗了锅，抱上娃娃上冬学，不但学识字，还要学唱歌"就是对当年农民业余生活的形象表述。《红面条》《兄妹开荒》《夫妻识字》《挖界石》《养娃娃》《张莲英入社》等戏剧曲艺唱得红红火火，产生了深远影响。

人才是事业的根基。银达农民业余文化教育的发展离不开辛勤付出的教员，王振邦、祁世卿都是当时教员中的优秀代表，他们的事迹也在当地百姓中口口相传。

王振邦于1928年生于高台，1948年从事教育工作。1950年调任怀家沟学校校长后，他除做好学校教学工作外，还结合农业合作化运动，在村学里创办了全乡农民速成识字班，并亲自担任教员，编写教材，教农民识字。他还紧密配合当时党的中心工作，发动和组织群众，宣传党的农村政策，以充沛的精力办夜校，组织群众学文化、练秧歌、排节目、刷标语、办墙报，使村学、夜校办得有板有眼。他常深入农户，巡回辅导，上门帮改，补课补差；他还编写拼音方案、识字快板，制作了识字卡片、生字牌。在他的组织带领下，怀家沟全村形成了父子互教、兄弟互学、夫妻互帮，人人学文化、家家有读书声的动人场景。

祁世卿1924年生于银达乡怀家沟村（现佘新村），初中毕业后，以优异的成绩考入酒泉最高学府——国立肃州师范学校（现酒泉中学）。1946年7月毕业后在酒泉县西大街小学任教，开始了他投身教育的清苦生涯。1952年，他被调任酒泉县河北区怀家沟完全小学（现佘新小学）校长。其间，他坚持正常的教学秩序，又积极配合"土改""抗美援朝"等政治活动，利用节假日或农闲时间，自编自演了《兄妹开荒》《夫妻识字》《模范妯娌》《新事新办》等新秧歌剧，深受父老乡亲的喜爱。同时，他以开展农民业余文化教育为己任，是银达乡农民学文化的创始人和组织者之一。他组织教师配合区乡政府积极开展扫盲工作。1952年冬，他在怀家沟小学开办了全社第一个"速成识字班"，吸收村干部、民兵骨干、积极分子40多人参加学习。由于领导重视，宣传鼓励好，措施得力；干部带头，教师包教，学生披星戴月来上课，教师黎明辅导做检查；按阶段测验评比，互帮互学看成绩，当时培养出了不少优秀的基层干部、会计和记工员。祁校长常年坚持扫盲工作，不断总结经验，成绩突出，于 1952 年底出席了西北军政委员会举行的扫盲积极分子代表大会，受到中共中央西北局和西北军政委员会的奖励。

在党和政府的领导下，在全体教员的辛苦努力下，在全体社员的积极参与下，1955 年 12 月，传来了一个喜讯：伟大领袖毛主席在《中国农村的社会主义高潮》一书中，对《酒泉县银达乡是怎样进行农民业余文化教育的》一文加了按语，表扬了银达乡的经验。

毛主席的按语给予了银达农民极大的鼓舞，更加坚定了他们向文化进军的决心和信心。"毛主席支持我们学文化!"银达乡的贫下中农非常高兴。他们一遍又一遍地学习毛主席的按语，掀起了业余文化教育的新高潮。扫盲班、耕读班、夜校、民校，形式多样，越办越好。"父子互教、兄弟互学、夫妻互帮、人人学文化、家家有读书声"的场景进一步发扬光大。

王学录是这一时期银达村学习文化的典型。1923 年出生的他，没上过学。1949 年底，他当选为乡农会组长，就积极组织农民办起识字组、扫盲班，他自己也积极报名上冬学，白天搞生产，晚上在油灯下学文化。他随身带一个小本本，闲时就写上几遍，随时记下不认识的字，去请教文化教员。"站下画墙皮，蹲下画地皮，睡下画肚皮"就是他刻苦学习文化的真实写照。经过一年的学习，他不但能看《新酒泉报》和《甘肃农民报》，还能写出一般的便条，做简单的会议记录。在他的带领下，社员文化程度有了很大提高，能读书看报，学习党的方针政策，有力地促进了农业合作化的进程。

毛主席光辉按语发表后，王学录将毛主席按语写成条幅，端端正正贴在家里墙壁上，每当他看到光辉按语时，就增添了无穷的力量。在政治夜校的学习中，他带领大家读毛主席的书，学政治、学文化，开创了见物识字、干啥活认啥字等好方法，被广大社员推选为学习文化模范。1958 年 6 月，王学录当选为五四永丰公社"劳动模范"赴北京参加全国群英会，并见到了毛主席。

银达人民崇尚文化、尊师重教的风气日渐浓厚，成果斐然的农民业余文

化教育，成为后来文化教育事业茁壮成长的肥沃土壤。1958 年，全乡 80%
的青壮年社员摘掉了文盲的帽子。银达乡小学为贫下中农子女开门，免费入
学，使在校学生由新中国成立初的 104 名猛增到 381 名，适龄儿童入学率在
90% 以上，学校办起了农场，大搞科学实验，使教育与生产劳动结合起来。
这样，银达乡成了著名的文化先进乡。

这大概就是银达文化的起源。

第二节　银达村文化的传承

银达成为闻名遐迩的先进典型之后，是继续向知识化的方向前进，还是
满足于"拨开眼睛就行了"？村民们谈道："在这个问题上，大队党支部带
了好头。"

银达大队（1958 年"人民公社化"以后，银达乡改为"银达人民公
社"，银达村改为"银达大队"）党支部学习领先，加强路线斗争教育，使
贫下中农进一步懂得了"革命文化，对于人民大众，是革命的有力武器"
的道理，树立了为巩固无产阶级专政而学文化的思想。认识提高以后，贫下
中农胸怀革命大目标，学习积极认真，绝大多数青壮年都参加了学习。

在活学活用毛泽东思想的群众运动中，贫下中农深深感到：文化低，成
了更好地学习毛主席著作的障碍。他们说："15 年前，我们学文化是为了实
现社会主义农业合作化。今天，我们学文化是为了掌握毛泽东思想，改造世
界观，为中国革命和世界革命贡献力量。"广大贫下中农和社员群众把学习
毛主席著作和学文化紧密结合起来，开展以学习毛主席著作为主，以实现
"两化"（革命化和知识化）为目的的农民业余文化教育运动。

革命群众创办了"政治文化学习班"这种常年性的学习组织。这是青
壮年学政治、学军事、学文化的主要阵地。每周坚持 3 个晚上的学习，学员
按文化程度分别编班，教员由贫下中农推选。为了让大家都有学习的机会，
他们还创造了多种形式的教育方法：队办小学附设了"教学点"，使 70 多名
学龄儿童在家门口上学，办起了"联户学习班"，老年人和拖累重的妇女也
能参加学习；成立了群众性的包教、互学组织，定人定任务，一字一句地给

文化低的人教生字，一起学习毛主席语录。

坚持业余文化教育的关键是领导。个别生产队领导班子由于不重视这项工作，出现了"抓了就学，不抓就停"的现象。为了解决这个问题，大队建立了政治文化学习班领导小组，经常研究检查、总结业余文化教育工作。各生产队政治文化学习班负责人由生产队领导小组组长或副组长兼任，他们在学习班既是领导，又是学员；既发挥领导带头学的作用，推动了群众的学习活动，又能统一安排工作和学习，便于管理。

农村工作千头万绪，常常会出现中心工作挤掉政治文化学习的情况。为了统筹、协调推进农业劳动和业余文化教育，他们紧跟形势，安排教学内容，使政治文化学习班密切配合中心工作，为中心工作服务。如十一队为了配合阶级教育，在政治文化学习班上算术课时，结合生产实际，算了地主阶级的剥削账、贫下中农的苦情账，使学员受到了一次深刻的阶级教育，同时也学到了一些数学知识。在春播大忙时，学习农业"八字宪法"，提高了播种质量。

有了一定的文化基础，他们认真学习毛主席的书，树立了为革命种田的思想。并且在学习内容上也由浅入深，尽量扩大知识面，文、理、工各科都学习，为推动农业技术革新和群众性科学种田活动的开展创造了有利条件。每个生产队都建立了干部、老贫农、青年社员三结合的科学实验小组。全大队种植各类试验田173亩，自己培育了适应当地生长的小麦优良品种20多种，改变了过去那种浅耕、粗作、劣种、低产的状况。科学种田，促进了农业大增产。1965年银达大队的粮食亩产上了"纲要"（亩产300斤），1968年过了"黄河"（亩产500斤）。

从20世纪60年代至70年代初，银达乡的农村政治文化生活空前活跃。队队建立了文化活动室，办起了黑板报、土广播及小评论专栏，对好人好事立即表扬，见不良倾向开展评论。他们还组织了业余毛泽东思想宣传队，利用生产空隙演出文艺节目，并给社员教唱歌曲及革命样板戏唱段。他们还自编自演大小节目60多个。眉户剧《两篮鸡蛋》《抖秸草》等节目反映了农村现实生活，受到农民群众的喜爱，还参加了全省的文艺汇演。小陇剧《双丰收》在《甘肃日报》全文发表，被省小陇剧团采用上演，后由人民文学出版社出版发行。贫下中农利用自己掌握的文化，有力地巩固了农村的社会主义阵地。

如今放电影、看电影早已无人问津，遥远的"电影队"也已成为过时的名词，但在银达群众文化的发展历史上发挥过极其重要的作用。1975年以前银达没有电视，看场电影也得等酒泉县东方红电影院每季度一次的巡回放映。1975年秋天，银达公社投资购买了8.75毫米放映机，成立了电影放映队，由程鸿旭担任队长，与杨洪村四组农民张学伯成为银达第一批电影放映员，确定了23个放映点，每个放映点每月放映一场电影，以放映点上人数多少为依据每场收费10～15元。1978年以后公社又陆续成立了银达村、蒲上沟村、明沙窝村、怀茂村、东坝村5个放映队，全公社6个放映队每年放映超过2000场次，收费1.2万元左右，并全部换成16毫米放映机，提高了放映质量，深受群众欢迎。

70年代，银达大队学文化的热潮一浪高过一浪，青壮年学文化、学政治的生动局面，也感染着老年人，他们也不甘落后，二队的"八奶奶学习班"就是在这个时期诞生的。何玉芳老大娘虽然年过六十，但耳不聋、眼不花，学习的劲头非常足。她走门串户把另外7位老大娘许宗兰、桂月珍、李月兰、郑秀英、杨春花、李茹兰、钟秀美组织起来商量说："毛主席支持我们学文化，我们绝不做'睁眼瞎'。我们也要学文化，学毛主席著作。"经商量，她们主动成立了学习班，在学习毛主席著作的同时识字、学理论（见图2-1），她们的行动立即得到了社员们的称赞。银达大队党支部得知这一情况后，认为这是进一步推动群众业余文化教育的绝好典型，对她们的学习精神给予了热情的鼓励，并给学习班正式命名"八奶奶学习班"，生产队还为她们配备了教师。

从此，她们的学习风雨无阻，雷打不动。凭着坚强的毅力和决心，攻克一个个难关，把学习文化、扫除文盲当作热爱党、热爱毛主席的具体行动。学习中，如果谁有病或者有其他事缠身不能参加学习，为使她不要掉队，其他老人都聚集在她的家里，先帮有困难的老人做完家务，再坐在一起认真完成当天的学习任务。

功夫不负有心人，几年下来，她们每人识字800个以上，真正做到了会

图2-1　银达村八奶奶学文化场景

写、会认、会讲，基本上能够看书读报，何玉芳、桂月珍二位老大娘还能像青年人一样学着作诗、写文章。当听到背后有人讽刺她们的话时，二位老人回击说："活到老，学到老，毛主席教导记得牢。掌握文化干革命，人老心红斗志高。"

她们经过刻苦学习，青春焕发，思想觉悟大大提高。每天把公共场所卫生全包了，还挤时间干一些力所能及的事。1972年夏收季节，"八奶奶"从队长那里了解到队里趁麦黄季节，要穗选一部分种子的消息后，经商量自发组织起来，拿上剪刀，顶着烈日，在200多亩小麦田里穗选良种一千多斤。一天夜里，遇到了一场瓢泼大雨，雷鸣闪电惊醒了何玉芳老大娘，她急忙穿衣下炕，冲出门外，不顾路滑，叫醒其他7位老姐妹，冒雨来到场上，把选好的良种盖得严严实实。雨过天晴，8位老人又忙着翻晒、单打，为打农业翻身仗贡献了自己的力量。社员们高兴地说："'八奶奶'人老心更红，越活越年轻啊！"

第三节　银达村文化的变迁

语言和文字是人类文明和文化的根基。人类启发性的经验和令人兴奋的发现只有被记录下来才能被利用并进一步发展。知识、才华和理想超越自我，让人类文化更显卓越。

1978 年后，改革开放的春风吹响了银达文化建设的新号角，他们大力加强基础设施建设，乡上（随着农村经济体制的变化，乡村进行了政治体制改革，原"银达人民公社"更名为"银达乡人民政府"）建起了文化中心，各村建起了文化站，各村民小组建起了文化活动室，三级图书拥有量、年订阅报刊数、体育器材的种类和数量都在逐年增加，各种乐器、服装和道具应有尽有，农民业余艺术团结束了 50 年代"升底子当干鼓，犁桩子当梆子"（"升"是木制倒四棱柱形粮食量具，1 升小麦为 5 斤。"升底子"就是把"升子"倒过来扣在地上后，底子朝上做鼓面）的历史，为演出活动和艺术团的进一步发展创造了良好条件。80 年代以来，他们针对新老艺人断层直接影响演出水平的客观现实大力加强人才队伍建设，文化中心多次请来上级业务部门和文艺团体的专业人员举办剧本创作、表演艺术、舞台化妆、乐器操作等各类培训班，不定期选派有发展潜力的演艺人员参加省、市、区举办的各种文化艺术培训班，培养了一批又一批文化新人，积蓄了文化建设的实力，提供了剧团发展的人才保障。

随着文化的普及与提高，在经常开展扭秧歌和其他小型文艺活动的基础上，大型的演唱活动也日趋频繁。演出范围也在逐步扩大，由在家庭、村组、全乡演出，发展到在全区各乡镇以及矿山、工厂巡回演出，再发展到跨区域演出，所到之处无不受到广大观众的热烈欢迎。艺术团成员分布在村村组组、家家户户，他们平时分散操练，用时招之即来，发挥了活跃乡村业余文化生活和组织参加大型演出活动争冠夺魁的双重作用，使其保持了旺盛的生命力。自 1994 年以来，艺术团自编地方戏 21 种 160 多部，创新传统社火 25 种、民间曲艺 11 类、民间舞蹈 7 种，累计演出逾 2000 场次。1994 年为全省小康工程会议演出后，时任省委书记阎海旺称赞说："你们业余艺术团演得不比专业剧团差。"1997 年参加全国先进文化县市场经验交流会的代表们观看了演出，各地代表也给予了"真不愧是文化乡"的由衷赞美。艺术团在参加酒泉市第二届农村文艺调演中荣获特等奖，还获得组织奖和 4 个优秀节目奖。《二混混发家》《换宅地》《庄稼汉》《雪域深情》4 个剧本分别获

一、二、三等创作奖。方秀兰、唐秀珍等 8 个演员获一、二、三等表演奖。陈忠瑚还获得唯一的舞台布景美术奖。1998 年农民业余艺术团参加省上的"群星艺术节",荣获三等奖。2000 年 1 月,在全区农民文化艺术节期间,银达开展以"西部开发飞彩霞"为主题的社火、秧歌大赛和戏剧曲艺大赛,全乡 9 个村 9 支社火队、秧歌队和 94 个组的 36 个文艺演唱队共 1250 人参加演出,他们敲的是奔小康的"壮行鼓",吹的是西部大开发的"进军号",引起各级组织和城乡群众的特别关注。1 月 30 日,艺术团演出的《勤劳致富多光荣》《织手巾》《西部开发飞彩霞》《庄稼汉》《愚公精神迎开发》等农民演、演农民、农民看的一台台赏心悦目的文艺节目被中央电视台和甘肃电视台采录、播放。2001 年小陇剧《摔罐》在全国第十一届"群星奖"戏剧比赛中获银奖,2006 年参加全省首届文艺调演获一等奖。小陇剧《洞房花烛夜》获甘肃省"五个一工程"优秀作品奖,传统社火组合《太平年》获甘肃省群星艺术节广场舞蹈比赛铜奖。

伴随文化艺术活动的兴盛,银达村的体育事业也日渐繁荣。特别是十一届三中全会以来,银达体育发展更是进入了一个新时期。

中长跑是银达农民的优势体育项目。自 70 年代以来,银达镇每两年举办一届农民运动会,银达村在长跑项目上每次都有出色的表现。如六组张万国不仅是镇上的长跑冠军,而且是连续 3 届全市农民环城赛第一名获得者,并代表酒泉参加过省运会。1975 年 10 月 14 日,酒泉全区体育工作现场会在银达村召开,银达的群众体育工作受到好评,还被评为"全省群众体育工作先进单位"。

1978 年 1 月,银达大队被评为"全国农村体育先进单位"并受到国家体委的奖励,大队党支部书记杨永福代表银达出席了全国第四届运动会,民兵连长裴文彦先后两次参加了省体育先进单位表彰大会并获奖。同年 3 月,酒泉地区召开全区群体先进单位和先进个人表彰大会,银达镇、银达村同获"先进单位奖"。

自 80 年代以来,银达镇积极落实镇、村、组三级业余体育代表队。镇上每两年举办一次农民综合运动会,每年举办 4 次大型运动会,包括三八妇女运动会、五四青年运动会、六一中小学生运动会、元旦体育运动通讯赛等，极大地带动了银达村体育事业的发展。村党支部组织全村村民积极参加各项比赛，极大地丰富了群众的文化体育生活，提高了群众的生活品位，促进了精神文明建设，同时有力地推动了田径、篮球、拔河、排球、乒乓球等项目在银达村的发展，全民体育运动如雨后春笋般兴起，为塑造精神文明、体魄强健的社会主义新农民形象提供了有力支持。

1989 年，在乡政府的带领与支持下，银达村建设了"一场一室"（篮球场、综合活动室）。体育活动做到了"五有"，即有场地（室），有管理制度，有活动器材，有组织人员，有活动内容。体育组织和机构的建立，以及设施的健全，大大激发了群众体育运动的积极性。

长期以来，不论经济如何发展，社会如何变迁，都改变不了银达人对文化的热爱。开展文化活动已经像吃饭、睡觉一样，成为银达人生活中很自然但又不能缺乏的精神食粮，文化活动的形式也从传统的社火、秧歌、戏曲拓展到了舞蹈、体育健身、读书看报、打牌上网、听广播看电视、看电影、唱卡拉 OK 等多种形式。但是，经过对村民认可的传统文化的形式进行调查，认为本村文化活动的主要形式是社火的农户占 88.3%，认为是秧歌的占 43.1%，认为是舞蹈的占 39.4%，认为是戏曲的占 31.9%，认为是体育健身的占 20.6%，认为是读书看报的占 16.7%。经调查村民对发展传统文化的态度，有 79.7% 的农户认为应该继承发扬，有 29% 的农户认为是本村文化财富，不关注和不喜欢的分别仅占 3% 和 1.7%。可见，传统文化依然是银达村文化发展的主流。

有两年村上开展的文化活动少些，群众代表在年终评议村支部时就提这方面的意见。所以，文化发展也成为各届村委会常抓不懈的工作，基本上是年年有安排，月月有活动，重大节日有演出。截至目前，全村成立了 8 个自乐班、10 个广场舞队，总计近 180 人，农民业余艺术团人员发展至 62 人。据调查，有 94.1% 的村民认为改革开放后本村对文化工作比较重视（"重视"和"较重视"），有 81.1% 的村民认为改革开放以后的文化活动比以前丰富。

通过这些年的工作，他们深刻感受到，长期开展文化活动和文艺节目演出，一是教育了群众，丰富了群众交流的渠道，使群众思想开通，遇事不钻牛角尖，邻里关系和睦了，促进了社会安定和谐；二是提高了群众精神追求，多数人参加文化活动，参与赌博、喝酒等其他活动的少了；三是增强了党支部的凝聚力，党支部、村委会开展各项工作，群众都能积极配合支持，从另一个方面也助推了经济发展。

近年来，他们更加注重文化的内涵式发展，将道德讲堂作为引导人们坚定文化自信的有效途径、构筑道德风尚建设内在要求的文化高地、推动群众性精神文明创建的重要举措，突出坚守，结合本地特色，探索更有针对性的方法途径，制定了银达村"道德讲堂"管理制度、银达村"道德讲堂"宣讲员守则、银达村"道德讲堂"学员管理制度、银达村"道德讲堂"基本要求等，确定了村支书负总责、文化专干具体抓的活动机制，并从开展时间、宣讲内容等方面做了具体规定。

这种以"身边人讲身边事、身边人讲自己事、身边事教身边人"的教育形式，提升了群众自我教育、自我管理、自我服务水平，更好地推进了社会主义核心价值体系建设，汇聚了全村群众的道德力量，促进了村庄的和谐稳定，为建设全新的银达村提供了强大的精神动力，文化引领风尚、教育人民、服务社会、推动发展的作用持续发挥。像好干部好孝子黄玉生、好婆婆王翠英、好媳妇郭英等，一个个体现社会主义新风尚的先进典型、一桩桩彰显齐心协力建设新农村的优秀事迹不断涌现。

（1）孝老敬老的好干部黄玉生

黄玉生是银达村七组的群众，2007年被本组群众推选为村民小组长。在担任小组长期间尽心尽力为老百姓服务，家长里短他去调解，政策法规积极宣传，谁家有难事都去找他，他都尽力去帮。水渠长满了杂草不能顺畅淌水了，他先去除草疏通水渠再干自己家的农活，以至于家人都有意见，但群众个个竖起大拇指说："真是我们的好组长。"由于他对工作兢兢业业，群众基础比较好，在2010年底村委会换届时被推选为银达村副主任，在村上他工作认真负责，乐于助人。他分管防疫和综治信访工作，工作量比较大，全村625户2348人的矛盾纠纷都由他处理，在他耐心细致的工作中，矛盾纠纷都能及时化解，没有越级上访事件。村里发生事情，他总是身先士卒。2011年3月25日，十二组发生大火，他接到电话后第一时间赶到并带领群众救火，由于自来水水流太小，他让十二组组长打开机井把水放到大水渠。由于当时气温太低，大家你望着我、我望着你，就是没人敢跳进水渠，黄玉生挽起裤腿就跳进了刺骨的冷水中，在他的带动下群众纷纷下水积极救火，才使火势得到控制，群众过后都说："真是我们的好主任啊！"这样的事迹还有好多，由于表现优秀，他多次被评为优秀村干部。

作为儿子，他也做到了百善孝为先。侍奉父母体贴入微，经常给父母洗衣、洗头、洗脚、整理房间、换洗被褥，使二位年过七旬的老人安度晚年。

2009 年 10 月，黄玉生 70 多岁的老母亲突发冠心病住进了酒泉医院。在他母亲住院的一个多月里，他夜以继日地守在老人的病床前，为老人喂药、喂饭、洗衣擦身、接屎倒尿，毫无怨言。在侍候老人的时候，他看到有些病人的陪护不在身边时，就主动给他们打开水、买饭、取药、叫护士换吊瓶，感动得病友和家属都夸赞说："玉生的确是个心肠好的真孝子，他家老人有福气。"在医护人员的精心救治下，他母亲保住了性命，却留下了严重的后遗症，左半边身体无法移动，大小便无知觉，瘫痪在床。面对这个非常残酷的现实，他义不容辞地担负起侍候母亲的重担。每天提早起床，给母亲翻身、穿衣、洗脚、喂药、喂饭，待侍候安排好老人后，他又匆忙去单位上班，天天如此，累得他消瘦了好多。

"久病床前无孝子"，但他这样一做就是四年多。有人对他说："玉生，你多年一直侍候二位老人，难道不累不烦吗？"他说："侍候老人，说句实话，确实比上班都累，但再苦再累都要侍候好老人，父母把我们养大也不容易，现在才是报答父母恩情的时候。"由于他照顾得好，虽然老人长期瘫痪在床，但床铺总是干干净净，房间没有任何异味，身上也从来没有生过褥疮，周围的街坊邻居无不夸奖，称玉生的确是个好孝子。

在邻里关系上，他们全家人也都能够善待左邻右舍，帮助排忧解难，邻里关系亲如弟兄，情同手足。记得有一次，邻居吴某身患重病，承担不起医药费，黄玉生老伴得知这个消息后，毅然拿出了自己准备带女儿看病的钱，帮助吴某渡过难关。在他们夫妻俩的心中，人的生命始终高于一切。居住在同一村子里的两位老人，子女都在外面打工，家境也较困难，黄玉生夫妻俩向这对老人伸出了热情的双手，不仅多次上门嘘寒问暖，照顾生活，多次买上一些好菜、水果送到这对老人家，让他们感觉到人间有真情、人间有真爱，感觉到社会的温暖。邻居家有事他主动过去帮忙，谁家有事相求，只要自己能办到的便尽力去办，从不推诿，大家相处在一起，彼此感到心情舒畅。

黄玉生一家几十年如一日，他们夫妻恩爱、孝敬老人、关心子女、热心助人、邻里和睦，用生活工作中平平凡凡的小事、点点滴滴的真情诠释了家作为爱的港湾的真谛，赢得了周围人们的赞誉。

黄玉生说口碑不是硬性树立起来的，而是通过实实在在的每一件大事小情堆积出来的。在平凡的工作岗位上，作为一名在基层工作的村干部，他用责任和对农村工作的执着与热爱，正在默默地为他所钟爱的事业工作着、奋斗着……

（2）以身作则的好婆婆王翠英

王翠英和她的丈夫对孩子从不娇生惯养，十分注重教育。她常对人说："娇惯孩子等于杀孩子，严师才能出高徒。"因为自己没有能够多读书，所以她下决心一定要让孩子们好好读书。为了孩子们能够上学，她和丈夫省吃俭用，节衣缩食，同时又让孩子们勤工俭学，绝不允许浪费分文。现在孩子们靠自己的努力，过上了富裕幸福的生活。

人们常说："婆婆和媳妇的关系不好处，就像锅和勺，没有不叮叮当当响的。"但她觉得，这个事是两好才能搁一好，娶来个儿媳，就是自己多了个闺女，只要真心实意待儿媳，像亲闺女一样，就没有处不好的。儿媳进门之后，她没有像其他婆婆那样安享晚年，而是全力帮助她们，做好她们的坚强后盾，帮助出谋划策，照顾孩子，一刻也不得闲。遇到不顺心的事，她从来不跟儿媳计较，也不当场理论，总是等她们心平气和后，再问明原因，和她们谈心，解她们心中的疙瘩。在她的教育引导下，儿媳们都养成了勤俭持家、勤劳致富的优良品德，一个比一个能干，在致富的路上你争我赶。每当有人问起，儿媳都高兴地说："是俺婆婆教育得好，尊老爱幼头带得好。"

邻里遇到红白喜事请她帮忙，她都有求必应，放下自己手中的活，先去帮助别人，有时一干就是好几天，从不考虑自己的得失。谁家有病人她就主动去看望，谁在生活上遇到困难她都尽力帮助。大家都说她是一个乐善好施、扶贫济困的热心人。

（3）勤劳致富的好媳妇于晓云

于晓云是 1993 年嫁到银达村八组老王家的。进门时，她面临 3 万多元的债务，还有公婆和 3 个哥哥……邻居们在背地里议论："老王家里里外外一大堆操心事，老的老，小的小，苦日子在后头呢，过不了多久，新媳妇就得分家另过。"然而，善良、正直与不服输的个性使于晓云勇敢地接受了这一切。她要与全家同甘共苦，共谋致富路，让日子一天天过得好起来，创建一个文明富裕的家庭。

老王家原有两座拱棚，于晓云利用自家的这一条件，把脱贫致富的目光选定在发展拱棚种植业上。她通过到外地学习取经，到市场上考察行情，意识到要使拱棚种植取得好的经济效益，必须更新品种，选择好茬口、适合市场需求的新蔬菜品种。她的想法开始曾遭到婆婆和家人的坚决反对，他们满足于老品种带来的微薄经济收入，生怕于晓云搞砸了。为了减轻家里的负担，她向娘家借了 4000 元钱，又搭建了一座拱棚，一头扎进拱棚里，精心栽培，悉心管理，当年便收回 4000 元的投资，还净赚了 1 万多元。几年之后，她不但还清了 3 万多元的债务，而且建了 5 间房子，整套的家用电器也搬回了家。日子越过越红火，真像芝麻开花一样节节高。

她不仅家务操持得好，而且孝敬公婆。每当公婆谈起他们的儿媳于晓云时，老人都特别满足地说："结婚就在一起住，20 多年来，我们这儿媳没得挑。这 20 多年里洗洗涮涮都是她的事，亲闺女也比不上她。有好吃的他们就吃一顿，然后留下来我们多吃几顿。"

（4）孝敬公婆的好媳妇郭英

郭英是银达村公认的好媳妇。为了让婆婆安度晚年，她总是每天把家里收拾得干净整洁，给婆婆一个舒适的环境；为了让婆婆增加营养，她每天变换着花样给婆婆做菜。一有空闲，她就陪老人外出散心。婆婆常说："有这样的好媳妇，是我前生修来的福分。"2011 年 11 月，祸从天降，郭英的婆婆突发脑梗死，病情严重，入院治疗期间，医院几次下达病危通知书。但是郭英没有放弃，只要有一线希望都要挽救婆婆的生命。30 多个日日夜夜，她和亲友坚守在婆婆床前，精心照料，嘘寒问暖，端屎端尿……服侍婆婆胜似亲娘。在他们的精心照顾下，婆婆脱离了生命危险。但由于脑梗死失血过多，婆婆下半身没有力气，只能卧床，动弹十分困难，必须进行康复治疗。郭英一是研究各种有利于婆婆康复的菜谱，用汤匙喂进婆婆口中；二是每天帮婆婆按摩腿部，她经常累得大汗淋漓；三是坚持和婆婆谈心。俗话讲："病人脾气大。"由于婆婆整天躺在床上，难免脾气暴躁，郭英通过嘘寒问暖，谈心交流，帮助老人舒缓情绪。在她的精心照顾下，婆婆身体康复得很快，连医院的医生都说："您老人家这个媳妇真是不错，您能康复得这么快多亏了她的精心照顾。真是比亲闺女都亲啊！"

在这些先进事迹的鼓舞引领下，银达村的人们见贤思齐蔚然成风，竞相行进在社会主义新农村建设的道路上。

第三章 改革开放前银达村文化与经济社会发展

第一节 改革开放前银达村文化发展的基本情况

自新中国成立至改革开放前，银达村同我国其他地方一样，其经济制度经历了土地改革和农业社会主义改造两次根本变革。1949 年新中国成立后即进行的土地改革让银达农民实现了数千年来"耕者有其田"的梦想，提供了家庭生活的基本保障，并大大激发了他们进行农业生产的积极性。经过 3 年奋斗，待国民经济恢复后，银达进行了大规模的社会主义改造，成立互助组、农业合作社，最后建立了人民公社，将原来分给农民的土地收归集体所有，整个农村经济被纳入了计划经济的轨道。在此期间，为了使广大农民摆脱旧社会的噩梦，打开知识文化的大门，实现自身的解放，并配合农业合作化运动，通过技术革命改变农村的落后面貌，银达同全国其他地区一道，掀起了轰轰烈烈的扫盲热潮，迈出了中国社会主义新农村建设最初的步伐。

一 农民业余文化教育

新中国成立前，银达村识字的人极少，95% 的村民是"斗大的字不识一升"的文盲。用银达村一名老教师的话来说，那时候的银达人上学读书的情况是"春满堂，夏一半，秋凋零，冬不接"。新中国成立之初，翻身得解放的银达农民和全国的劳苦大众一样，积极投身建设家乡、创造美好生活的大潮，银达被列为省、地、县的两百户以上农业合作社试点，但目不识丁的银达农民很苦恼，看不懂书、分不清数。银达村有 8 个人识字，银达乡（后改为"银达镇"）全乡识字的人也只有 32 个。入社的农民绝大多数不识字，阻碍了合作社的发展。为解决这一问题，1950 年合作社组织群众开始试着办冬学，1952 年开办了速成识字班，1954 年又把冬学改办成民校（见图 3 - 1），还成立了 3 个扫盲班、1 个高小班。农民利用冬闲时间在田间地头学识字，发展业余文化教育（见图 3 - 2）。很快，这里出现了父子互教、兄弟互学、夫妻互帮，人人学文化、家家有读书声的动人景象，推动了合作社的发展。

图 3 - 1　银达人在民校学习的场景

1953 年冬，原酒泉县委派当时任宣传干事的车宏彰和黄显德两位同志（见图 3 - 3）专门驻扎在银达村支持开展农民业余文化教育，农民学习文化的热情异常高涨，各种公益事业、文化活动也相继开展起来。农民业余文化教育受到了省、地、县委的高度重视与关注，驻乡干部车宏彰与黄显德不失时机地总结了银达农民学文化的经验，他们撰写的《银达乡农民业余文化教育收到了成果》于 1954 年在《甘肃日报》上发表。银达农民业余学文化促发展，推动合作化的经验，被作为甘肃省合作化的先进典型加以推广，并且引起了党中央的关注。1955 年 12 月 27 日，毛主席在审阅《中国农村的社会

图 3 - 2　银达人在田间地头学习的场景

主义高潮》一书时，对车宏彰、黄显德总结概括的《酒泉县银达乡是怎样进行农民业余文化教育的》一文颇为注意，并亲笔写下了指导全国农村开展"扫盲运动"的光辉按语——"本书谈文化工作的篇幅不多，这一篇算是好的。为了要在七年内，即在第二个五年计划时期内，基本上消灭文盲，适应农业合作化的迫切需要，一九五六年各地就要做出全面的安排，并且完成第一年的计划"（见图 3 - 4），号召全国农村学习银达的做法。

图 3 - 3　车宏彰、黄显德在银达村毛主席按语碑前合影

图 3 - 4　毛主席光辉按语

毛主席光辉按语使银达人学文化的热情更加高涨。1955 年，银达全乡订了 79 份报纸和 12 份杂志，生产队成立了读报组。在入户访谈时，笔者听年纪较大的村民回忆说，那些年，在田间地头读报，成了银达乡间一景。"为学一个字，耐守半夜寒"，"吃罢饭，洗了锅，抱上娃娃上冬学，不但学识字，还要学唱歌"，就是当年银达农民业余文化学习生活的形象描述。1958 年，银达全乡 80% 的青壮年社员都摘掉了文盲帽子，小学的学生数也由新中国成立之初的 104 名猛增到 381 名，适龄儿童入学率超过 90%。银达乡扫盲工作通过甘肃省和国家验收，成为酒泉第一个"无文盲乡"。

前述银达村八奶奶学文化的事迹在全乡传为佳话，外乡、外市以及省内外的学习代表纷纷前来参观。老奶奶们为参观者做了当场演示，还回答了参观者的提问，受到众多参观者的高度评价。

二　曲艺

（一）戏曲

改革开放前，银达戏曲主要有小陇剧、眉户剧、小秦剧、小歌剧、话剧、京剧、皮影戏等，银达地方戏、曲艺演的多数是新编的剧目和曲目，现实题材多于革命战争题材。而"文革"期间，银达戏曲主要为"样板戏"。

1. 小陇剧、眉户剧

从20世纪60年代至70年代初，在上级文化部门的帮助下，银达乡农民业余艺术团排练了大量自编自演的文艺剧目（见表3-1），《红布条》《兄妹开荒》《夫妻识字》《挖界石》《养娃娃》《张莲英入社》等戏剧曲艺唱得红红火火（见图3-5、图3-6），产生了极其深远的影响。

表3-1　改革开放前银达村原创性剧目不完全统计

剧种	剧名	创作年份	创作者	演出单位	备注
眉户剧	《自主婚姻》	1954	李培喜	银达农民业余艺术团	
眉户剧	《路遇》	1958	李培喜	银达艺术团	
眉户剧	《送子应征》	1958		银达艺术团	获酒泉市文艺调演一等奖
眉户剧	《抖秸草》	1958	李培喜	银达艺术团	获河西三地区文艺汇演三等奖
眉户剧	《两百块钱》	1960	李培喜	银达艺术团	
眉户剧	《金凤展翅》	1960	李培喜	银达艺术团	获酒泉市文艺汇演三等奖
眉户剧	《反对买卖婚姻》	1962	李培喜	银达艺术团	
眉户剧	《大地回春》	1962	李培喜	银达艺术团	
眉户剧	《老代表》	1967	李培喜	银达艺术团	
眉户剧	《学文化》	1968	李培喜	银达艺术团	获酒泉市文艺汇演二等奖
韵白话剧	《风雨之前》	1968	李培喜	银达艺术团	
眉户剧	《播种之前》	1968	高正刚	银达艺术团	
眉户剧	《渡槽传情》	1968	李培喜	银达艺术团	参加酒泉市文艺调演
眉户剧	《重任在肩》	1968	冯会铭	银达艺术团	
小秦剧	《入团之前》	1968	李培喜	银达艺术团	
小陇剧	《送公粮》	1970	党书宏	银达艺术团	
小歌剧	《小先生》	1970	冯会铭	银达艺术团	

续表

剧种	剧名	创作年份	创作者	演出单位	备注
眉户剧	《鱼水情》	1971	冯会铭	银达艺术团	
小陇剧	《双丰收》		李培喜	甘肃省小陇剧团	
眉户剧	《看瓜记》	1971	冯会铭	银达艺术团	
眉户剧	《换标语》	1972		银达艺术团	
眉户剧	《追猪》	1972		银达艺术团	
小秦剧	《两张发票》	1972	李培喜	银达艺术团	参加酒泉市文艺调演
小秦剧	《东风化雨》	1972	郑铭	银达艺术团	
眉户剧	《争分夺秒》	1973	高正刚	银达剧团	
小秦剧	《青松林下》	1973	李培喜	银达剧团	
小秦剧	《两件衣》	1973	冯会铭	银达剧团	参加酒泉市文艺汇演
眉户剧	《两篮鸡蛋》	1974	李培喜	银达剧团	获甘肃省群艺汇演三等奖
眉户剧	《绘新图》	1975		银达剧团	参加酒泉市文艺汇演
小陇剧	《全家满意》	1978	高正刚	银达剧团	参加酒泉市文艺汇演

资料来源：高正刚：《银达》，酒泉市汇丰彩色印刷有限公司，2005，第442~444页。

图 3 - 5　银达农民剧团演出场景（一）

图 3 − 6　银达农民剧团演出场景（二）

2. 皮影戏

除了眉户剧、小陇剧在银达盛行，皮影戏也受到银达群众的欢迎。皮影戏也叫灯影戏、影子戏，是集绘画、雕刻、音乐、美术、灯光、表演、造型于一体的综合性民间艺术，也是酒泉传统文化的重要组成部分。从造型、手法上看，酒泉民间皮影和秦晋皮影是一脉相承的。但相比之下，酒泉艺人刻制的皮影形象更加粗犷，手法更加简练，有鲜明的地方特色，其风格与本地剪纸如出一辙。影偶人头大身长，手臂过膝，男影人豹头凸额、浓眉大眼；女影人鼻高而尖、红唇小口。影人的结构大致分为头、双臂、双手、上身、下身、双腿等部分。演出时，那些挑线把式手夹竹签，表演出影偶人的正、侧、仰、俯等多种姿势，通过调节影偶与屏幕的距离，可获得大、小、虚、实的形象变化。即使为侧影，也能给人以"曲从口出，动自其身"的艺术效果。皮影戏的布景、道具和影人大都由驴皮雕刻绘制而成，造型优美巧妙，具有很强的立体感。

3. 样板戏

样板戏是指"文革"时期被树立为文艺榜样的，以戏剧作品为主，加上少量音乐作品的二十几个大中型舞台艺术作品，统称为"革命样板戏"或"革命样板作品"，俗称"样板戏"。样板戏是在"京剧现代戏"和小说、电影、话剧以及民族新歌剧的基础上产生的，被称为"红色经典"，一些剧目又被复排、重演，音像资料被再版、翻刻，甚至被拍成电影、电视剧等。那个时期，由于其他文艺作品被限制传播，样板戏和样板作品就成了当时中国人的主要精神食粮。其代表性的作品有京剧《智取威虎山》《红灯记》《沙家浜》《杜鹃山》，芭蕾舞剧《红色娘子军》《白毛女》，交响音乐《沙家浜》等剧目。

样板戏描写的都是中国人民在中国共产党领导下进行武装斗争和经济建设的现代生活，被赋予了更积极的政治意义。样板戏对当年国人的影响之大难以想象，经电影、电视、广播反复播放，连不熟悉戏曲的男女老少都能哼唱几句，成为那个时代精神、文化生活的代名词。《沙家浜》的"智斗"等经典唱段深入人心，妇孺皆知，人人会唱。样板戏已成了时代文化符号。

（二）游艺

游艺是一种以消遣休闲、调剂身心为主要目的，而又有一定模式的民俗活动。银达传统游艺文化类型以社火为主。其中，富有地方特色的"地蹦子""二鬼摔跤""灯笼社火""赶驴"等一批民间非物质文化遗产已被列入省级非物质文化遗产名录。

1. 社火

社火是汉民族传统文化的一部分，起源于中国上古祭祀活动。银达社火以民间传说和戏剧故事为题材，通过一个或一组人物展现一个故事，一个故事即为一转社火。人物要画社火脸谱，穿社火服装，持社火把杖。社火表演时，一般是探马在前，后面跟着社火会旗、火铳队（炮队）、旗队、社火队，最后是锣鼓队。在表演形式方面，银达社火主要有大场子、小场子、作场子三种。演出时，由膏药匠带领，通过摇动手中的铃子来指挥队形变化。银达社火的乐器有大鼓、大锣、小锣、手钹、三弦、二胡、唢呐。其表演有说有唱。其说唱形式分为自唱、点唱、边舞边唱、对唱、边说边唱等。说唱内容极为丰富，有的唱人们对美好前景的向往，对神灵的祈求；有的唱通过辛勤劳动而获得丰硕成果后人们的愉快心情；有的唱自然景象和一些吉利话语；也有的唱古诗词，或即兴赋诗，现编现唱。

银达村有 20 多种传统的社火种类，流传至今的有地蹦子、扭秧歌、游旱船、耍龙灯、舞狮子、踩高跷、鹤蚌舞、张公背张婆舞、倔驴舞、跳芯子、驭竹马、霸王鞭、大头舞、摆锣鼓阵、福禄车、二鬼摔跤等。其中，地蹦子是当地社火中最富有地方特色的一种，也是重要的民间娱乐活动之一。

（1）地蹦子

民间社火地蹦子是银达村的传统文化活动之一，距今至少也有上百年的历史了。新中国成立前，这里的文化活动就很活跃，每逢过年都要耍社火、唱戏。新中国成立后，社火活动更加热闹。进入腊月，社火队纷纷活动，社火会首（旧时民间各种叫作会的组织的发起人，也叫"会头"）由德高望重的乡绅担任。白天跳地蹦子，"跑大场"，晚上唱戏，从正月初一一直要到正月十五才结束，戏都是本地的戏曲爱好者拉起场子唱座场（座场戏也叫小场，多属清唱）。

地蹦子跑跳的路数和花样有一个大阵 10 个套路，共 20 个阵式。当地村民对地蹦子的套路还专门编了一段具体生动的歌谣：

一字长蛇阵，下套蒜辫子；

二龙戏珠阵，下套龙摆尾；

三环套月阵，下套黑虎掏心；

四游四门阵，下套四门斗地；

五虎群羊阵，下套五盏灯；

六家迷魂阵，下套溜瓜墙；

七出七进阵，下套柳树盘根；

八面埋伏阵，下套蛇蜕皮；

九九连环阵，下套珍珠倒卷帘；

十字穿花阵，下套童子拜观音。

（2）秧歌

秧歌是北方地区广泛流传的一种极具群众性和代表性民间舞蹈的类称。秧歌蕴藏着厚重的历史文化感、浓郁的时代气息和鲜明的地方特色，既能自娱也能娱人，深受老百姓喜爱。酒泉社火表演中，秧歌很有地域特征和代表性，作为一种传统民间艺术，在酒泉流传已经有千余年的历史。其伴奏乐器，主要为打击乐的大堂鼓领先，伴以钩锣、铙钹等。一般以秧歌舞队为主要形式，舞队人数少则数十人，多则上百人，既有集体舞，也有双人舞、三人舞等多种表演形式，根据角色需要手持手绢、伞、棒、鼓、鞭等道具，在锣鼓、唢呐等吹打乐器伴奏下尽情舞蹈。秧歌表演形式的主要特点是"扭"，所以也叫"扭秧歌"。扭秧歌不分男女老少，着盛装，摆动彩扇、彩绸，几十人或数百人排成队列，在大街小巷或广场尽情扭跳。酒泉的秧歌舞动作简单易学，但从整体舞蹈来看，却构成了古朴典雅的风采和西北特有的韵味，非仔细观察，不能得其中情趣。俗谓"内行看门道，外行看热闹"。

（3）踩高跷

踩高跷，是民间盛行的一种群众性技艺表演，多在一些民间节日里由舞蹈者脚上绑着长木跷进行表演。踩高跷技艺性强，形式活泼多样，深受群众喜爱。高跷也称拐子，由表演者脚踩木跷表演，由于表演者高出一截，观众需要仰起头来或者是站在高处看，表演形式多样，不拘一格，主要是表演特技。踩高跷表演时，表演者伴随铿锵有力的锣鼓声有节奏地变换队形和花样。酒泉高跷表演，有磕拐、碰拐、背拐、跌拐、跳桌、翻跟头等技巧动作，还有抬二节、抬三节及坐抬、立抬、组合抬等高难度抬法，并能构成"马拉车""过天桥"的造型。高跷表演中，还有三人合踩四只跷、四人共绑五只跷的"连腿高跷"等，表演时需要表演者之间配合默契，表演起来诙谐幽默，令人捧腹，但是有相当大的难度。还有点高跷，边扭秧歌步，边变换队形，然后进行评说和演唱，叫作"高跷秧歌"。另外，有的在腿与跷衔接处拴上小铃铛，叫作"铃铛高跷"。

（4）二鬼摔跤

二鬼摔跤又称"二娃摔跤""二喜摔跤"，是一人背驮二鬼摔跤道具进行表演的民间舞蹈，是历史悠久的汉族民俗娱乐方式。表演时，表演者背驮二鬼摔跤道具（相貌古怪，造型独特），通过表演者腿、背、臂等综合协调动作，给观众以两个"鬼"在摔跤的外观表现。这种汉族民间舞蹈已流传上百年。二鬼摔跤也是酒泉市独一无二的社火品种。二鬼摔跤在银达乡各村的社火汇演中多次亮相，为群众喜闻乐道，并于1956年在全市社火调演中引起了轰动。

2. 体育

银达体育事业从无到有，从小到大，乃至形成规模，是经济实力发展的结果。20世纪50年代，银达首先开展的体育活动是成年人的篮球赛，那时，人们最喜欢的体育活动就是打篮球。1958年，篮球运动成为热门在全镇普及开来，出现了一批掌握篮球技术的青壮年选手。1974年10月，银达村农民篮球代表队参加了酒泉地区首届农民篮球运动会。银达农民在全市农民环城赛中也屡获佳绩。因此，银达村的群众体育工作受到好评，数次被评为先进单位，还得到了国家体委的奖励。

三 民歌

民歌，是人民群众自己创造并喜闻乐见的一种文学样式。1972～1976年被称为新中国音乐史上的战地新歌年代，每年出版一本歌曲集《战地新歌》，这是文艺演出和群众歌咏活动的标准读本，其中《让我们荡起双桨》《我们的田野》《听妈妈讲那过去的故事》《我们是毛主席的红小兵》《红小兵成长全靠党》《井冈山下种南瓜》等都是经典作品。最出名的是《东方红》《国际歌》《三大纪律八大注意》《大海航行靠舵手》。

新中国成立后的扫盲运动，使银达农民业余文化教育取得了可喜的成绩，在此基础上，银达村的干部和群众又普遍开展了群众性诗歌创作活动。上至五六十岁的老人，下至红幼班的孩子，都在不同程度上被发动起来参加到诗歌创作的行列中来（见表3-2）。据1975年秋季的调查统计，在不到一年内，他们就创作诗歌1万多首，召开赛诗会40多次，办起赛诗台13个，有些社员还办起了家庭赛诗台。他们用诗歌抒发对党、对毛主席、对社会主义祖国的无限深情。

表 3 - 2　酒泉县银达村民歌选登

咱要大步向前跨 （陈玉珍）	银达一步一层天 （社员 赵玉元）	红太阳光辉照银达 （社员 孙登文）	我们也要把力添 （红小兵杨谷）
旧社会咱是"睁眼瞎"， 双手写不出一个"八"。 红太阳光辉照银达， 咱手捧《按语》笑哈哈。 文化班里学理论， 老婆子我积极来参加； 心里想，本本上画， 挥笔批修劲头大。 有人笑问咱： "六十三岁学个啥？" "学习理论攀高峰， 咱要大步向前跨。"	毛主席《按语》金光闪， 贫下中农斗志坚。 学习理论学科学， 快步登上文化山。 普及文化结硕果， 大学办在队里边， 昔日文盲上讲台， 教育史上谱新篇。 艰苦奋斗二十年， 银达一步一层天。 培育一代新农民， 继续革命永向前。	红太阳光辉照银达， 金字《按语》开红花。 一代新风我们开， 队队赛诗又赛画。 文化阵地咱占领， 文化乡满天飞彩霞。	风如刀，雪似箭， 社员个个冒热汗。 红小兵放学把路赶， 也来田里跟着干。 你拿镐，我拿锨， 推起小车像梭穿。 大伯夸，阿姨赞， 夸咱人小意志坚。 普及大寨县， 我们也要把力添。

四　幻灯、电影

改革开放前，在交通不够便利，电视传播不够普及，又要能满足广大人民群众对文艺的需求的时候，幻灯和电影无疑是因地制宜的好方法。它们融入群众的日常生活，潜移默化地影响群众的思想，塑造群众的语言、行为习惯。

那时农村没有电，电影也不普及。放幻灯不用发电，靠汽灯来采光，而且携带方便，操作简单。幻灯片使用一张张玻璃纸画的连环画，通过幻灯机的放大镜打到荧幕上，就成了一幅幅放大的五彩画面，通过口头讲解让大家看懂内容，群众把幻灯称作"土电影"。幻灯内容有故事片、时事政策片、农业科技片、病虫害防治片等。故事片最受群众喜爱，如《天仙配》《孙悟空大闹天宫》《金马驹与火龙衣》《牛郎织女》《五女拜寿》，还有现代题材的《擦亮眼睛》《不能走那条路》《张莲英入社》《买卖婚姻害死人》等，不下百十部，精美的画面加上生动的讲解，"土电影"很快征服了观众，每场放映都被围得水泄不通，而且一放就是三四个小时，直到夜深群众还不愿离去。

1975 年以前银达没有电视，看场电影得等酒泉县东方红电影院每季度一次的巡回放映。县电影队下乡放场电影可不容易，驴驮车拽地拉来一大堆机器，拉绳子，绷帐子，扯皮带发电。1975年秋天，银达公社投资购买了8.75毫米放映机，成立了电影放映队，每个放映点每月放映一场电影。那时候看露天电影是银达人的一桩盛事。刮风下雨，蚊虫叮咬，都不影响乡亲们的热情。老人孩子，男人女人，都搬着小凳子，抱着砖头、土块围坐在幕前看，坐在后面的小伙子干脆蹲在老榆树的树杈上、坐在人家墙头上看。家家户户都是全家出动，也不用担心家里进贼。这个时候，只有观众，没有小偷。如今放露天电影、看露天电影早已无人问津，遥远的"电影队"已成为过时的名词，但在银达群众文化的发展历史上发挥过极其重要的作用。

第二节　改革开放前银达村文化发展的主要特色

一　文化与政治紧密结合

一定的社会文化是为一定的政治服务的，政治又通过社会舆论引导文化的方向，通过国家机器规范文化的走向，二者紧密相连，相互作用。银达村的文化与政治紧密结合体现在各个时期。

新中国成立前，银达农民难以度过年关，却异常重视敬神、祭祖，反映出当时农村经济的破败及人们的无奈与企盼。

从新中国成立到改革开放前，银达村和全国其他村一样，其文化主题主要表现为政治文化。这一时期，银达村的社会文化环境是政党或政府主导型的政治文化环境。阶级斗争、集体主义、社会主义等政治概念作为外来文化嵌入传统乡村社会。通过土地改革、成立乡级人民政府、建成人民公社等一系列的政治运动，银达村传统的士绅阶层逐渐走向消解，农村社会的治理结构得到了重建，使社会主义的意识形态在农村社会中初步确立，并内化为农村居民的行为准则。这一时期，在社会的急剧变革中，银达人的春节习俗新旧交织，价值观念尤其是择偶标准也发生了改变。由于抗日战争、解放战争的经历，军人和"模范"让人们高度崇拜。嫁给军人，尤其是获得荣誉的军人是当年女性的理想。但军人毕竟是有限的，因此生产工作中的"模范"成为女性们的次优选择。处对象的时候，"如何提高工作效率""如何争取工作上的进步"成为交流的主题和中心，并借此发展成为光荣的"革命家庭"。

二　文化满足人民精神需要

新中国成立之初，人们摆脱了封建社会的压榨，开始"撸起袖子加油干"，建设社会主义新中国，构筑自己的美好家园。但没文化成了摆在银达人们面前的一道"拦路虎"。"可以不吃饭，不能没戏看"，"要当文化人，不做睁眼瞎"，"好读书，读好书"……这些朴实的话语，反映了当时银达人对知识的需求是多么的强烈。而此时"扫盲运动"适时展开，令当时的银达人兴奋不已、热情高涨，使银达人心里渴求知识、尊重科学、崇尚文化、追求文明的种子开始开花结果。

随着文化知识的普及与提高，翻身后的银达人对文艺活动有了迫切需求，在经常开展扭秧歌和其他小型文艺活动的基础上，大型演唱活动也日趋频繁，因此，1950年银达农民业余艺术团应运而生。银达农民业余艺术团编演的反映群众生产生活实际、弘扬传统美德、倡导新风尚、宣传新变化、讴歌新生活的酒泉民歌、地方小戏、说唱歌舞等节目，不仅深受当地群众喜爱，还走出了酒泉。银达农民业余艺术团编演的节目不仅农村人爱看，不少城里人跑到银达村来看戏也司空见惯，这在其他地方是很少见的。

三　具有广泛的群众基础

没有农民的广泛参与，乡村文化就如无源之水、无本之木，也就失去了其苗壮成长的土壤。在银达，农民群众是乡村文化发展的主体，农民群众的广泛参与不仅推动了银达村文化的繁荣发展，而且进一步激发了群众参与文化建设的积极性，农民既是乡村文化成果的享有者，也是乡村文化建设的主力军。在节目的选材、编排、演出过程中，充分尊重农民的意愿、自主权和创造性。不管是银达农民业余艺术团，还是农民自乐班，参加群众全部是土生土长的银达农民：编剧是农民，导演是农民，演员还是农民，伴奏的是农民，舞美、化妆、报幕等统统是农民。台上，他们是一群"演员"；台下，他们是一帮"泥腿子"。他们有的刚从田地里归来，有的刚从鸡舍、羊圈中出来，无论从何处来，只要一上舞台，他们就尽情表演，卖力歌唱，是农民兄弟眼中的"大明星"。节目的题材全部来源于农村真人真事，演员们演得痛快，农民群众看得高兴。

银达村现任文化专干党翠芳说："那时候虽然条件艰苦，但演员们积极性很高，谁要是排不上戏，还会哭鼻子呢!"银达的实践证明，让农民走进文化、体验文化、享受文化是乡村文化发展的最好形式。其参与式、体验式的乡村文化发展模式，更能激发农民参与文化建设的热情和积极性，更能引起农民群众的喜爱和共鸣。农民群众只有参与其中，切身感受文化的魅力，品味文化的乐趣，才能享受到文化发展的成果，进而促进乡村文化长盛不衰、蓬勃繁荣。

四 文化与教育相辅相成

银达农民业余艺术团结合形势任务，依靠一代又一代传人的不断发扬光大，把本乡本土的新人新事新气象通过小秦剧、小陇剧、眉户剧、快板、相声、小品、皮影戏以及民间社火等形式，形象生动、轻松活泼地表现出来，上演了一场场生动感人、寓教于乐的文艺节目。这些文艺节目以弘扬家庭美德、社会公德，唱响社会主义主旋律为主旨，取材于当地真人真事，丰富了农民业余文化生活，不仅深受群众喜爱，百看不厌，而且具有教育意义，促进了社会和谐稳定。它有着专业剧团所没有的优势，不但活跃了文化生活，而且用健康向上的文化艺术占领了农村文化阵地，净化了社会风气和人们的心灵，使人们受到感染和熏陶。在银达村乃至银达乡，用低级趣味迎合观众的剧目没有市场。曾经，一个以上演《马瞎子望灯》《十八摸》等黄剧而受一些地方欢迎的剧团巡回到银达乡时，被闻讯赶来的群众挡在村外，留下了一段"黄戏止于银达"的佳话。从20世纪60年代至70年代初，农民业余文化生活更趋丰富，整体水平得到很大提高，推动了文化艺术活动的广泛深入开展，还引领了农民群众学科学、用科学的新风尚。他们读书看报、吹拉弹唱、编写剧本，有了文化底蕴，就能从文化活动中享受到更多的乐趣，就能形成文化自觉。从学文化到用文化，文化改变了银达乡村的风貌，文化在银达催生出文明之花、结出了富裕之果。银达浓郁的文化气息不仅体现了社会主义的优越性，而且在于它开启了一代又一代银达人的心灵之窗，为银达的孩子插上了梦想的翅膀，使他们从小就知道，除了脚下的路和头顶上的那片天空，世界上还有许许多多条路和更加辽阔壮美的天空。

五　文化与经济协调发展

银达普及型乡村文化发展得益于经济的发展，也有效促进了经济的繁荣和人民生活质量的提高。

1953 年秋，甘肃省委工作组在银达乡带领群众掀起了学文识字的热潮，扭转了记工员都由工作组成员担任的局面，大大提高了工作效率，促进了银达农业经济发展。1954 年春，银达乡率先成立了全县第一个最大的农业生产合作社——银达乡五四永丰农业合作社。这一年，银达乡的粮食喜获丰收，副业办得红红火火。养猪场、鸡鸭厂、种畜场、养蜂场前所未有地出现在银达大地上，群众不仅吃得饱，而且生活很快得到了改善，居民点也数全县中修得最早的。那时城里人还不会吃鱼，银达村的养鱼场鱼苗规模就达到了 10 万条。1955 年，银达乡完成了从初级社向高级社的转变，短短三年就走完了农业合作化的全过程，比全国农业合作化高潮的到来，整整早了两年。据访谈时一位曾于 1955 年在银达村下乡工作的退休干部说，银达村农业科技领先，如在作物制种、新品种的引进方面，都要比当地别的村先进，领导的关怀、按语的光辉，无疑为银达的党旗注入了永不褪色的光彩，银达成为闻名全国的文化乡。由于银达人学文化、促发展取得了连年丰收，成绩突出，1958 年银达乡被国务院评选为"全国农业社会主义建设先进单位"（见图 3 - 7），周总理亲自签发了奖状，米志清、王学录作为银达乡党和群众的代表赴京，受到了毛泽东主席、刘少奇主席、周恩来总理、朱德委员长等党和国家领导人的亲切接见。银达人学文化，对生产发展很有好处，1959 年银达乡又光荣地得到了朱德委员长的嘉奖，奖励了两台东风 - 64 履带式拖拉机（见图 3 - 8）。拖拉机来到银达后，银达乡第一次有了这样的大型机械设备，拖拉机的轰鸣伴随银达人民的欢呼声，银达又一次沸腾了。银达乡第一代拖拉机手黄文海老人说起几十年前的事，仍止不住地乐："农民们从来没见过拖拉机，早就在那里等了，拖拉机大灯雪亮雪亮的，一转弯，像只大老虎，吓得农民们四散逃跑。"

图 3 - 7 1958 年国务院为银达乡颁发的全国农业社会主义建设先进单位奖状

图 3 - 8 1959 年朱德委员长奖励银达乡的东风 - 64 履带式拖拉机

银达人学文化还推动了农业技术革新和群众性科学种田活动的开展。银达人开展科学试验，培育了适应当地的优良小麦品种，促进了农业大增产。20 世纪六七十年代，银达人民公社银达大队掀起了改造农田、兴修水利、平田整地等大规模的农业基本建设高潮。当时广大农民和县、社干部一起奋战田野，凭着一种战天斗地的革命豪情，硬是靠镢、锨、独轮车、手推车、夯、锄头、榔头等简单落后的生产工具以及肩抬、手提等愚公移山的方式，将土地搬了家，使大地变了样。1976年3月，银达人结合当地实际，制定了银达村（原银达大队）农田基本建设规划，包括农林牧副渔各业1976～1985年的十年规划和渠道、道路、林带、条田、排碱沟、机井、居民点、猪场、饲养场、公墓等1976～1980年的五年规划，为根本改变全村农业生产面貌，建成一个渠系完整、建筑区齐全、排阴治碱、条田连片、机耕机播、农林牧副渔全面发展、社员生活水平大大提高的社会主义新农村贡献了智慧和力量。从70年代到80年代，随着农业生产的不断发展，银达大队党员、群众在上级党委政府的支持下开始推进农田灌溉机井建设工程，修建水渠，着力改善农业生产条件，有效夯实农业发展基础，解决群众浇地的难题，为农业生产、农民增收提供坚强保障。

在生产中，他们通过节目演出，大力宣传先进理念、科学技术，让群众了解先进的种养技术，为大力发展设施农业、增收致富营造了良好的舆论氛围；也用诗歌鼓舞群众大干苦干，推动农业学大寨群众运动不断深入发展。银达大队曾组织一部分党、团员和民兵，到20里外的杨洪滩开荒。在生活条件艰苦、开荒任务繁重的情况下，大队党、团支部发动群众，利用劳动间隙，创作了200多篇表扬好人好事等方面的诗篇，为群众长斗志、鼓干劲。结果群众大干20天，造田400亩，出色地完成了任务。

所有这些无不说明，银达文化已成为银达经济建设和社会发展的重要推动力，实现了精神变物质的突破。

六　坚持党的领导，基层组织引导

银达文化之所以能够生根发芽、开花结果，不断向前，这与历届党和国家领导人的关怀和支持是分不开的。各级领导为银达人带来的不仅仅是物质上的帮助，更重要的是精神依托。1955年，银达乡就因农民业余文化教育活动的丰富多彩而得到了毛主席的肯定和赞扬。把文化发展与经济发展作为同等重要的大事来抓也是银达乡历届党委、政府班子成员的共识，都以文化来引领群众的思想和生活，以文化凝聚民心、汇聚民意，推动经济社会持续健康发展。"宁可不修乡政府，也要建起文化站"是银达乡领导抓文化发展的真实写照。火车跑得快，全靠车头带。通过活跃群众文化加强基层组织，反过来又促进群众文化深入发展，这是银达村发展群众文化的又一新举措。村党支部、村委会一班人坚持把开展群众文化活动作为密切联系群众、带领群众致富的有效抓手，采取党员带头、资金扶持等多种方式推动文化活动深入开展。现年80多岁的老党员李培喜，是乡农民业余艺术团的团长。自50年代起，他既是演员，又是组织者。他创作的眉户剧《抖秸草》等剧目，在文艺调演中多次获得大奖。村上凡是有文化活动的地方就有党员的身影，凡是党员组织的文化活动，必定能取得好的成效。

通过党员带头、党支部组织开展群众文化活动，广大党员在群众中的威信日益提高，党的基层组织的凝聚力和号召力日益增强，党群干群关系更加密切，群众文化活动已成为支部与农户、党员与群众沟通交流的桥梁和纽带。

早在改革开放前，银达大队党支部就带头学习文化知识，创办的"政治文化学习班"成为群众学政治、学文化的主要阵地。为更好地推进业余文化教育，大队还成立了政治文化学习班领导小组，经常研究、检查、总结业余文化教育工作。例如，在春播大忙时，学习农业"八字宪法"，提高了播种质量。他们还组织了业余毛泽东思想宣传队，自编自演大小节目60多个，也教社员唱革命歌曲及革命样板戏唱段。

七　文化能人带动文化发展

银达乡村文化之所以能够繁荣发展，得益于党委、政府的支持，更离不开文化能人的带动。乡村文化能人既是发展农村文化事业的核心资源，也是创作文艺精品的根本。没有文化能人的支撑，乡村文化就犹如无梁之屋。

新中国成立初期，银达学习文化模范、劳动模范王学录在银达乡农会工作。在党的领导下，他带领农民进行土地改革，和贫苦农民一起翻身做了主人。翻身后的农民分得了土地和财产，但苦于文化水平低，王学录就组织农民办起识字班、扫盲班，他自己也积极报名上冬学，白天搞生产，晚上在油灯下学文化。他随身带一个小本本，闲时就写上几遍，随时记下不认识的字，去请教文化教员。由于他吃尽了没文化的苦，学起文化来劲头十足，"站下画墙皮，蹲下画地皮，睡下画肚皮"，"米柜上写'米柜'，门扇上写

'门扇'",就是他刻苦学习的真实写照。

综合文化站站长李社生既是土生土长的文化能人,又是乡村文化发展的领路人。他倾心乡村本土文化品牌创新,组织专人收集整理了"地蹦子""二鬼摔跤""灯笼社火"等一批民间非物质文化遗产,分年度、有重点地组织民间艺人和创作人精心编导了一批体现文化风貌、代表地方特色的文化精品,壮大了文化发展的实力。

在银达乡村文化的舞台上,还涌现出一大批较有影响的家庭演唱队和农民自乐班。张志成、王玉青等36个家庭演唱队常年活跃在田间地头,在他们的带动下,参加家庭演唱队活动的人数目前已数以千计,演出范围也在逐步扩大,由在家庭、村组、全镇演出,发展到在全区各乡镇以及矿山、工厂巡回演出,甚至跨区域演出。

在银达乡村文化一步一步走向繁荣的背后,活跃着无数土生土长的文化能人,他们都是世世代代生活在这片土地上的农民,他们用毕生心血倾注于银达文化事业,不断赋予银达文化田园诗情,用浓浓的乡韵激发群众参与的热情,让文化成为震撼时代的最强音。

八 文化发展与时代进步紧密结合

银达文化之所以长盛不衰,是因为它原本就是从寓教于乐,群众喜闻乐见起步的,它始终反映时代的主题和内涵,代表农民的心声和梦想,并已深深地融入了银达人的精神和灵魂。让先进文化走进村组农户,让土生土长的庄稼汉走上舞台,银达文化才有了成长的沃土,才有了广阔的天地。银达人牢记毛主席按语精神,并与时俱进地赋予其新的时代内涵,牢记党的宗旨,紧跟时代步伐,坚持文化根植于群众的思想,孜孜以求地追寻乡村文化繁荣发展路子,实现了"五个转变":由单纯的扫盲文化到自编自演符合群众要求的文艺节目;由业余剧团到适应乡村文化活动发展的电影队、社火队、合唱队、文化大院、自乐班;由文化能人带头、文化能人献艺到普及型发展和组织整台演出;由自编自演节目经常获奖到被评为全省、全国文化先进集体;由当年学文化为记工分、会算账,适应合作社,实现农业合作化,到现在为学科技、会经营,适应高科技、信息化,实现现代化,这些无不展现出银达"文化名镇"的文化生命力和与时俱进的文化精神。领导的关怀、按语的光辉，激励着银达人民紧随社会发展进步的步伐，为时代引吭高歌，始终在发展生产、教育、文化、经济和社会各项事业的道路上昂首阔步、奋勇向前！

第二篇　困惑与坚守

第四章　改革开放后银达村经济社会发展与文化变迁

文化是政治、经济的反映，一定的文化由一定的经济、政治所决定，反映着社会的政治和经济发展情况，经济和政治决定着文化的性质和发展方向，文化又反作用于政治、经济。不同性质的文化对社会发展的作用不同，先进、健康的文化会促进社会的发展，落后、腐朽的文化会阻碍社会的发展。银达村文化的发展自从萌芽，就有力地促进了当地经济社会发展。

第一节　银达村政治发展与文化变迁

改革开放后，随着"包产到户"政策的推行，村级组织原有的计划管理功能基本完结，乡镇政府与村级组织的关系进入以村民自治为特色的"乡政村治"阶段。一些村庄由于土地承包、分散经营而导致村级组织失去了对农民的约束能力和管理能力，乡村公共事务无人问津。而"文化村"银达，始终坚守"文化兴村"的理念，人民群众因为有丰富多彩的文化活动的引领，表现出了较强的凝聚力和团结性。

在银达，随着家庭联产承包责任制的推行和农村体制机制的改革，各种新生事物纷至沓来，人民群众的思想观念发生了变化，对农村文化、教育、医疗、卫生、道路、通信等各项事业的发展也愈加关注。

"具有一定文化基础的村民接受新事物比较快，再加上改革开放的好政策，村民对各项事业的发展有着更强烈的期盼。"现任村党支部书记王建军谈起当时的情况时这样介绍。

银达村注重发挥党建的引领作用。村党支部首先从自身建设抓起,制定了"党员活动日制度",从制度上对"三会一课"做了规定,要求每月15日为党员活动日,每季度上一次党课,每半年召开一次支委民主生活会。同时制定"组织生活检查监督制度",规定建立健全党员登记本、党员花名册、党费收缴登记本、党员会议记录本、党员好人好事登记本"五本",对党组织活动进行监督检查。对老党员参加组织生活也制定了"老党员生活制度",规范了老党员参加组织生活的形式。特别是制定了"民主评议党员制度",通过自评、互评、测评、党支部综合鉴定、征求群众意见等方式,对党员从党性觉悟、组织纪律、交纳党费、参加党的活动、完成工作任务、学习精神、国家集体观念、不正之风、计划生育、群众威信10个方面进行综合评定。根据评议结果,表彰先进、督促后进、处置不合格党员,提高党员队伍素质,增强党组织的战斗力,使党组织成为执行党的政策、带领群众发展生产的坚强堡垒。

在加强自身建设的同时,党支部还制定了"党员联系户制度",规定凡是有能力的党员必须联系1~2户群众,要求党员做好群众的思想工作,并从政策宣讲、计划制订、落实技术信息、人力帮助等方面开展多种形式的联系活动。支部还规定每季度召开一次群众座谈会,征求群众对党组织的意见。

这些措施提高了党支部的战斗力,增强了党支部带领群众致富奔小康的信心,树立了党支部在群众中的威望,使村民从内心增强了对社会主义共同富裕道路的认同。

党支部把自身建设的成效转化为推动全村发展的能力,于2000年左右村委会相继制定了《银达村村民委员会选举方案》《银达村村民委员会自治章程》《银达乡银达村水票管理办法》《银达村、村组道路管理办法》等管理制度,从村民组织、村民委员、农建工、土地管理制度、水电管理、土地承包费用的收取、渠路林管理、财务管理、社会秩序等方面制定了措施,为建设社会主义新农村提供了制度保障。

在全体村民的共同参与支持下,银达村坚持"文化育人、科技兴村、典型引路、普遍开花"的发展思路，瞄准市场空缺发展生产，促进村民增收，先后大规模发展温棚蔬菜、肉鸡养殖、特色养殖等新兴项目。

经济发展有了新起色，村民的生活富裕起来了，但"文化村"的人们并不满足于此，他们还要全面发展。于是，创建文明村的目标又被树立了起来。

村党支部、村委会坚持"两个文明一起抓、两个文明一起要"的方针，按照乡党委、政府《关于加强精神文明建设创建一流文明乡村规划》的安排，多次召开会议，在认真分析现状的基础上，讨论制定了《精神文明建设近期规划》，确定了以创建良好社会环境、服务经济建设为宗旨，以加强思想教育、规范行为准则为目标，全面实施"345"工程的文明村建设方案：以评四户（遵纪守法户、五好家庭户、模范双文明户、"十星级"农户），树五风（科技致富风、勤俭持家风、尊老爱幼风、环境美化风、带头执行国策风），全面开展"三德"教育，动员广大党员、干部、群众投身于创建文明村活动之中。

银达村注重加强群众的思想道德教育和农村小康文化建设。1997年修建了按语碑周围的群体建筑，修建图书阅览室和活动室各1座，建成了阅报栏评比窗20个，新增图书3000多册，增设活动器材6件。这些设施的建立，大大方便了群众看书读报、学习科学文化知识。图书阅览室面向全村群众开放借阅图书。还整修了小礼堂，购置了300多套椅子，硬化、绿化、美化了村委会，使小康文化建设达到了"两室一场"，每年举办大型文体活动五六次，举办科技讨论数十次，举办法律教育培训班几场次，受教育面在80%以上。这些设施的增设和活动的开展，在全村形成了宣传教育、积极向上的文化氛围，特别是全村多年的群众文艺节目汇演，用身边的事教育身边的人，自编、自演、自乐，既丰富了群众文化生活，又教育了群众，既使他们增长了知识，也丰富了生活、锻炼了自己。

"天下为富，在于民乐。"通过开展丰富多彩、喜闻乐见的群众文化活动，有效遏制了社会违法活动和不良风气，提高了农民的思想素质。通过几年的实践和整体推进，全村精神文明建设成效显著。

安定才是大道理。"教育自己的人、看好自己的门、管好自己的物、办好自己的事",是村党支部、村委会要求每个农户必须做到的。为加强治安联防工作,严厉打击违法犯罪行为,村上制定了治安管理制度,成立了民调小组和治保小组,各组成立了联户联防小组,昼夜值日放哨,切实抓好本村的社会治安综合治理。民事纠纷及时处理,对聚众赌博、打架斗殴、抗税、无理闹事、辱骂干部等问题,严肃处理,加重处罚。量身说教,广泛开展法制教育。这些有力措施的实施,严厉打击了社会不良现象的发生,促进了社会风气的根本转变,多年没有出现重大治安和刑事案件。

为了使村民的生活更加美满幸福,让他们生活在整洁、舒心、优美的环境里,村党支部带领全村群众让居民点向净化、绿化、美化"三化"发展,开展了标准居民点评比,在农户中评选了最佳院落、最佳街道,户户门前栽了花果树、后院种了菜园,还改建了照明电路,架设了有线电视……通过一系列措施,促进了生活环境的美化,消除了"脏、乱、差",居民点建设达到了无"三堆"的条件,使农户宅院近看似花园、远看似林园。

外在美,心灵更美。为了从根本上提升文明素养,形成建设文明村的长效机制,村委会采取了"以法治村,以章治村"的措施,制定了"联户联防值班制度""交接班制度""责任奖罚制度",建立村规民约来规范每个人,包括外来打工人员的行为,促进了全村生活和谐、邻里和睦,形成了社会主义新农村文明风尚。1996年银达村被评为酒泉市文明模范村,1997年被评为酒泉市基层组织建设先进村。

随着村民生活日新月异的变化,村支部、村委会带领群众致富的信心更足了,决心也更大了。多年来,村党支部、村委会在贯彻落实镇党委、政府的方针和决策部署中,采取有效的方法和措施,在发展经济、基层组织建设和精神文明建设的各项工作中取得了喜人的成绩,在全村形成了人人谋发展、人人促发展的良好氛围,全村的经济及社会各项事业稳步健康地向前发展。

为深入贯彻党的十八大精神,推进先锋引领活动的深入开展,以改革创新精神提升村级党组织党建工作的科学化水平,充分发挥示范点的示范、带动、辐射作用,全面提升基层党建工作的水平,2013年,银达村党总支结合实际,提出了创建"三型"(学习型、服务型、创新型)、"五好"(领导班子好、党员队伍好、工作机制好、工作业绩好、群众反映好）班子的方案，成立了三型五好班子创建工作领导小组，明确了工作任务，细化、量化了工作目标，严格落实党建工作责任制，一个团结、廉洁、富有干事朝气的领导班子日益健全。在他们的带领下，村里一心一意谋发展的社会氛围越来越浓。

第二节　银达村经济发展与文化变迁

随着社会的发展，科学技术支撑引领经济又好又快发展的作用越来越突出。就银达村而言，科技致富也因为文化的繁荣而日渐成为人们走上社会主义共同富裕道路的强大力量。

十一届三中全会以后，银达人高举毛主席按语的旗帜，发扬文化育人、科技领先、综合发展的精神，在党的富民政策的指引下，向科技致富的方向发展。而农民文化素质的普遍提高又为全村依靠科技走全面协调可持续发展的道路提供了可靠的精神保障。全村15岁以下适龄儿童入学率达100%，15岁以上人口中没有一个文盲，1995年通过了国家教委的验收，成为"无盲村"。全村总人口中有大中专毕业生72人，高中生136人，初中生1010人，工程师5人，有绿色证书的农民技术人员100人。

20世纪80年代初，中央连续发布1号文件，提出"决不放松粮食生产，积极发展多种经营"。当时的银达村还以种植小麦、玉米为主，农业种植结构单一，全村几乎没有人种植蔬菜、搞养殖业，更没有企业。虽然粮食年年丰收，但生产效益不高，人们的经济收入和生活水平一直很低。当时全公社的工农业生产总值是170万元左右，年终决算时每个劳动日值平均为9角多钱，农民家里来人去客，得提上篮子坐车到城里买菜割肉招待，有的农民连买盐的钱都没有。"一年巴着一年富，年年穿个没裆裤"，这句歌谣就是当时银达群众生活的真实写照。

过上好日子成为当时银达人民最迫切的愿望，让农民过上好日子成为各级政府的头等大事。

银达镇党委积极落实中央政策，把治穷致富作为当时的重点工作来抓，引导农民调整农业内部结构，号召、鼓励他们养鸡、种菜，在主导产业上寻求突破。

镇党委书记于仓华紧紧抓住"文化村"人们好学肯钻研的优势，从邻近的泉湖公社请来种菜能手，现身说法，传经送宝，银达农民种菜的积极性一下子就起来了，菜种得一家比一家精细，品种一年比一年多，不仅自给有余，而且为城市提供了大量的商品菜，赚回了城里人的钱。于是，尝到甜头的银达人靠科学技术发家致富的愿望愈加强烈，他们冲破传统耕作技术的局限，大力发展科技种菜，又开始了无土栽培、千亩蘑菇、特色种植，使蔬菜生产走上了外向型的产供销一条龙的产业道路，蔬菜产业成了银达农民的聚宝盆、摇钱树。

在养殖业上，银达镇制定了很多鼓励发展的优惠政策，从资金、技术、地皮等方面大力提供帮助，先后扶持起了一大批像朱文林一样的专业大户。

银达养殖和蔬菜两大产业的发展，为酒泉市农业产业化的推进积累了丰富的经验，开辟了"公司＋农户"组织形式的先河，成为乡镇企业发展的一种有效模式。在种植业结构调整空间越来越小的严峻形势下，银达人又以温室蘑菇产业的发展壮大让人倍感鼓舞。所有这些无不说明，银达文化已成为银达经济建设和社会发展的重要推动力，实现了精神变物质的突破。据调查，银达村村民已经由原来的以小麦、玉米种植为主要收入来源发展为种地、打工、林果、养牛养羊等畜牧业、做买卖、搞运输等多元化的收入渠道。据村民们说，这得益于文化素养的提高开拓了思维，提升了技能。

其中，方秀兰的发家致富模式更能代表银达村人以毛主席光辉按语为指引，以学科学、用科学为支撑，与乡亲们共同建设社会主义新农村的光辉历程。

方秀兰，女，1953年4月生于银达村二组，7岁父亲早逝，母亲改嫁，在伯父和堂哥的抚养下长大，1972年高中毕业后即参加劳动和村业余艺术团的演出活动。她是远近闻名的致富女能人、创业带头人。十一届三中全会后，方秀兰家依靠农机加工和电焊维修，在本乡办起了农机修理部，她虽是妇女，但和丈夫一样敲敲打打，焊接修理，一干就是4年，通过辛苦劳动，她家的生活面貌发生了很大的变化，但她没有坐享其成，产生了办养鸡场的念头，自筹资金 18 万元，建起了占地面积 1300 平方米的养鸡场，修筑孵化室 5 间，自制鸡笼 36 组，开始了养鸡生涯。

万事开头难。起初，由于缺乏科学喂养技术，一年下来，鸡场不仅没赚到钱，而且欠了 1 万多元外债，眼前的困难并没有动摇致富的决心，她吃在鸡舍，睡在鸡舍，潜心钻研养殖技术，功夫不负有心人，1500 只雏鸡成活率达到 92%，这更加坚定了她发展规模养鸡的决心和信心，在此后的几年里，她通过不断学习和探索，不仅掌握鸡的孵化、育雏、饲养、疾病防治等一系列科学喂养管理技术，而且学会了鸡粪喂猪、猪粪养鱼的生态循环饲养方法。随着雏鸡成活率的提高，鸡饲养量的增加，养鸡场的经济效益也很可观。1990 年，鸡的饲养量由 1986 年的 1500 只增加到了 1 万只。方秀兰还清了外债，并用积累的资金修建了全市农村第一幢个人住宅楼。1994 年，她承包了队里 2.5 亩果园，又投资将养鸡场扩建到 5000 平方米，还增加了猪舍、鸭舍等，走上了以养鸡为主，兼营养猪、养鸭、养鱼的规模养殖之路，形成了集养殖、种植、林果、加工、销售于一体的综合经营体系。

1995 年后，她还担任了银达乡农民业余艺术团副团长，多次获得地市文艺调演优秀演员和表演奖。

1997 年 10 月 15 日，"世界农村妇女日"之际，在日内瓦联合国万国宫世界妇女最高基金会将"农村妇女生活创造奖"颁给了银达妇女方秀兰。其中包括奖章 1 枚，奖金 500 美元。

世界妇女最高基金会是国际性的非政府组织。基金会创始人埃利普拉德于 1997 年 8 月 25 日给方秀兰的信中说："方秀兰女士：我们非常高兴地授予你世界妇女最高基金会的'农村妇女生活创造奖'，你是今年来自世界各地的 33 名获奖人之一，是从 100 名候选人中选出来的，我们希望这 500 美金鼓励你在工作中继续创造，发展对农村和儿童有利的项目。这个特殊的奖章表明你得到了承认。我们对你、你们全家和你所在的社区表示良好的祝愿。以基金会的名义，我们向你表示衷心的祝贺，并希望通过你的良好祝愿给你和与你一起工作的人带来和平与欢乐。"

随着养殖规模的逐步扩大，在家庭劳力十分紧张的情况下，1997 年，鸡、猪的饲养量由 1986 年的 1500 只、100 头分别增加至 3.5 万只、180 头，年孵化小鸡数达 5 万只，日产蛋量在 1000 公斤以上。

方秀兰日子过富了，但她没有忘记带领群众共同致富。她利用自家的场地和掌握的技术无偿举办科学养鸡培训班 53 场次，培训养鸡专业人员 423 名，并应乡妇联聘请，经常为全乡养殖专业户进行技术指导，对从事养殖业的人员除了传授技术，还提供资金进行扶贫，她免费为 9 个村的干部和银达村的农民配送小鸡 2 万只。在她的带动和鼓励下，银达乡养殖业发展很快，1997 年全鸡的饲养量达 37 万只，养鸡大户发展到 191 户，仅银达村户均养鸡不下 138 只，成了有名的养鸡专业村。果园乡中所沟村六组妇女张佰华，请她当技术指导，投资 19 万元，建起了占地面积 1000 平方米的鸡场，每年饲养蛋鸡 3500 只，几年下来，总收入达 20 万元，在她的带动下，中所沟村也成了养鸡村。

方秀兰的鸡场办起后，先后使用过 100 多名临时工，其中有 10 名残疾人。为了使他们从根本上脱贫致富，她先后拿出 2000 多元，给予扶持，教他们办场，坚持长期技术指导，使他们走出困境。拐坝村十组男青年张军、银达村十二组女青年李秀萍等困难户，在方秀兰的帮助下先后摆脱贫困走上了富裕路。

几年来，方秀兰先后拿出 5000 多元，捐资助学、帮助慰问村里的贫困户、五保户和敬老院的孤寡老人。1992 年，方秀兰光荣地当选为甘肃省第八届人大代表。1990 年以来，她被省、地、市妇联评为"双学双比"女能人，1997 年被省妇联评为"三八红旗手"。她的家庭也被省妇联评为"五好文明家庭"。

近年来，银达村立足城郊优势，以打造肃州城区菜篮子基地为目标，不断优化结构，提质增效，引领全村形成了"畜禽养殖、劳务输转、经作制种、拱棚蔬菜"四大支柱产业，依托陇源蔬菜农民专业合作社和部分能人大户，先后建成银达村七组、八组、十一组等 5 个百亩拱棚蔬菜小区，全村畜禽饲养总量达到 19 万头（只），年输转劳动力 756 人，农民人均纯收入达到 11600 元。2015 年，银达村按照美丽乡村建设的总体要求，坚持基础先行的思路，完成了毛主席按语广场的综合提升改造、3 个村民小组的村容村貌整治，铺设渠道 700 米，硬化道路 1 公里，修建文化活动室 8 个，架设路灯 20

盏，村容村貌得到了较大改观。

　　尽管村民文化素质的提升有力地推动了全村经济社会的发展，但要进一步提升全村文化工作，遇到了资金制约的矛盾。调查组对银达村文化活动存在的主要问题进行调查时，有79.1%的农户认为"缺资金"是文化活动中存在的主要问题，"基础条件差"次之，有35.6%的农户选了这一选项。有63.5%的农户认为增加投入是发展乡村文化最主要的对策，他们更渴望像城里人一样享受多种文化娱乐活动。

　　从纵向来看，不论社会如何变迁，经济如何发展，银达人热爱文化的劲头始终不减、兴趣不衰。据对改革开放后本村文化活动开展情况的调查，有81.1%的人认为现在的文化活动比以前丰富了，仅有12.7%的人认为现在的文化活动不如以前。这是村民热爱文化、支持文化发展的良好结果，也是村委会努力作为的结果。谈到对传统文化的看法，有79.7%的村民认为应该继承发扬，始终坚持发展乡村文化。

　　文化是一个国家、一个民族的灵魂。文化兴国运兴，文化强民族强。相信在党的领导下，银达文化会焕发出更加旺盛的活力，推动银达精神文明、政治文明与物质文明协调发展。

第五章　银达村文化与社会发展

第一节　银达村社会结构变迁

社会变迁（social change）是人类社会的永恒主题。所谓变迁，简单地说就是社会事实在历史时间轴上所发生的变化。变迁并不仅仅是就发展、进步、增长而言的，倒退、衰落也是变迁。变迁问题可以在不同层次、不同角度上进行考察，广义上的变迁可以理解为社会变迁，即社会系统的整体变迁；狭义上的变迁可以理解为构成社会系统各要素的单体变迁，如制度变迁、经济变迁、文化变迁、宗教变迁、法律变迁、习俗变迁等。村庄作为一种社区形态、一个"微型社会"，也是不断发展变化的，这里所谓的村庄变迁是指村庄内部社会结构的变化[1]。

一　阶层分化

戴维·波普诺指出，社会分层是一种根据获得有价值物的方式来决定人们在社会位置中的群体等级的持久模式。[2] 日本社会学家富永健一在《社会结构与社会变迁》一书中认为，社会阶层是由于人类社会中社会资源分配的不平等而造成的社会结构状态。自从人类进入阶级社会以后，社会分层现象

---

① 马宗保：《回族聚居村镇调查研究（单家集卷）》，宁夏人民出版社，2008。
② 戴维·波普诺：《社会学》，中国人民大学出版社，2007。

普遍存在，但其形态随着社会发展阶段的不同而有所变化。① 在如何观察社会分层现象方面，马克斯·韦伯提出的财富、权力、声望三个维度至今仍被认为是最具影响力的分析工具。在韦伯看来，通过考察和分析个人或群体占有财富、权力和声望的程度就可以把社会成员划归不同的地位等级。财富通常是指一个人或一个群体所拥有的全部财产；权力一般是指个人或群体控制或影响他人行为的能力；声望则是指一个人从别人那里所获得的良好评价与社会承认。②

（一）新中国成立初期的社会分层状况

新中国成立初期，党和政府从消灭阶级和社会不平等的社会变革目标出发，主要以对土地、财产等资源的占有情况为标准，把社会成员划分为地主、富农、中农、贫农、雇农等不同的阶层，然后把地主和富农所占有的土地、牲畜、耕具等财产予以没收，无偿分配给贫农和雇农，这个社会资源重新分配的过程被称为"土地改革"。1950 年，中央人民政府颁布了《中华人民共和国土地改革法》，提出了"依靠贫农、雇农，团结中农，中立富农，有步骤、有分别地消灭封建剥削制度，发展农业生产"的总路线。1951 年10 月，根据酒泉市（时为酒泉地区）依照《中华人民共和国土地改革法》所作的统一部署，银达村开始进行土地改革。土地改革大致经历了丈量土地、登记财产、划分阶级成分、没收财产和重新分配所没收财产等阶段。在丈量土地和登记雇用长工数量的基础上，把村内的农户划分为地主、富农、小土地经营者、上中农、下中农、贫农、雇农等阶层。划分阶级成分和土地改革的目的是消除社会生活中的阶层差别，通过土地改革这种经济资源的重新分配，村庄内部在历史上形成的社会差别被抹平了，过去的地主、富农不再富裕，过去的贫农、雇农也不再贫困，大家都平等了。

（二）改革开放以来的阶层变化

土地改革的最大成果是实现了"均贫富"。人民公社化时期，农民以生产队为经济生产单位，集体劳动，生产队用记工分的办法统计每个社员的工

---

① 富永健一：《社会结构与社会变迁》，云南人民出版社，1988。
② 顾忠华：《韦伯学说》，广西师范大学出版社，2006。

作量，年终按工作量分配劳动成果。这种工分制分配方式保持了社员在经济上的平等，但它更多地体现了平均主义的原则，在很大程度上抑制了人们的生产积极性，经济总量并没有持续扩大，因此社会成员在经济上是一种短缺性的平等，村民们生活水平差别不大，但都不富裕。尽管社会成员在经济上实现了低层次的平等，但社会政治生活中的分层状况一直持续到20世纪80年代。改革开放以后，党和政府取消了人民公社制度，在社会生活中逐渐取消了家庭成分，在经济上实行家庭联产承包责任制。取消人民公社制度，把农民从生产队大集体中解放了出来；取消家庭成分，真正实现了社会成员的平等化；实行家庭联产承包责任制，则确立了家庭在经济生产和劳动成果分配中的主导地位。这三项制度的改革把村庄里的所有家庭和个体重新放置在了共同的社会位置和相同的起跑线上。

专业户阶层崛起。银达村地理条件较为优越，土地肥沃，地下水资源丰富，距离城区只有15公里的路程，交通方便，在计划经济条件下，农民被束缚在土地上，这些自然条件方面的优势没有发挥出来。改革开放以后，从计划经济到商品经济再到市场经济的体制变革催化了银达村商业、运输业的兴起。包产到户以后，农民获得了自主安排生产经营活动的权利，银达村的许多农户逐渐探索从事一些商业、服务业活动，如家禽家畜养殖、交通运输、建筑业、副食加工等，村民在早期主要利用农闲时间开展非农经营活动，后来随着经营规模的扩大和经营活动的专门化，他们从农业生产活动中分离出来，成为村庄社区内部专门从事非农生产的新的经济活动群体，并且逐渐发展成为一个新的社会阶层，笔者沿用银达村民的语言习惯，把这个在改革开放大潮中成长起来的新群体称为"专业户阶层"（或称"能人"）。专业户阶层的基本特点是：第一，从业方式已从农业生产领域转向非农生产领域；第二，生活普遍比较富裕，是村庄里的高收入群体；第三，眼界开阔、头脑灵活、能吃苦，因而受到村民们的尊重；第四，是许多新职业的开创者，具有很强的开放意识，和外界联系广泛，代表着村庄从封闭走向开放的总趋势。专业户阶层的形成对现有的村落政治结构产生了较大影响，他们在各类经营活动中所表现出来的见识和才能，使人们对其在带领大家勤劳致富等方面的期望值普遍提高，村民和地方政府对专业户阶层中担任村庄管理者的人表现出较高的支持率和信任度。

贫富分化。经济精英阶层的崛起和村庄内部的劳动分工变化，改变了村民的就业结构，不同行业的收入结构对农民收入产生了很大影响，带来了阶层结构的变化，这种变化主要表现为贫富分化。在银达村，以专业户阶层为代表、主要从事非农劳动的家庭已迈向小康生活，而一部分从事单一农业生产的家庭和残缺家庭的生活水平没有明显提高；一部分农户在发展，另一部分还停留在原来的生活水平上，从而造成贫富差距的拉大。我们在田野调查中对村民生活水平和收入状况给予较多关注，在问卷调查中设计了相关问题，一个是农民在2014年度的家庭收入，然后请被访者自我评估其家庭生活水平在村里居于什么位置，如高、较好、中等（一般）、差等四个层次；另一个是询问家庭收入的构成，如种地（主要指粮食、油料作物、蔬菜等）收入、养殖收入、林果收入、外出打工收入等。从问卷统计的情况来看，银达村家庭年收入最高的有7户，超过了10万元，中等收入家庭集中在3.5万~7万元，大约有260户，年收入5万元以下的家庭数超过了5万元以上的家庭，中低收入家庭与高收入家庭的比例大概为6∶4。从收入构成来看，大部分家庭都以种植业和外出打工为主要收入来源，"忙时务农、闲时打工"和"男人外出打工、女人留守务农"成为很多银达村村民的主要生产方式。

银达村整体上是一个小康村，但村庄内部也客观存在贫富差距，如果以最富裕的家庭和最贫困的家庭相比，那么村内的贫富差距达到了10倍。但事实上，真正最困难的家庭基本上是那些没有劳动力的贫困户，绝大多数村民的生活可以说处在中等偏上的水平。

农户之间的贫富分化在银达村是真实存在的，而且表现出一定程度的"马太效应"，穷人和富人之间的差别不是在缩小而是在扩大。随着贫富分化的加剧，穷人在经济生产和社会生活中日趋边缘化，由于缺乏资金，很多家庭只能不断重复简单的农业再生产。而且他们对文化活动的评价与自身经济水平紧密挂钩，比如在入户访谈中，我们就发现几户家庭条件较差的农民不愿意参加集体文化活动，并且对于集体组织的文化活动持比较负面的评价，认为那些都是"吃饱了或者有钱人才干的事"。

二 职业分化

随着村庄内部各种非农行业的兴起和社会分工日益细化，农民群体内部的职业结构发生了很大变化。在银达村，"农民"概念的内涵和传统意义上种地的"农民"已有很大不同，尽管村庄里的人都自称农民，但他们中的大部分人并不种地。目前，银达村的农民群体至少已分化为农业劳动者、农民工、个体工商户、私营企业老板、商业服务业员工和工人、村庄管理者（乡镇干部、村组干部）、农业技术人员等不同的职业群体，其中后五种职业都是从农业劳动者群体中分化出来的。

（一）职业类型

农（牧）民。农业劳动者就是传统意义上的农民，这个职业群体把种植和养殖作为家庭收入的主要来源，全年劳动时间集中在农业生产领域，劳动收入以粮食、牲畜等实物形式为主，现金收入靠出售物化劳动成果获得。银达村的绝大多数人是农民，但是农业劳动者有两种形态：一种以家庭为单位，即某一个家庭的全部劳动人口都是农业劳动者；另一种以个体为单位，即某一个家庭的劳动人口中既有农业劳动者又有从事其他职业者。在银达村的调查中，农业兼业化的情况比较普遍，也就是我们前文所说的家庭形成了以种地和外出打工为主要收入来源的生产模式。

农业工人。农业工人是近年来从农业劳动者中分化出来的一个职业群体。随着各种非农产业的发展，一些银达村农民已没有足够的人力和时间耕种自己的土地，但他们并不放弃对自己土地的承包权。这样会出现两种情况：一种是把自己的土地生产经营权转包给农业劳动者，每年收几百元的租金（土地流转金），土地转包出去后，发包人（承包权人）不承担种地的任何费用，完全由承租人自主经营；另一种是种子公司用订单生产或者支付工资的形式雇用村民为企业大规模种植种子，这些村民实际上成为准农业工人。他们只负责生产，种子公司负责原料（种子）的收购、销售。虽然种的仍然是自家的地，但是劳动起来的感受却不同于以往，在我们的访谈中，很多农户都表现出了一种"吃人家的饭，归人家管"的心态。这也可以说是"资本下乡"之后，现代化、规模化的农业生产方式给银达村的劳动生产关系带来的变化。

个体工商业者。个体工商户和私营企业老板是银达村的"有钱人"。据我们问卷调查的情况，银达村的私营企业老板有 8 人，个体工商户有 18 人，他们主要从事种植养殖、交通运输、建筑业（小包工队）等行业。个体工商户和私营企业老板群体的特点是全年的主要劳动时间都集中在各种非农产业方面，其劳动收入为现金收入，收入水平普遍较高，村庄里的富裕阶层主要分布在个体工商业者群体中。

商业服务业员工和工人。商业服务业员工和工人本质上都属于"打工的人"，但是在我们的调查中，这些受访者非常强调他们各自的职业身份，他们不认同农民工或者其他的职业身份。一是由于他们的雇佣关系比较稳定，收入比较稳定，而且所从事的工作已经彻底脱离了农业生产；二是因为他们工作的地点已经不再是本乡本土，而是城里的厂子和商店。这种空间和关系意义上的离土离乡事实上反映出了现在的银达村人对于现代化生活的较高评价。

农民工。这里的农民工是指那些每年都长时间在外打工的银达村农民，除了农忙时节、过年以及家中有大事才能回来以外，他们基本上全年都在外打工。其中相当一部分人有比较固定的外出打工地点和"单位"，还有部分人属于组团打工，彼此有亲戚关系或是同乡结伴一起打工。但是据我们调查了解，他们所从事的行业基本上都集中在建筑业，而且因为劳动技能缺乏，只能从事工地上的重体力劳动（小工），等到年纪一大，他们就不得不回到农村继续从事农业劳动。

村庄管理者（乡镇干部和村组干部）。村庄管理者主要是指在村党支部和村委会等正式组织中担任职务、负责村庄内部事务管理的职业化群体。村庄管理者一般经村民选举或上级任命产生，负责村庄里的党务、经济、民政等事务，其职权的获得和行使受到法律的规范和保护。村庄管理者有任期，在任期内有一定的工资性收入（乡镇干部分为行政编制和事业编制两种类型，两种类型的工资待遇有所不同，而村干部一般只有生活补助，严格意义上并不能称为工资）。

尽管村庄内部已形成了多样化的职业群体，但由于银达村尚处在农村工业化、农业现代化的发展阶段，村庄的城镇化也刚刚起步，所以各种职业的专门化程度还不高，很多职业具有兼业特征，如很多村民在农忙时从事农业生产，农闲时可能会成为工商业雇工、个体工商业者等。

（二）职业分化与社会关系重构

村庄内部的传统社会关系是以血缘纽带和长幼伦理为基础建构起来的，但随着社会成员的职业分化，该村传统的社会关系基础已经开始动摇，村庄内部的业缘关系和法人组织日益发达，一种以经济利益和契约精神为基础的新型社会关系正在成长。在以农业生产为主导的时期，血缘和长幼伦理是维系和调整家庭成员关系的基础，家庭成员之间的关系比较简单，家长在家庭生活中居于主导地位。

随着银达村非农产业的发展，出于生产经营的需要，有些家庭成员的生产劳动不再以家庭为中心，而是走出家庭，在家庭之外甚至村庄之外寻找经营伙伴，这样就打破了生产单位的界限，使家庭关系变得松散，这是一个方面。另一方面，虽然有些非农活动仍以家庭为单位，但家庭成员关系的伦理化色彩有所减弱，取而代之的是建立在明确分工基础上的契约原则，父子之间、兄弟之间除了血缘关系，还可能是雇用与被雇用、管理与被管理、合伙等关系。他们在从事某一经营活动时有比较明确的分工和职责，在收益分配方面有合同式的约定，而不是靠亲情关系和血缘认同来实现，同一家庭中的不同成员在经营活动中采取利润共享、风险共担的原则。在家庭内部的分工协作方面遵循的是本领优先的原则，而不是长幼有序的原则，辈分高、年龄大的长者并不一定就是经营活动中的负责人，谁能力高、有见识，谁就是企业的负责人，这与纯农业社会的关系结构有明显差异。在纯粹的农业生产中，老人受到尊重，这是因为传统的农业生产主要靠经验，从事农业生产的时间越长经验就越丰富，所以在传统农耕社会，老人因为其丰富的农事阅历和生产经验而享有较高的社会地位。但随着非农产业的发展，老人在长期的农业生产实践中积累起来的丰富经验已派不上用场。在银达村，老人地位的衰落比较明显，主要表现在老人群体在家庭内部经营活动中的发言权和对村庄事务影响力的普遍减弱等方面。

银达村在传统上是一个血缘主导性村庄，村庄里的人虽然分属不同家族，但不同家族之间在相互嫁娶的基础上形成了千丝万缕的血缘联系，村庄里的人都有或近或远的亲戚关系。实际上，银达村作为银达镇下辖的一个行政村，与银达镇范围内其他村之间的通婚较为普遍，这种同村通婚的情况在过去较多，现在已经很少见到了。过去，家庭与家庭之间各自从事相对封闭的农业生产，没有利益关系，村庄内部的整合与团结靠盘根错节的亲属关系和地域认同来维持。随着非农产业的发展，家庭之间出现了经济上的分工协作，这种分工协作并不完全是在血缘关系的框架内形成的，而是渗入了市场机制的作用。家庭之间在经济上的分工协作关系在一定程度上淡化了血缘关系。具有分工协作关系的家庭之间往往没有密切的血缘关系，但由于在经营活动中互相依存，所以他们之间的往来要比血缘关系更近的家庭之间的往来更频繁、团结合作意识更强。在银达村，从事不同职业的家庭、群体之间存在各种各样的协作关系，比如种植养殖户和贩运户、农产品加工户和农产品生产户、种植养殖户和农产品加工户、农产品加工户和交通运输户等都存在合作和依存关系，某一个环节出问题，就会影响到整个系统的正常运行。另外，随着法人组织和行业协作关系的建立，从事不同职业的人或群体之间的血缘意识和礼俗观念被冲淡了，建立在法理基础上的平等、互惠关系增强。社区团结已不完全靠亲族伦理和人情礼仪，而是靠人与人之间、群体与群体之间的职业分工和利益互惠来维持。借用涂尔干的话来说，这个村庄正处在从"机械团结"向"有机团结"过渡的阶段，而这个过程也是一个社会从传统走向现代的重要表现。

三　走向开放的村庄

村庄的封闭与开放程度也是透视乡村社会变迁进程的一个维度。一般来说，传统的乡村具有很强的封闭性，随着市场经济的发展、国家权力向农村地区的延伸以及外来文化的进入，村庄会逐渐从封闭走向开放。美国政治学家米格代尔把这两种类型的村庄分别称为内向型社区和外向型社区。判断村庄开放程度有不同的方法。波普金认为，赋税的征收、村庄的边界、土地所有权和村民的身份认同（concept of village citizenship）4 个要素是衡量村庄社区开放与否的重要变量。米格代尔则用 3 个指标来判别村庄的开放程度，即现金的使用、市场状况和劳动力流动。笔者试图对这两种指标体系进行必要的整合，并将村庄的边界、土地所有权、人口流动和村民的身份认同 4 个要素作为评价村庄开放度的变量。新中国成立后，随着人民公社制度的建立，银达村的土地收归村集体所有，城乡二元对立的户籍制度限制了人们自由流动的权利，使村庄反而趋于封闭。我们对银达村当前开放程度的评估是以该村在 20 世纪 50 年代至 80 年代的封闭状况为参照的。

（一）村庄边界的淡化

村庄有两种基本类型，一种是自然村庄，另一种是行政村庄。自然村庄是一个血缘–地域共同体；行政村庄是在国家行政力量作用下建构起来的，因而具有政治共同体的色彩。这里所说的村庄边界包含地理边界和社会心理边界两层含义。地理边界是一个村和另一个村得以区分开来的自然疆界；社会心理边界是基于自然疆界而形成的分界意识。

银达村在地理意义上是一个完整的自然村庄，人民公社化时期先是属于五四永丰农业合作社（今天的银达镇）下属的银达大队，然后在 1983 年更名为"银达村"，变成了一个正式的行政村。这种行政力量作用下的村庄重组不仅使自然村落内部出现了一个新的地理边界，而且对村庄成员的社会心理边界具有重构作用。从银达村这个自然村庄内部来看，新中国成立以后在设立银达大队时，银达村人被分到了 13 个生产队，尽管村庄成员之间有着密切的血缘、地缘关系，但他们已分属于不同的社会单位，村庄成员以大队集体为单位，在一个封闭的圈子内从事经济生产和政治活动，其结果是弱化了自然村庄内部的认同意识和家族观念，强化了大队组织内部的认同意识和大队之间的分界意识。改革开放后，银达村仍然保留了原有的村庄格局，但随着土地承包到户经营制度和社会主义市场经济体制的建立，过去的集体劳动被以家庭为单位的分散经营取代，从而改变了过去由村庄组织集中管控各种资源、限制人们社会活动空间的状况，村庄结构开始变得松散，村庄界限逐渐淡化。

（二）土地所有权的变化

土地所有权的变化也在一定程度上反映了村庄的开放程度。自 1951 年 10 月起，酒泉地区按照"依靠贫农、雇农，团结中农，中立富农，有步骤、有分别地消灭封建剥削制度，发展农业生产"的政策，广泛发动群众，开展土地改革运动。经过土地改革，全区人均占有土地达到 3～4 亩，实现中国农民千百年来"耕者有其田"的理想。农村生产关系的大变革，推动了农业生产的快速发展。

从 1954 年 9 月开始，全区分期分批组建农业生产合作社。各县（市）在实际工作中，坚持自愿互利的原则，采取土地入股、统一经营、按劳分配和土地分红的办法，先后建立 196 个初级合作社，入社农户有 4500 户，占总农户的 68.18%，平均每个合作社有 22.96 户。1955 年下半年，《关于农业合作化问题的决议》公布后，坚定了人民群众走集体化道路的信心。在很短的时间内，农业生产合作社由原来的 196 个增加到 312 个，入社农户 6336 户，占总农户的 95%。1956 年 4 月入社农户占总农户的 98%。从此，土地由原来一家一户个体经营逐步变为农业生产合作社集体经营，但土地仍然归农民所有。

1956 年春，原初级农业生产合作社成员的土地全部归合作社所有，废除土地分红，组建高级农业生产合作社。高级农业生产合作社采用统一规划、集中作业、同工同酬等办法，开展了较大规模的水利建设、平田整地等农田基本建设，体现了集中开发利用土地的优越性。1958 年夏，开始组建人民公社，将集体经济转变为全民所有制经济，原有农业生产合作社的资产变为公社资产，将土地的农业生产合作社集体所有制改变为人民公社所有制。1961 年，农村实行生产队、生产大队和人民公社三级所有，队为基础的经济体制。酒泉地区农村集体土地总面积为 669.14 万亩，以耕地和园地为主。

1949 年 10 月以前，土地制度是建立在私有制基础之上的。1949 年 10 月以后，人民政府接管和没收城镇官僚资本主义及国民党机关团体等所占有的土地并收归国有，其余城市土地允许买卖、典当、赠予或交换。1950 年后，开展"三反""五反"运动，控制城市土地买卖。1953～1956 年，城市土地买卖、出租、转让活动逐渐减少，土地的交易活动开始由国家及其职能部门通过指令性计划调节，特别是土地用途，均由国家管理部门做出决定。1956 年实行行业公私合营以后，工商业的社会主义改造基本完成，城市土地买卖活动基本消失，城市私有房产、场地等，随着个体劳动者和经营者参加合作经济组织折算为股份入股。后经公私合营其土地和建筑物也转为公有。原来城区内的一切私人占有的空地、街基等地产（包括城镇居民宅基地、果园等），经城市房改，也一律收为国有，并建立城市房产管理机构。

1982 年，酒泉旧城区（原县城）土地国有化基本完成。随着改革开放政策的实施和市场经济的发展，通过划拨、征用等办法，开发区建设和旧城区改造的面积逐年扩大。至 1996 年，全区有 3 个市（酒泉、玉门、敦煌）、4 个县（金塔、安西、肃北、阿克塞）、15 个建制镇（不含 3 个城市的城关镇），城镇国有土地总面积为 69958 亩，比 50 年代初期扩大 10 倍；至 2004 年，酒泉市城区国有土地面积比 1996 年扩大 2.3 倍，建制镇增加 6 个，建制镇国有土地面积比 1996 年增加 26.5%，城镇国有土地总面积达到 119535 亩，比解放初期扩大 17 倍，比 1996 年增加 70.87%[①]。改革开放以来，银达村在土地所有权方面也出现了一些新的变化。首先，土地的经营权从集体转向了家庭，这种转移的一个重要结果是家庭获得了对土地的使用权和自由支配权，这意味着农民可以自主决定对土地的使用方式，比如是否种地、种什么作物，是他们自己耕种还是转租给别人耕种，或者转让土地的使用权等，这就为促进农村人口自由流动、提高村庄开放度创造了条件。其次，随着银达村非农产业的发展，很多村民已从过去的农业劳动户转变为非农业经营户，人们对土地资源的依赖性逐渐减弱。尽管每个家庭都拥有自己的土地，但很多家庭对土地的占有意识弱化了。这里之所以要强调人们的土地占有意识，是因为在传统的农村社会，土地是农民最重要的生存资源。有过农村生活经验的人都知道，当农民把土地作为生存之本时就会有"寸土必争"的意识，进而导致边界观念的增强，因为村庄的边界是以土地为基础划分的。据村里人说，在包产到户初期，银达村人多次与外村人因为地界划分问题发生纠纷，但随着非农产业的发展，人们对土地的珍视程度减弱，边界意识随之淡化。

---

① 本段内容数据来自酒泉地情信息网，http://www.jqdqxx.gov.cn/diqingziliao/guotuziyuan/20131121/1506204481edba.htm。

（三）人口流动的增加

计划经济时期，国家实行严格的户籍制度，限制商品经济的发展，实行城乡二元发展模式。这些社会经济制度都在不同程度上制约了城乡之间的人口流动，农民的活动空间基本上被限定在村庄内部。所以人口的低流动率是封闭型村庄的一个显著特征。人民公社化以前，银达村是有集市的，每逢集日，周边地区的农民和商人们都要到集市上互通有无，交换剩余产品。1958年，随着人民公社的建立和计划经济体制的推行，民间的商品交换被视为"资本主义尾巴"，银达村的集市被取消，没有了商品交换和人口流动，村庄也就进入了封闭状态。

改革开放以后，我国经济体制从计划经济转向商品经济和社会主义市场经济，国家通过推行身份证制度淡化户籍制度，从而为人口的自由流动营造了良好的制度环境。从 20 世纪 80 年代开始，银达村的商品经济开始恢复，很多人利用农闲时间到外面跑买卖、做生意。与此同时，村里人开始了恢复集市的努力。1984 年，银达村的集市得到恢复，周边地区的农民和商人在时隔 20 多年后又可以来银达村赶集了。自 20 世纪 90 年代以来，随着非农产业的规模化和专业化，村庄的开放度进一步提高，主要表现在两个方面。一是村里人经营活动的外向度不断提高，经济活动空间得到拓展。比如家禽家畜养殖、农产品加工等行业基本上属于跨区域贸易，其产品主要销往外省区，从事这些行业的专业户在村庄之外建立起广泛的社会网络，他们更多的是与村外人交往和联系。二是一部分人离开村庄到酒泉、兰州、新疆、东南部发达地区等地打工、做生意。

（四）村民身份认同方面的变化

从事农村社会学研究的学者发现，我国传统农村社会存在较强的村民身份，折晓叶把这种村民身份称为"村籍"。根据笔者在银达村的调查，村民身份是一种积累起来的认同观念，也就是说村民身份至少要靠两种积累获得，一种是亲缘关系的积累，另一种是时间的积累。一个社会成员从异地迁移到银达村居住后要想从"外来户"变为"银达村人"，需要经历一段很长的过渡期，同时要设法和村里人尤其是村里的大姓家族建立姻亲关系，在这个过程中逐渐获得村民身份。历史上银达村曾吸引了很多外地人迁移到村里，在这个过程中很多外姓人口通过与当地老户建立姻亲关系定居下来，逐渐获得了村民身份。我们在调查中了解到一件很有意思的事，银达村群众文化兴盛之时，银达村的姑娘们很是抢手，外村或者外地的小伙子要相当有本事才能娶回去做媳妇。为了稳住人才队伍和保持节目质量，当时地区、乡镇和村上干部甚至出面劝留或者禁止姑娘们找外地人，但是允许男方到银达村落户，可见当时银达人，特别是银达姑娘的身份有多么重要。解放初期，国家通过土地改革使该村没有土地的人获得了土地，这一举措对村民身份起到了强化作用。村民身份具有记忆性和持续性特征，比如一个银达村人即使迁出该村到其他地方长期工作或定居，村里人仍认同他为银达村人，他也有"我是银达村人"的自我认同。银达村持续 60 多年的自发的群众性文艺活动，在很大程度上塑造、巩固、加强了这种集体意识。所有参与这些文艺活动的银达人（包括表演者和观众），不仅在表演时融入集体中，而且在很长的时间里都会因为亲身参与了这种充满仪式感的活动而对自己作为银达人的身份感到骄傲和自豪。这一点特别能够在出生于 20 世纪 40～60 年代的银达人身上感受到，但与此同时，他们当中的很多人也因为现在的银达村年轻人已经很难拥有这样的集体记忆而感到遗憾。

费孝通先生认为，传统的乡村社会是一个"熟人社会"，因为传统村庄社区里的人一般都有血缘关系，朝夕相处、经常往来，彼此非常熟悉，这和城市社会完全不同。随着非农产业的发展，银达村的人口流动趋于频繁，尤其是有很多外乡人走了进来。首先是从事商业活动的"二道贩子"，这些人与村里的养殖户有比较固定的交易关系，他们将农产品贩运到外地；其次是农忙时节赶到村里来打工的外地人，近年来因为银达村许多农户开始为种子公司打工，变成了"准农业工人"，"资本下乡"成为一个比较明显的趋势。外村人的到来使村庄里出现了许多陌生的面孔，村民们如何看待这些"陌生人"实际上就是一个身份认同的问题。

总体来说，银达村村民对外来人存在一种矛盾心理，随着非农产业的发展，银达村对非农业劳动力的需求增加，为了维持当地经济的繁荣，他们希望外地客商来这里打工、搞经营，但又不希望他们的经营实力过于强大，因为这样会减少本村人占有村庄资源的份额。

第二节 银达村人口变迁

2014 年银达村全部人口为 2408 人，其中男性为 1240 人，女性为 1168 人，男女性别比为 51：49。

从年龄上看，65 岁以上的人口为 285 人，56～65 岁的人口有 323 人，46～55 岁的人口为 485 人，36～45 岁的人口为 327 人，26～35 岁人的有 380 人，18～25 岁的人口有 263 人，18 岁以下的未成年人有 345 人（见图 5－1）。从人口年龄结构上看，劳动力人口（16～65 岁）的比例在 74% 以上，而且青壮年劳动力人口超过了总人口的一半。

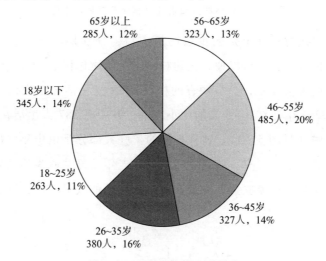

图 5－1 银达村人口年龄结构

按受教育程度划分，小学学历的有 498 人，初中学历的有 1481 人，高中及以上的有 18 人，文盲有 314 人，这一部分人群主要集中在老年人群体中，空白的为 97 人，这一部分主要是因为很多未成年人，特别是婴幼儿和儿童还没有接受正式的学校教育（见图 5－2）。银达村全部人口中有过小学以上受教育程度的占总人口的 62% 左右，其中超过一半的人口接受了初中程度的教育，这在农村地区来讲是一个非常高的比例，由此也可以看出银达村文化与重视教育的一种正向关系。

从民族来看，银达村人口绝大多数是汉族，人口占比在村里达到了

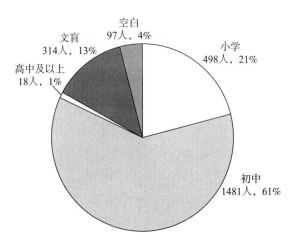

图 5 - 2　银达村人口占比（按受教育程度划分）

98%。整个银达村只有个别的少数民族人口，分别是回族、蒙古族和裕固族。从民族构成上我们可以说，银达村是一个同质化程度很高的村。

据问卷调查情况看，参与调查的村民有 12 人生活在 7 人以上的大家庭之中，有 432 人生活在 3~6 人的中小家庭，其中有 387 人生活在 3~5 人规模的家庭之中（见图 5-3）。这种规模的家庭大部分是由中年父母和年轻孩子组成的核心家庭。还有一些是中年夫妇和老年父母共同生活的家庭，这些家庭里的子女都已成家立业，主要在酒泉市或其他城市工作、生活。

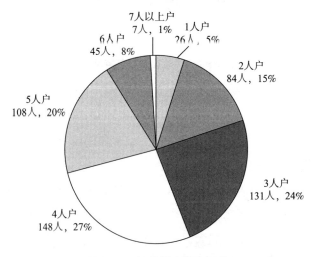

图 5 - 3　银达村家庭人口数

第三节　银达村社会阶层变迁

阶级阶层反映的是社会结构的现实状况及特征。阶级阶层分析法是马克思主义社会学考察和研究社会的传统。"马克思主义认为，社会划分为阶级是人们在生产过程中的地位决定的。"[①] 社会生产与生活中存在的地位差别，构成社会阶级阶层结构的事实。对这种事实的把握和认识，是社会学认识和理解社会结构及其运动规律的重要路径之一。当代西方社会学中的新马克思主义借鉴了阶级分析策略，试图从阶级意识和阶级相关的影响两个方面去揭示阶级的内涵，并按照这种内涵的界定去指导经验研究，以求了解现实社会中的阶级关系现状和影响因素以及可能的干预措施。[②] 在对当代中国社会结构与变迁的研究中，中国社会学也越来越多地运用阶级阶层的分析范式来考察社会的分层与流动及其影响机制。出于历史和意识形态方面的影响和考虑，有学者认为中国社会不适宜用阶级阶层分析法。作为马克思主义理论的重要构成，阶级阶层分析为人们认识和理解社会提供了一种极为实用的工具。即便当今时代阶级斗争已显得不那么重要，但对阶级阶层结构的把握依然是认识社会现实的重要切入点。

一　改革开放前 30 年的农村阶级阶层结构

中华人民共和国的成立，标志着农村社会结构进入一个更加快速的转型期，因为社会主义革命取得的胜利和新政权的建立，与中共在农村倡导和推行的一系列新制度以及由这些新政所推动的农村社会结构变迁有着密切的关系。20 世纪三四十年代，中国农村的阶级阶层差别巨大，地主、富农及土豪劣绅等特权阶级阶层与广大贫农存在极大的差距，而且越来越多农民的生活难以维持。费孝通在对 30 年代江苏省"江村"进行考察后总结道："中国农村的基本问题，简单地说，就是农民的收入降低到不足以维持最低生活

---

① 〔匈〕卢卡奇：《历史与阶级意识》，商务印书馆，2004，第 119 页。
② 〔美〕赖特：《阶级》，高等教育出版社，1996，第 254～282 页。

水平所需要的程度。中国农村真正的问题是人民的饥饿问题。"① 农民的绝对贫困问题是在当时阶级阶层结构中形成的，地主、高利贷者以及税吏等特权阶级阶层成为农民越来越贫困的重要原因。高额的地租、利息和税收，使越来越多农民的净利润为负。农民为了再生产，又不得不向高利贷者借贷，而结果是农民更加入不敷出，债台高筑，最终变卖土地和家产，陷入基本生活都维持不了的状态。这种不均衡的结构最终被社会主义革命打破，农村新的阶级阶层关系和结构得以确立。

随着农村土地改革的全面推进，旧体制下的地主、富农以及农村土豪劣绅等特权阶级阶层的势力大大削弱，他们已经不再是凌驾于普通农民之上的农村上层，而成为普通百姓，农村社会主义改造延续老解放区的土地改革运动。1950 年中央人民政府颁布《中华人民共和国土地改革法》，在 1947 年颁布的《土地法大纲》基础上进一步确立了在农村分地区、分阶段推进土地改革。

农村土地改革在推翻旧的土地制度安排的过程中，具体实践做法是与农村阶级成分划分紧密结合的。早在老解放区的土改运动中，为了在农村平分地权，实现耕者有其田，就采用"抽多补少，抽肥补瘦"的办法。但是如何使这种土地调整和再分配得以执行呢？谁愿意把自己的土地拿出来再分配呢？当时所采用的土改办法主要是"划阶级"。伴随土改运动的农村阶级成分划分，从某种意义上说，彻底地改变了农村社会的阶级阶层关系和结构，意味着新型农村社会关系和结构正在形成。阶级成分划定虽反映了当时农村社会的社会关系及分层结构，但由于阶级划定成为土地改革中的一种政治途径和方法，它又对农村阶级阶层关系和结构产生了新的影响。最为明显的是，地主、富农等从上层转变到下层；广大贫农和雇农的地位得到较大提升，他们分到了更多的土地，且政治地位得以提高；中农的土地增减幅度并不大，但是他们的政治地位明显提高。

土改之后，紧接农村社会主义改造的就是互助合作运动。始于 50 年代初的农村合作化运动，其初衷是先通过农户间的互助合作，逐步建立起合作

---

① 费孝通：《江村经济》，商务印书馆，2007，第 236 页。

化的农业生产经营组织，改变小农分散经营的状态，以促进农业生产力的提高。分工合作及规模化经营虽然从理论上讲要比分散的单干更有助于提高劳动生产率，但是这一理论成立必须具备两个前提：一是分工合作必须是自愿自主的选择；二是合作组织的管理必须具有效率。

从合作化运动的具体实践来看，农业生产合作及合作组织的成立和运行，大多是通过政治的、意识形态的方式推动的，农民及农户的自主意愿并未得到尊重。农村合作化运动的影响不仅仅体现在农业经济方面，同时还反映在农村阶级阶层关系和结构之上。当农户将绝大部分生产资料纳入合作社并在合作社参与集体生产后，农村内部的阶层差别大大缩小，农户之间的关系也趋向绝对的平均主义。很多合作社采取"劳六人四"的分配原则，即合作社 60% 的收入按照劳动力的劳动工分来分配，40% 的收入按照农户的人口来计算，因为农村土地是按人口来平分的。这一分配原则虽稍侧重于劳动，但实际仍属于按人口的平均主义分配原则。合作化运动从结构上消除了农村内部的阶级阶层差别，在较大程度上实现了内部平均化。农村社会差别仅表现为干部与群众的差别以及区域之间的差异。农村社会平均化的阶级阶层结构并不一定意味着社会关系的均衡与稳定，因为合作化运动在消除个体农户间差异的过程中存在两个潜在的危机：一是压制了个体农户人力资本的发挥和劳动积极性；二是用政治方法强制推行的合作使农村合作组织实际潜伏着强烈的不合作倾向。1958 年，在"一大二公"意识形态的影响下，农村各地掀起了从高级社迈向人民公社、一步进入共产主义的"大跃进"。随着人民公社制度的确立，农业生产实行了"三级所有，队为基础"的集体经营方式。这样一来，农户除了少量自留地可自由耕种外，只能从集体中按人口和工分平均分得相应的食物和货币收入。因此，在人民公社时代，农村社会并没有阶级阶层的差别。农村社会结构的关系维度主要是农民－集体－国家，在利益分配上，存在农民与集体、农民与国家、集体与国家的三种关系，而在农户之间，则通过集体实行平均分配。所以，人民公社制进一步消除了农民阶级内部的阶层差别，农村出现了高度的平均主义化倾向。

"文革"期间，农村社会在经济上实际已呈现集体平均主义的格局，并不存在农户之间的阶级差别。但是，阶级阶层差别在政治上得以渲染和强化，而且政治和意识形态所建构的农村阶级阶层差别反过来造成了一种新的社会差别，这一差别就是身份的差别，即不同的家庭身份由于政治地位的不同，从而享受了不同的晋升机会，所以形成农村家庭之间的经济、政治和社会声望的差别。

二 改革开放后 30 年的农村阶级阶层结构

中国的改革开放始于农村改革。1978 年安徽省凤阳县小岗村的 18 户农民达成协议，将村集体土地分到各户，实行"大包干"。按照农民的理解，"大包干"就是"交足国家的，保证集体的，剩下都是自己的"。小岗村农民的改革实践取得了立竿见影的效果，不到一年，不仅解决了困扰他们近 20 年的温饱问题，彻底走出粮食、生产和生活"三靠村"的困境，而且取得了农业生产效率的极大提高。小岗村的改革经验逐渐得到管理层和决策层的了解和认可，自 1979 年后逐步在全国得以推行和推广，由此掀起了以家庭联产承包责任制为核心的农村经济体制改革大潮。随着农村改革的不断深入，人民公社制终于在 1984 年走向终结，取而代之的是农村乡镇体制。

家庭联产承包责任制改革不仅改变了农业生产经营和管理体制，而且对农村社会内部的阶级阶层结构变迁产生了巨大影响，集体经济中的平均主义关系和结构随着土地承包和个体农户的独立经营而发生了重大转型，那些能充分发挥家庭人力资本的农户，通过自己的创新和劳动率先富裕起来，成为农村社会的先富阶层，这些先富阶层主要包括农业专业户、养殖专业户、个体户、乡村企业主以及包工头等。农村先富阶层与普通农户相比，在经济上出现了较大差距。但是，就先富阶层与普通家庭的阶层关系而言，他们之间的差距是家庭的人力资本存量的差别所致。农户从集体中承包相应的土地后，各户的经营是自主的，收入高低基本取决于自己。因此，他们之间的差距并不会造成阶层关系的紧张。

农村改革之所以造就出农村的先富阶层，以及农户间的经济差别，是因为家庭联产承包责任制改革不仅让劳动力从集体劳动中解放出来，个体家庭的人力资本和自主创新潜力获得了开发利用的机会，再加上家庭劳动成果的激励机制更为直接，也使劳动者的劳动积极性得到极大提高。所有这些都促进了农业生产效率的大幅提高。

此外，农村经济改革的影响不仅仅体现在经济领域，而且还拓展到政治经济关系之中。随着农村集体经营体制的解散，嵌入集体经济中的政治影响也大大削弱。农村社会生活从以政治斗争为中心逐步走向以经济建设为中心，这种社会中心的转变是推动农村社会结构变迁的重要动力。当各家各户都在集中精力发展家庭经济时，家户之间也就会因生产要素及其组织方式的差异而产生经济收入的差别。

20 世纪 80 年代中期以后，随着农村改革的不断深入，东南沿海地区的农村乡镇企业广泛兴起，由此掀起了中国乡村工业化的高潮。在江浙一带，乡村工业开始主要是因集体经济时期留下的社队企业由私人承包而发展起来，后来逐渐带动越来越多的农民创办私人企业。乡村工业的快速发展改变了部分地区的农村经济结构，以往农业产值占主导的经济结构逐渐向工业或非农业产值占主导的结构变迁。乡村经济结构的变迁不可避免地带来农村阶级阶层结构的变化，其中最为明显的变化表现为农村社会出现了与新的经济主体——私人企业相关的阶层，即私人企业主阶层和农民工阶层。[①]

当乡村涌现出越来越多的私人工商企业这一经济实体后，作为私人资本和企业经营管理者的群体也相应在发展壮大，他们构成了乡村社会新的精英阶层或先富阶层。这一阶层的收入水平已经大大超过普通农业生产者，甚至也超过城镇工人及其他工薪阶层。

与农村私人企业主阶层形成相对应的另一个新阶层就是农民工阶层。从 20 世纪 80 年代中期起，乡村工业、城镇非公有制经济部门的迅速发展，为广大农村劳动力向非农业和城镇的转移提供了大量就业机会和获得更高收入的机会。因此，农村开始出现大量劳动力向农业和农村之外转移的现象，他们构成了一种具有自身特点的社会群体或阶层——农民工群体或阶层。尽管这一群体或阶层在全国存在区域、职业和生活方式的差别，但他们具有共同的阶层特征。第一个特征即在城乡二分的户籍身份体制中依然维持着农业户

---

① 陆益龙：《中国农村社会阶级阶层结构六十年的变迁：回眸与展望》，《马克思主义与现实》2009 年第 6 期。

口或农民身份，即便他们已经长期从事工商业且生活在城镇之中，也难以改变其"农民工"的身份。第二个特征就是在体制外就业。所谓体制外，其本质意义就是享受与正式的、体制内就业的劳动者不同等的待遇，其中主要包括医疗保险、劳动保障、福利补贴等方面。第三个特征就是其高流动性和高不确定性。现行的户籍身份制和劳动力市场体制给这一阶层提供的融入机会微乎其微，同时体制对他们的约束也较为松散，因而农民工阶层无论在地域流动性方面还是在职业流动性方面都是很高、很不确定的。

自 1992 年中共中央提出建立社会主义市场经济体制后，改革开放进一步深化和拓展。在市场化和城镇化不断加速的大背景下，农村阶级阶层结构的分化程度也在提高。就城乡之间的社会差别而言，农民与其他阶级阶层的经济收入差距不仅没有缩小，而且有扩大之趋势。有学者将中国社会阶层结构分为十大阶层，在一般市县农业劳动者阶层约占55%，成为社会中下层和底层的主要构成。[①] 然而事实上，农村内部的阶层分化也在扩大，这种分化不仅表现在经济收入水平的差别之上，而且反映在职业、生产和生活方式之上。单纯从事农业生产的农民阶级已越来越少，目前，越来越多农户的家庭收入不再以农业收入为主，而是以非农业收入为主。农业生产的净收益率偏低使多数农户选择到广阔的市场中寻求更高收益的机会，尤其是年轻的农村劳动力大多选择外出打工，由此形成农村社会的"389961部队"结构形态，即在平常的生活中，农村人口主要由妇女、儿童和 60 岁以上的老年人构成，家庭中的劳动力大多外出打工去了。由此可见，农村常态下的阶层结构趋于弱势化。与此同时，我们也能看到，随着农村劳动力非农化趋势的增强，农村经济和物质生活水平普遍得以大幅度提高，农村绝对贫困阶层的规模显著缩小。

在农村阶级阶层结构的新变化中，尽管农村内部的阶层分化加剧，但并不存在矛盾的、对立的阶级阶层关系，因为农户之间的差别是各自在市场中的选择及获得机会不同所导致的。农村社会结构变迁所带来的突出问题是农村社会生活功能的间隔性缺位，即当家庭主要劳动力外出后，家庭的其他功

---

① 陆学艺编《当代中国社会阶层研究报告》，社会科学文献出版社，2002，第 13 页。

能如教育、亲情、保障功能的临时缺位问题。

农村阶级阶层的分化虽没有带来内部的对立关系，但使城乡之间的阶级阶层关系问题变得更为突出。例如，城市管理阶层与进城打工者之间、城市雇主与农民工之间的关系，如果没有合理的调节和协调机制，就可能发展为矛盾的、冲突性的关系，因为他们之间存在密切相关但又不对称的关系。

第四节　银达村社会发展与变迁

新中国成立之后，特别是改革开放以来，银达村的面貌发生了翻天覆地的变化。如同中国所有的乡村那样，银达村的经济社会发展程度、人民生活水平都出现了质的飞跃。无论是农村的村容村貌、基础设施建设，还是农业生产水平和农业现代化技术都可谓是日新月异，节节拔高。但是与社会发展变迁相伴随的还有社会结构的复杂和不确定性、社会功能的分化、人与人社会交往的变化，个人和群体的思想观念、价值取向、行为模式都与以往大大不同，这在很大程度上影响了银达村的群众文化。

一　人民生活

截至2014年，银达村有耕地4885亩（其中，制种面积1835亩，蔬菜种植面积2000亩，粮食种植面积1050亩），人均耕地面积2.03亩，全部用机井灌溉，全村共有机井34眼，日出水20400立方米以上。银达村依托自然条件优势，目前已形成以制种、蔬菜、养殖为主的农业产业，其产业化有良好的基础，交通便利，地处城郊，有发展城郊型农业的优势，银达村村民的人均纯收入达到了11548元（2013年）。在我们的入户调查中，农户家里已经普遍实现了耐用消费品的普及，如电视、冰箱、电话等，从事农业生产的大部分家庭都拥有农用三轮车或摩托车，有少部分家庭还拥有小汽车。大部分村民的住房条件较好，都达到了B级以上的安全住房标准，很多家庭都已经在城里（肃州区）购买或准备购买商品房。有一些村民，特别是子女已经成家立业（主要是指儿女有正式稳定工作）的中老年夫妇每年都会外出旅游，还有个别村民只是因为觉得农村环境好而主动到老家的房子里养老。就我们的观察而言,银达村的村民大部分精神面貌好,人显得比较有气质,这也许是长期重视并参与乡村文化熏陶出来的一种独特的精神气质。银达村参加社会养老保险的人数为 8 人,其中已享受社会养老保险的有 3 人,应享受和已经享受"五保"待遇的人数为 9 人。参加新型农村合作医疗的人数为 2351 人,参加新型农村养老保险的人数为 1399 人。2014 年,银达村农村刑事案件发案件数仅有 2 件,主要为治安打架事件。在调查过程中,很多人都强调了银达村重视乡村文化和刑事案件数量少之间的关系,很多村民都认为参加文化活动和爱好学习的传统,提高了人的素质并且形成了积极向上的良好社会风气。

二 乡村基础设施

截至 2014 年,银达村已经实现自来水、电、电话、有线广播电视和公路交通等基础设施的全部连通。银达村有影剧院 1 个(整个银达镇也仅有 2 个),村文化活动室 1 个。村卫生室 1 个,其中医生 1 人,卫生护理员 1 名,病床数 3 张。农村适龄入学儿童人数 145 人,其中男孩 86 人,女孩 59 人,没有一个孩子辍学。整个银达镇有农业科技机构 5 个,其中农业、林业、牧业、水利、农机科技机构各有 1 个,这些机构全部设置在银达村。银达村有 4 个农民专业科技服务组织,农业科技人员 17 名,其中农业技术人员 13 名,中级以上职称的 3 人,其余 10 人为农民技术人员,此外还有 4 名农机技术人员。整个银达村使用太阳能器(灶)的户数有 242 户,使用燃气灶的户数有 228 户,使用沼气的户数有 256 户。

社会发展在一定程度上可以等同于社会变迁,但在现实语境中,社会发展更多表现为各项社会事业的发展和社会物质条件与精神文明程度的提升。从社会学的角度看,社会发展主要表现为社会结构的日益复杂、社会功能的不断分化,人的思想观念和价值取向变得多元。首先,从社会结构来看,银达村作为一个西北内陆地区典型的农业村,表现出了传统社会向现代社会变迁发展中很多具有代表性的元素。村民的职业身份和社会角色发生了巨大的变化,原来的银达村村民可以说是"一个模子里倒出来的",彼此之间没有任何差别。从事同样的农业生产(连种的庄稼都是一模一样的),过着同样的日子（生活方式趋同），成长经历大同小异（生命历程相似），社会关系和社会网络都是狭窄而封闭的。改革开放之后银达村农民的生活发生了很大变化，在这种整体性的结构变迁过程中，村民的社会角色已经由单纯的农业生产者变成了进城务工人员、个体工商户、私营企业主等，有的还进城买了房，过上了城里人的生活。他们的社会交往和社会网络也因为生产生活的变化而与更加广阔的外部世界紧密连接起来。在市场经济条件下，原有的村庄内部同等的角色地位已经渐渐产生了阶层之间的分化，同质化程度很高的村庄生活已经转变成了异质化较为明显的现代生活。

其次，银达村的群众性文艺活动一直呈现高度组织化的特征，这在很大程度上源于当年毛主席按语所带来的动员效应。当时国家出于巩固政权和进行社会主义改造的现实需要，对原来比较松散的、碎片化的农业生产和农民组织状态进行了集中动员和整治。无论是集体扫盲也好，平田整地也好，都是一种在政治化、组织化动员模式之下的集体活动，当然这在社会基础上也可以看作当时中国社会整体上处于一种政权建设的状态之中。银达村的群众文化活动一开始并不是"自发的"，而是被组织动员起来的，但是很重要的一点是银达村人把这个"传统"坚持了下来，而且在不断的传承之中有了创新和发展。无论是文化活动的规模、形式、内容，还是村民的参与热情和认同程度，一直都表现出很强的"共同体意识"。这种被村民称为集体荣誉感的共同体意识从政治动员的集体扫盲活动开始，由自发性的村民文化活动传承、巩固、加强，成为伴随银达村人在长期的农业集体化和农村生活中的一种集体记忆。官方和有关部门的有意识推动，给这种自发群体性的文化活动增添了荣誉，赋予了其正当性。所有参与其中的银达人，包括很多第一代、中生代和新生代的文艺骨干都对这个持续多年的传统感念不已。这种热爱集体、重视荣誉、追求卓越的精神品质可以说是银达村和银达人的"魂"。但是现在，集体化和高度政治动员的组织形式已经远离社会，无论城市还是农村对于基层群众的组织动员都越来越难，人们对于集体化活动的态度也越来越冷漠。银达村的村民文化活动正在面临后继乏人的困境，过去靠集体荣誉感和政治热情发动群众参加活动，现在的人在市场化和功利化影响的情况下很少或者不愿意参加类似的活动，而且对于这种曾经辉煌的模式也出现了很多不同的看法，这些看法同样反映了社会发展和变迁导致的社会分化。

再次，从人的思想观念角度来看，改革开放40多年来，乡村社会的发展和变迁伴随现代化的进程取得了历史性的成就，但同时也带来了农村传统核心价值观念的变迁，在传统乡土文化与现代价值观念的急剧碰撞尤其是工业化、市场化的过度开发和破坏下，乡村文化正面临某种程度上的认同缺失。乡村社会的发展与巨变同时带来了乡土文化的价值冲突和认同缺失，传统乡村文化在农村现代化的建设中遭遇了"破坏有余"和"重建不够"的历史命运。银达村人长期以来都是以"政治觉悟高、集体荣誉感强"著称的，这种高度契合了主流意识形态和政治动员模式的价值观念是银达村群众文化活动持续多年的精神动力和思想基础。随着国家基层控制能力的减弱和市场经济条件下功利主义思想的盛行，这种为了集体荣誉和集体利益而无私奉献的价值观念已经不再占据主流地位。现在银达村的年轻人多数在外地就学、工作，他们的观念、眼界和兴趣爱好已经大大不同于他们的祖辈和父辈，而且他们的生活方式呈现越来越个性化和多元化的特征，"活得像个城里人"是这一代银达人普遍的想法和追求。曾经反映农村农民生活的文艺节目，曾经赢得荣誉、凝聚人心的文艺活动现在变得不再引人入胜。在电影、电视、网络、移动多媒体和各种各样的娱乐活动综合影响下，看一场有些"土里土气"的农民演出好像已经不太符合时尚了，顶多算是偶尔满足一下城里人猎奇的心理。在调查中，我们不止一次地从不止一个银达人（主要是中老年人）那里听到他们对银达村群众文化活动未来发展的担忧和无奈。因此，我们深切地感受到，社会发展在给银达村和银达村人带来生产、生活和思想观念变化的同时，也对他们曾经引以为荣的那种共同体意识造成了巨大的冲击。在这种现代化潮流的冲击下，如何保持那种为了集体、为了荣誉而无私奉献的"初心"成为很多人需要深思和探索的难题。

第三篇　跨越与创新

第六章　银达村文化建设与经济社会协调发展的特色与经验

第一节　银达村文化建设与经济社会协调发展的主要特色

著名乡村建设派代表人物梁漱溟曾指出："原来中国社会是以乡村为基础，并以乡村为主体的；所有文化，多半是从乡村而来，又为乡村而设——法制、礼俗、工商业等莫不如是。"[①] 可以说，乡村是中国社会文化体系的根源之所在，加强乡村文化建设，既是农村社会走向现代化的要求，也是构建农村社会主义和谐社会的主要组成部分，更是关系整个中国文化建设成败的关键。改革开放以来，中国农村的政治、经济生活发生了深刻的变化。相对于农村政治、经济改革所取得的成绩，乡村文化建设具有明显的不同步性以及滞后性。然而，酒泉市肃州区银达村作为远近闻名的"文化村"，成为农村文化建设战线上的一朵"奇葩"。多年来，银达村始终坚持与时俱进的大众文化发展方向，把发展经济与发展文化放在同等重要的位置，选好配强文化领路人，依靠群众繁荣发展乡村文化，产生了良好的社会效应。可以说，伴随银达村经济发展、社会进步的前进步伐，银达村乡村文化的建设与发展也同步推进，与当地经济、政治、社会、生态形成了全面、协调、可持

---

① 梁漱溟：《乡村建设理论》，上海人民出版社，2006，第10页。

续的良好发展态势，成为别具特色的乡村文化建设典范。特色，是一个事物显著区别于其他事物的风格、形式，是由事物赖以产生和发展的特定的具体的环境因素所决定的，是其所属事物独有的。纵观银达村多年来的乡村文化建设历程，不难看出，银达村"勤学习、好读书"的文化氛围使当地在乡村文化建设方面有着区别于其他村镇的独到之处，这种极具特色的爱学习的优良传统承继至今，使银达村走出了一条具有浓郁乡韵的特色文化发展之路。

一 紧抓文化学习，营造良好文化氛围

我国作为农业大国，农村在整个社会结构中处于重要地位。乡村文化建设关系到农民素质的提高，关系到整个乡村的繁荣与发展。良好的文化氛围是传承和发展乡村文化的重要场域。在乡村营造良好的文化氛围，首先我们要弄清几个基本概念。文化，通常特指精神财富，如文学、艺术、教育、科学等，是人类文明进步的结晶，是顺应历史潮流、代表未来发展方向、推进人类社会前进的动力。乡村，特指一定的社区范围，通常泛指一个村民小组、一个村，或者一个乡，大的也可以指一个县。我国广大的乡村，由于历史、地理、经济等原因，大部分处于相对落后的地区，也是文化建设薄弱的地区，同时乡村之间的发展也不平衡。乡村文化，从狭义的角度讲，是指在一定的社会经济条件下形成的以农民为主体的文化，是农民的文化水平、思想观念以及在漫长的农耕实践中形成并积淀下来的认知方式、思维模式、价值观念、情感状态、处世态度、人生追求、生活方式等深层次心理结构的反映，它表达的是农民的心灵世界、人格特征以及文明开化程度。氛围，是指周围的气氛和情调，也可以说是风气、状态、环境，形象地说就近似"场"，如电场、磁场一样，是"文化场"，有方向、有力量，作用和影响着周围的"场"。在乡村这一特定区域，以农民群众为主体，传承历经千年形成的乡村文化，表达农民群众的情感与热情，发展乡村文化、经济、政治、社会、生态，需要强大且无形的场域，来推动和引领乡村文化不断向前发展。

多年来，银达村紧抓农民群众的文化学习，形成了良好的学习氛围。20世纪50年代的银达村，为解决农村合作社入社农民不识字问题，办起了识

字班、农民夜校，引导农民利用农闲时间在田间地头学识字、长知识，形成了父子互教、兄弟互学、夫妻互帮的学习氛围，出现了家家有读书声的动人景象。这一经验曾受到毛主席的高度赞扬，成为全国农村"扫盲运动"的学习典型。进入新时期，随着当地经济的发展以及人民群众生活条件的日益改善，银达村持续加强文化基础设施投入，在周边率先建立起了文化站等基础性农村文化服务实体，同时，该村注重文化站质量建设，图书拥有量、年订阅报刊数逐年增加。在崇尚学习、尊重知识的良好村风影响下，全村出现了家家都有家庭科技图书柜的可喜局面。2003 年，银达村被中宣部、文化部评为"全国服务农民、服务基层文化工作先进集体"，先后荣获"甘肃省文化艺术之乡""甘肃省文化先进单位""甘肃省文明乡镇标兵"等荣誉称号。2008 年，银达村村委会投资 115 万元建成银达村文化大院，实现了"一站一室一书屋一舞台"的全覆盖。在银达村文化大院内，有文化剧场、图书阅览室、文化活动室等，定期向群众开放，这些文化设施极大地丰富了群众的文化生活。经过 60 多年的不懈求学之路，银达村乡亲们学文化的初衷不再是记工分、会算账，而是学科技、兴产业，实现现代化，从 95% 的村民"斗大的字不识半升"到率先扫除青壮年文盲，从建立全市第一所完全小学到成为人才辈出的文化村，银达村干部群众 60 多年来对于知识的渴望与追求从未止步，特别是在这一过程中形成的坚持学习、崇尚知识的理性精神，对于今天的新农村建设与文明村风的形成都具有重要的引导意义。

二　加强乡风（道德）建设，打造乡风文明新农村

"仓廪实而知礼节"，物质文明进步的同时，造就与优良道德传统相衔接、反映时代精神要求的乡风文明，营造"知礼节知荣辱"的社会风气，是社会主义新农村建设的重要课题，也是新农村道德建设的战略目标和总体任务。"真正的社会主义不能仅仅理解为生产力的高度发展，还必须有高度发展的精神文明——一方面要让人民过上比较富足的生活，另一方面要提高人民的思想道德水平和科学文化水平，这才是真正意义上的脱贫致富。"[1]

---

① 习近平：《摆脱贫困》，福建人民出版社，1992。

物质文明建设和精神文明建设是农村地区脱贫致富过程的两个方面，两者相互联系、相互协调、相互促进。近年来，随着我国农村经济的持续、快速、健康发展，以及农村公民道德建设和精神文明创建活动的开展，农民群众精神面貌和思想观念发生了深刻变化。但是由于历史的、自然的、经济的多种因素影响，我国农村的精神文明建设还不尽如人意，乡风建设亟须持续加强。乡风，即乡村社会风尚或乡村社会风气。从社会学意义上看，"它是指由自然条件的不同或社会文化的差异而造成的特定乡村社区人群相沿积习的观念形式和行为方式，是特定乡村社区内人们的观念、信仰、爱好、礼节、风俗、习惯、传统行为规范的总和"①。乡村社会风尚的形成和发展取决于乡村社区的历史传统、经济、政治、文化生活以及社会教化等因素，一旦形成，就会对该社区内人们的全部行为产生直接影响。加强乡风文明建设不仅仅要治标，更要治本，不仅仅要立足当前，更要放眼长远，要多管齐下，努力营造农村新环境，倡导农村新风尚，满足农民新需求，培育新型农民。只有这样，才能不断提高农民群众的文明程度，丰富农民群众的精神文化生活，带动农村经济社会和谐发展。全面提高公民道德素质，是社会主义道德建设的基本任务。近年来，银达村通过开展道德讲堂、典型示范、"24字人知人晓工程"等一系列乡风建设活动，培育知荣辱、讲正气、做奉献、促和谐的良好风尚，农村精神文明建设取得突出的成绩。

1. 道德讲堂

德国哲学家康德说过："在这个世界上有两种东西最能震撼和充实人们的心灵，一个是我们头顶上灿烂的星空，另一个就是我们心中崇高的道德。"为贯彻落实精神文明建设，银达村以道德讲堂作为新形势下加强公民思想道德建设的有效载体和主要抓手，制订了详细的活动计划，开展了内容丰富的活动，制定了规范的活动制度，营造了浓厚的道德建设氛围，进一步增强了当地思想道德建设的吸引力和凝聚力，并将道德讲堂的正能量传递给每一位农民群众。道德讲堂遵循"从群众中来，到群众中去，让群众教育群众"

---

① 湖北省社会科学院、湖北省咸宁市联合课题组：《关于社会主义新农村建设中的乡风文明问题的理论思考》，《湖北社会科学》2006年第4期，第52页。

的原则，以"身边人讲身边事、身边人讲自己事、身边事教身边人"为主要形式，讲述社会公德、职业道德、家庭美德和个人品德，通过身边看得见、学得到的"平民英雄"和"凡人善举"，宣传助人为乐、见义勇为、诚实守信、敬业奉献和孝老爱亲的道德品质。道德讲堂的内容方面，银达村实行"五个一"流程，即高唱一首歌曲、讲述一个故事、观看一部短片、诵读一段经典、承诺一句规范。道德讲堂的形式方面，银达村通过一系列宣传形式，让道德讲堂的声音传遍全村。比如通过成立宣讲队伍，尝试让群众成为道德讲堂的主人；通过树立先进典型，形成典型示范的良好效应；举办专题讲座，使群众在参与的过程中认知、感悟、接受、提高。良好的活动形式需要规范的制度管理来约束，才能长期、持续发挥道德讲堂的积极作用。道德讲堂的管理方面，银达村形成了制度化、规范化的制度建设，实行每季开讲制度，利用农闲时节，因人、因时、因需精心策划讲堂内容、形式，并实现宣讲资料、音响图片的收集归档。值得一提的是，银达村"首讲报告制度"，使道德讲堂建设思想上高度重视、环节上精心准备，保证了道德讲堂建立一个、成熟一个、作用发挥一个。在肃州区委宣传部、区文明办的统一部署下，银达村以明确的原则、详尽的流程、规范的制度、充实的内容、多样的形式，结合本村工作实际，使当地道德讲堂成为干部群众感受道德、践行道德、彰显道德的课堂。

2. 典型事迹

"小善大爱，美德传承"，先进人物的带动是引领农村文化发展的重要途径。银达村注重典型引路，发挥示范作用，通过选树身边好人和道德模范，利用宣传栏、图片、视频等形式，大力宣传其先进事迹，集中展示道德典型，形成典型示范的良好效应。在 2015 年开展的一系列道德评选活动中，银达村以"弘扬社会主义道德文化，争当新时期'四德'居民"为主题，围绕"礼仪"主题，推进社会公德建设；围绕"诚信"主题，推进职业道德建设；围绕"和睦"主题，推进家庭美德建设；围绕"友善"主题，推进个人品德建设，开展了一系列的道德教育，评选出了"道德模范好婆婆""道德模范好媳妇""道德模范好孝子"等身边典型，树立了道德示范和精神标杆。通过"好干部好孝子黄玉生""好媳妇郭英""好婆婆王翠英"

"最美热心公益家庭""最美教子有方家庭""最美孝老敬亲家庭""最美和谐幸福家庭""最美勤劳致富家庭"等一系列典型人物、家庭的评选以及典型事迹的学习，真正实现了"身边人讲身边事、身边人讲自己事、身边事教身边人"，在全村形成了尊老爱幼、团结和睦、邻里互助、文明卫生、积极向上的良好风尚。

三 搭建文化平台，推动文艺节目常态化发展

推进文化事业工作，让人民享有健康丰富的精神文化生活，是全面建成小康社会的重要内容，也是三个"贴近"的最佳写照。而文化阵地，是开展服务农民、服务基层文化工作的必要条件和基础。搭建展示农民才艺的"舞台"，就成为繁荣乡村文化的关键。多年来，银达村依靠地方领导和上级主管部门的大力支持，着力构建镇村公共文化服务体系，在镇村文化事业工作中以"乡村舞台"工程、非物质文化遗产传习所为有效抓手，加强乡村文化工作，实现了当地文化阵地建设从小到专、从量到质、从俗到雅、从弱到强的转变，使当地优质文化产品和服务的供给能力不断提高，促进了当地文化事业的长足发展。

1. 乡村舞台

乡村舞台是十八届三中全会提出的"整合基层宣传文化、党员教育、科学普及、体育健身等设施，建设综合性文化服务中心"的精神得以贯彻落实的重要举措，通过整合农村现有的宣传文化、党员教育、农家书屋、电影放映、体育健身、科技普及等各个项目、资金、人才、设施等资源，组建村级民间自办文艺社团，充分利用乡镇文化站、村社文化活动室、党员活动室、农家书屋、乡村体育健身工程等阵地，组建村级民间自办文化社团，搭建群众自娱自乐的综合性文化服务中心。银达镇以"乡村舞台"文化服务点建设为工作切入点，转变思路、创新理念，大力整合惠及当地的各类资源项目，建设集宣传思想教育、文体娱乐活动、法制科教普及和美丽乡村建设于一体的乡村舞台，实现了镇村活动有组织、有队伍、有场地、有设施、有活动的"五有"目标，实现了文化资源由盆景到风景、由点到面、由乡到村的跨越共享。银达村把"乡村舞台"文化服务点，从简单的活动场所建设

成为一项内涵丰富的引擎工程，使其成为银达村推进农村文化建设的主线。

　　首先，科学规划乡村舞台建设方案。银达村在乡村舞台建设过程中，高标准制定乡村舞台建设实施方案，把乡村舞台建设列入新农村建设总体规划，依托乡村舞台整合各类行政资源，提升服务效能，将村镇开办的各类活动进行整体组合，借助乡村舞台开展民俗文化、节庆礼仪、教育培训、文体娱乐等形式多样、丰富多彩的活动。在功能定位上坚持休闲场所、活动中心、培训基地、文明窗口"四位一体"，同步配套图书室、宽带网、篮球场、卡拉 OK 厅、健身房等文化设施，规划了学习培训、文体活动、精神文明展示等功能区，从而保证了乡村舞台的高起点和高标准。

　　其次，着力加强乡村舞台硬件设施建设。由县乡村三级在充分征求群众意见的基础上确定选址，工程建设做到统一格调、统一设计、统一验收、统一用途；基础设施建设方面，重点打造了文化广场、文化活动剧场和自乐班活动室、图书阅览室、老年活动室、远程教育室及文体活动中心"四室一中心"；实现文化设施在银达镇佘新村、银达村建有农民剧场，在银达镇建有光明文化大院；14 个村 95 个村民小组全部按照标准建成了文化站（室），镇、村、组三级文化设施配套率达到 100%。

　　最后，丰富乡村舞台活动内容。当地政府以乡村舞台工作为推手，充实了镇村文化力量，丰富了乡村舞台活动内容，培养了一批乡村本土文化人，完成了从农村文艺人才培养、输送到最终农村文化产品输出的转变，形成从"送文化""种文化"到"秀文化"农村文化工作体系。群众文艺活动是新时期开展农村工作的重要切入点，是教育农民、提高农民素质的好办法，是宣传发动、组织动员群众的有效渠道。银达村加强文化活动阵地建设，积极培养群众文艺队伍，使群众文化活动日益活跃，内容不断丰富，群众的精神文化生活不断充实。

　　银达村自 1996 年起，在村党支部、村委会的号召下，发动群众重新组建村业余艺术团，用身边的典型事例自编自演小陇剧、秦腔、眉户剧、小品、歌舞等各种类型的小节目，利用冬闲和节假日到各村民小组演出，活跃群众业余文化生活。业余艺术团编排的传统地方戏剧及歌舞多达 20 种 160 多部，创新传统社火 25 种、民间曲艺 11 类、民间舞蹈 7 种，累计演出 2000

多场次，使银达独有的"地蹦子""二鬼摔跤""灯笼社火"等一批民间非物质文化遗产得到了很好的保护和传承。由镇文艺创作队编演的《摔罐》《洞房花烛夜》《老娘家中宝》等一批文艺节目先后获得了国家、省、市、区的表彰奖励，并在群众中产生了良好的社会影响。尤其值得一提的是，小陇剧《摔罐》荣获全国第十一届"群星奖"戏剧比赛银奖，《洞房花烛夜》获全省"五个一工程"优秀作品奖。在业余艺术团的带动下，14 个村民小组全部成立了自乐班、文艺小组，由群众自发组织，农闲时间在文化活动室开展歌舞演出活动，或在农家院落举办家庭演唱会。每逢"三八"、国庆、元旦、春节等重大节日，各村民小组都要组织编排小型节目，村上都要组织文艺汇演或比赛，群众每年自发捐款，对演出出色的小组、家庭、个人进行物质鼓励。一系列乡村文艺活动，不仅激发了广大群众参与文化活动的积极性，更使银达村文艺活动常态化，为凝聚人心提供了长久的"黏合剂"。

2. 建设银达村非物质文化遗产传习所

非物质文化遗产，"是指各民族人民世代相传并视为其文化遗产组成部分的各种传统文化表现形式，以及与传统文化表现形式相关的实物和场所，包括：传统口头文学以及作为其载体的语言；传统美术、书法、音乐、舞蹈、戏剧、曲艺和杂技；传统技艺、医药和历法；传统礼仪、节庆民俗；传统体育和游艺；其他非物质文化遗产"。[①] 非物质文化遗产最大的特点是不脱离民族特殊的生活生产方式，依托人本身而存在，以声音、形象和技艺为表现手段，并以身口相传作为文化链而得以延续。由此可见，对于非物质文化遗产的传承来说，人的作用就显得尤为重要，这与基层文化建设中人民群众的重要性不谋而合。

为响应省委、省政府提出的建设文化大省的要求，推进华夏文明传承创新区建设，银达村在广泛征求群众意见建议的基础上，通过"四议两公开"程序，建成了银达村非物质文化遗产传习所。非物质文化遗产传习所在银达村的顺利建成有其可行性和必然性。首先，银达村拥有悠久的历史文化传统，是远近闻名的文化村，为非物质文化遗产传习所的建立提供了丰沃的土

---

① 摘自联合国教科文组织《保护非物质文化遗产公约》。

壤。由当地民间艺人编演的《摔罐》《洞房花烛夜》《老娘家中宝》等一批文艺节目先后获得了国家、省、市、区的表彰奖励，并在群众中产生了良好的社会影响。其次，民间非物质文化遗产因其"非物质性"急需专门保护。非物质文化遗产是一种特殊的文化遗产，具有重要的历史文化、艺术以及审美价值，又因为其以人为载体的"非物质性"，导致对其的保护刻不容缓。银达村拥有丰富的民间非物质文化遗产，当地独有的"地蹦子""二鬼摔跤""灯笼社火""赶驴"等一批民间非物质文化遗产已陆续被列入省级非物质文化遗产名录。传习所于 2014 年 9 月建成，占地面积 266 平方米，建成占地面积 105 平方米的非物质文化培训中心一处、占地面积 84 平方米的非物质文化展览室一处、占地面积 77 平方米的服装道具室一处。传习所建成后，为当地群众提供了综合性文化服务，并向社会开放公益性文化活动场所，成为群众开展文化活动的重要场所、构建精神文明家园的重要基地。同时，传习所在开发民间优秀文化，挖掘和保护民间文化遗产，积极开展对外群众文化交流方面发挥着重要作用，成为保护、传承、展示、弘扬当地文化遗产的又一"主战场"。

四　评选文化能人，带动乡风文明

几十年来，银达村在发展繁荣乡村文化上，始终坚持走群众路线，依靠群众办文化、兴文化，将培育农村文化能人作为加强农村精神文明建设的重要工程来抓，形成了文化能人带动社会风气、促进乡风文明的良好风尚，并涌现出一大批较有影响的艺术能人和产业文化人。银达村将松散于民间的文化团体和文化能人纳入文化惠民工程之中，把自娱自乐的文化活动内容孵化成有组织的文化惠民项目，这些文化能人经常深入基层，把群众喜闻乐见、丰富多彩的文化项目带到学校、社区、乡村，充分发挥了示范、组织和引领作用，将好人好事、新风新貌融入文艺作品中，走出了一条公共服务方式多元化、社会化的新路。与此同时，银达通过培训、展览、竞赛等多种形式，提升文化能人的组织能力、创新能力和文化素养，涌现出一大批"泥腿子艺术家"和产业文化人，带活了当地群众文化、发展了当地产业经济，从物质和精神两个层面提高了当地人民群众的生活质量。

1. "泥腿子艺术家"

经过几十年的发展，银达村涌现出许多唱着农民自己歌、演着农民自己事的"泥腿子艺术家"，成为银达文化战线的主力军。他们用自己的歌声、舞蹈和艺术作品感染着一代又一代的银达人。银达村七组的党翠芳，1997年获得酒泉市农牧民歌手大赛二等奖，2002年获得全省戏迷大赛秦腔演唱一等奖，2006年被省文化厅评为"副高级民歌演唱艺术师"，先后26次获得省、市、区组织的文艺演唱、戏曲表演奖；银达村的唐秀珍，擅长戏曲、舞蹈表演、化妆，于1981年获得酒泉县农村业余剧团文艺汇演个人一等奖，1989年获得酒泉市秦腔戏迷大赛特等奖，1991年获得酒泉市第一届农村业余文艺汇演个人特等奖；张志成、王玉青等36个家庭演唱队，常年活跃在田间地头，在他们的带动下，参加家庭演唱队活动的人数以千计，演出范围逐步扩大，由在家庭、村组、全镇演出，发展到在全区各乡镇以及矿山、工厂巡回演出，所到之处无不受到广大观众的热烈欢迎。他们是一帮农民，同时也是一群艺术家。几十年如一日，他们不停地转换身份。上午，也许你看见他们在舞台上尽情地一展歌喉；下午，也许你在田间地头看到他们正在挥汗如雨。他们就是银达村文化战线的生力军，有道具制作师、书法能人、演奏能人、戏曲演唱能人、剧本创作能人等。

2. 产业文化人

银达村在产业发展上积极组织种养殖能人讲经送道，并把他们的经验技术进行梳理归纳，以"致富经"的形式在辖区农户中大力推广，进而形成了富有特色的产业文化，并涌现出180多名产业文化人。

（1）制种文化人

银达镇佘新村五组农民万战文有个与众不同的称呼——"制种文化人"。万战文在种植高效田上很有一套，他家种植的杂交辣椒网式制种产量高、效益好，每年仅制种一项就能收入3万多元。这几年，银达村经常邀请像老万这样在种养殖业有"两把刷子"的村民为本村村民传经送宝，一来二去，大伙就开始尊称他们为"文化人"，其中，老万就是因为在制种方面手艺突出，被称为"制种文化人"。现在，银达村每组都有10多名"文化人"，在他们的带动下，全村"双千元"以上高效田面积迅速扩大。

（2）科普带头人

银达村党总支副书记黄玉生，多年来专门从事蔬菜种植，通过书本学习、培训班学习、拜师学艺等方式，掌握了丰富的种植技术和经验，向村民指导和推广先进的蔬菜间套种技术、提供实用的市场信息、引进优良新品种和新农药、为种植户联系销售渠道等。与此同时，还推动建立农村经济合作组织——"禾之源无公害有机蔬菜基地"，大力推行蔬菜间套种，努力提升蔬菜产业效益，为推动银达镇科普工作的蓬勃发展做出了贡献。

（3）养鸡能人

银达村农民方秀兰不仅是一名文艺骨干，也是一名养鸡能人。她的养鸡故事在本书第四章已做了详细介绍，此处不再赘述。

五　发展文化产业，带动地方经济发展

文化产业，是第三产业的一种，核心是文化，将文化资本转变为文化产品和服务，不仅包括文化产品的生产、销售，而且包括文化传播、休闲娱乐以及文化用品、设备的生产、销售，是第三产业比重增长的推动力，在调整产业结构过程中发挥重要作用。不论是何种产品都会有其自身的特征，反映其内在本质。文化产业也具有突出的特征，主要表现在以下几方面。第一，文化产品具有精神和经济双重属性。文化的实质是满足人民群众的精神需求，提高精神生活水平，具有一定的精神价值。先进的文化指引着人类的精神世界和社会精神文明。因此，文化具有精神属性。文化产品虽然具有精神形态，也具有物质形态，但其物质形态是精神属性的载体。如我们通过 MP3 听音乐，MP3 就是物质形态的文化产品，但其播放出的音乐才是真正影响人类精神世界的文化内容。文化产品作为特殊的产品具有商品的属性，它通过人类劳动可以创造价值，并且在市场上进行买卖，实现价值增值。因此，文化产品具有经济属性。同其他产业相同，文化产业在为人民群众提供文化产品和服务的同时，也通过文化产品的经济属性获得了经济利益。无论是有形的文化产品还是无形的文化产品，通过文化产业市场的商品交易和企业的运作都可使其文化价值转变为商品价值，在满足人类精神需求的同时，获得经济利益，这符合价值规律和市场规律，也是文化产业与经济增长密切相关的

原因。作为原生态的乡村文化，总是与乡村民众的日常生活密切相连，甚至就是乡村日常生活和生产活动的组成部分。在原生形态下，乡村文化更多的是以习俗、民风的形式存在，是按照传统习惯自然地在乡村民众的日常生活和生产中表现出来，基本上是与乡村民众日常生活相融合的。在某种意义上，这种习俗和民风本身，因其蕴含一定的精神文化意味，构成了乡村文化生活的一部分。但这种文化生活显然是自发的、融汇在日常生活之中的，并不具有独立的文化产品特性和文化消费价值，因而也就不足以满足乡村民众日益增长的文化需要。开发利用乡村文化，关键要改变单纯由政府提供文化产品，或任由乡村文化自生自灭的观念，要有意识地导入产业意识，即按照文化市场需要，充分利用乡村文化资源，开发具有一定市场效应的文化产品。一方面，丰富当地农民文化生活；另一方面，可吸引城镇居民到乡村进行文化消费。乡村文化资源开发利用得好，还能作为文化产品输入城市，获得更大的市场效益。乡村文化的产业化有许多路径选择。各地乡村可依据自身文化资源的特色，尤其是自身开发能力等不同情况，选择不同路径。

2002 年以来，银达村文化站每年都组织社火队到嘉峪关市、金塔县等地，为机关事业单位和工矿企业进行拜年演出，年收入在 4 万元以上，不仅仅解决了文化站活动经费不足的问题，更扩大了银达文化的品牌影响力。借助这些效应，银达镇开发了以花城湖、光明游乐园、清水河湿地等旅游开发区为代表的文化旅游景区。近年来，银达镇因势利导，通过组织社火队"走出去"，扩大了银达文化的品牌影响力，探索出了"以文养文""以文化促旅游"的新路子，使当地文化旅游景点呈现繁荣景象。

1. 致富文化：农产品进军市场

农产品"卖难"是最让农民头痛的事情。为解决这一问题，近年来银达镇一方面发展订单农业，另一方面积极培育以带领群众闯市场、拓宽农产品流通渠道为主要内容的"致富文化"，并鼓励引导懂技术、会经营、有能力的群众建立产业协会或流通协会，走"协会 + 农户"的产业化发展路子。截至目前，全镇已建设各种产业协会、流通协会 14 家，每年向外运销农产品 3.5 万吨，占据了全镇农产品总产量的 60%。聚丰蔬菜流通协会也在镇上叫得响当当。该协会如今已有 500 多名会员，自 2005 年成立以来，他们充分发挥协会的纽带作用，走"市场＋协会＋农户"的经营路子，先后带动了3000多亩地的蔬菜种植，同时，通过实行"五统一"服务（统一供应良种、统一栽培技术、统一栽培时间、统一品牌包装、统一产品销售），有效增强了农民抵御市场风险的能力，降低了交易成本，使会员收入比普通群众收入高出了20%。

2. 科技文化：谱写致富新篇章

采用微喷技术后，农业产量比以前增长了15%，一棚食用菌的收入达到1.3万元，这一成绩让六分村三组农民秦福忠心里乐开了花。他高兴地说："这项新技术太好了！"针对群众对科技文化的需求，银达镇根据产业发展实际，积极邀请科技部门技术人员和劳动技能培训机构进乡入村，为提高群众科技文化素质和务工技能服务。几年来，镇上先后在各村推广蔬菜、粮食等新品种40多个，以及基质育苗移栽、滴灌技术等实用先进技术4项，农民培训面达到了100%，其中80%的农户掌握有1～2门实用技术。农民科技文化素质和务工技能的不断提高，使银达镇成功实现了产业换代升级，为农民增收奠定了牢固的基石，谱写出科技致富的新篇章。

第二节　银达村文化建设与经济社会协调发展的基本经验

乡村文化的传承与发展及其与经济社会的协调发展，是新时期的重大课题。经济的高速发展造就了大量物质财富，但同时也带来了一系列问题，这要求我们必须朝着一个新的时代迈进，这便是文化时代。如今，"文化"一词已不再是文化人类学或社会学范畴下的单一精神物品或符号象征，它作为一种资源，更是一种资本，在乡村社会中发挥着更为广泛的作用。经济文化化、文化经济化、经济文化一体化在乡村的发展过程中进入转折的关键时期。经济与文化既相互独立，又相互依存，经济发展要以文化为基础，文化传承又有赖于经济发展。银达村美丽乡村建设中的文化传承在达到经济发展与文化传承相协调的目标时，努力构建文化、经济、生态互促大系统，通过文化的发展和延续来发展经济，用市场的规律来推动文化的传承，把文化作为一项产业来打造，把文化和经济、生态看作一个互促共进的大系统。当地根据村庄自身优势与劣势，尊重自然规律，坚持分类指导原则，因地制宜培育壮大符合村庄实际的特色产业；同时，以市场为导向，产业项目的选择考虑市场销售和经济效益两大因素，形成自己的特色优势，最终达到收益最大化。可以说，银达村在继承优秀传统文化的同时，大力发展文化产业、振兴地方文化发展，使其优秀的乡村文化与地方经济、社会协调有序发展，为当地的经济、文化发展带来了强大的内生动力。

一 继承传统，发挥文化"桥梁"作用

"人们创造自己的历史，是从过去继承下来的条件下创造的"[①]，文化从未断续的繁衍与发展造就了人类历史从蛮荒到文明的辉煌历程。同样，乡村文化的发展也有着历史的连续性与继承性，尤其是在农耕文明存续了几千年的中国农村，文化的继承性表现得更为明显。然而，不得不承认的是，我国农民的综合素质相对较低，成为影响我国乡村文化与乡村经济协调发展的重要因素之一。一方面，文化意识淡薄。村民是乡村文化建设的主体，是促进乡村文化与乡村经济协调发展的动力之源。然而，在不少农村地区，仍存在一些消极的文化心态，如因循守旧的思想、小富即安的观念、得过且过的生活态度等，可以说，没有传承文化的积极性，对学习文化、参加文化科技活动等就没有兴趣或是兴趣不大。同时，部分农民看不到乡村文化发展的重要性与必要性，参与乡村文化发展的意识淡薄，对各项文化活动的开展不关心、不积极。另一方面，文化能力不足。所谓文化能力，是指广大农民群众通过对社会主义新农村各种文化元素的吸收、培养，而自我塑造成适应社会主义新农村建设所必备的新农民的能力。由于学习文化的能力不足，农民不易接受新的科学技术；由于实践文化的能力不足，农民对科技文化知识在实际生活中的实践能力较差。文化意识淡薄、文化能力不足，必然导致乡村文化、乡村经济的发展难以获得长足的进步。

几十年来，银达人学文化、重知识的优良传统一直延续至今。一方面，

---

① 《马克思恩格斯选集》（第 1 卷），人民出版社，1995，第 585 页。

村民文化意识强烈。银达村群众延续了求学求知、崇尚知识的传统，在村党支部、村委员会的引导下，不论历史条件发生怎样的变化，都坚持学习，特别是在当地群众中，流传着"要当文化人，不做睁眼瞎""好读书、读好书""为学一个字，耐守半夜寒"等朴实的话语。这些励学的群众"箴言"，反映了银达人紧抓文化学习的心声。另一方面，村民文化能力出众。银达村文化产业的兴起不仅带动了特色产业的发展，而且促进了"一村一品"产业格局的形成，如今，银达村的拱棚白菜、佘新村的制种、黑水沟村的蛋鸡、六分村的啤酒花已经成了当地响当当的富民产业。可以说，银达人继承地方优良传统，培养了当地村民强烈的文化意识和出众的文化能力，搭建起当地文化与经济、文化与生产之间的桥梁，使文化在当地经济、社会发展过程中发挥了重要作用。

二 营造文化氛围，促进经济、文化、社会协调发展

作为社会意识的文化，对社会产生了巨大影响。文化，是一定社会政治和经济的反映，对一定社会政治和经济产生巨大的影响。有的学者提出，"文化也是生产力，它和科学一样，构成社会发展的动力。先进的文化推动社会发展，落后的文化阻碍社会发展"。在农村，这种现象表现得十分明显。先进文化是人类文明进步的结晶，是推动经济和社会前进的精神动力。银达村先进的文化理念、浓厚的学习氛围都源自当地政府及人民群众对于文化的热爱与渴求，在发展当地文化的同时，有力地带动了地方经济的发展。

首先，银达村营造的良好文化氛围，有力地促进了乡村经济的发展。在广大农村，文化建设和物质生产就像一对孪生兄弟，密不可分。一般来说，经济发达的农村，文化建设也比较好。从物质生产上看，生产力诸要素中都体现着文化。如作为生产力要素的人是具有一定生产技能、科学技术、思想觉悟和道德修养的人，其中每一项都在生产力中起作用。文化建设是通过提高人的科学文化素质以增强人的劳动技能；通过提高人的思想道德品质以增强人的劳动积极性来产生生产力的。农村生产力的发展，又进一步造就了较高素质的劳动者和创造了较好的劳动条件，进一步加速乡村经济的发展。

其次，银达村营造的良好文化氛围，有力地推动了乡村社会的改革。先

进文化，是推动人类社会前进的动力。乡村社会各项工作的开展都与文化建设紧密相关，良好的文化氛围能够起到"催化剂"的作用。农村的改革与文化密切相连，改革首先是观念的更新和创新，农业的体制改革、二次创业等都是如此。处在社会转型期的农村，文化是整合和调整农村改革中因利益的重组而引起心理失衡的重要手段。同时，乡村社会的发展也离不开良好的文化氛围，发达的科学文化对乡村的社会进步起着极大的推动作用。可以说，乡村的稳定是同乡村文化建设紧密联系在一起的。其中，农村的法制教育、民主建设、道德养成等都是文化建设的重要内容。近年来，银达村通过开办道德讲堂、典型事迹、乡村舞台等一系列举措，着力打造反映时代精神要求的乡风文明，营造"知礼节知荣辱"的社会风气，增强了当地广大农民群众的凝聚力，使民风淳朴、村民团结、社会稳定。总之，农村的改革、发展、稳定都需要加强社会主义文化建设，都要求把代表先进文化的前进方向问题提高到战略高度和突出位置加以强调。

最后，银达村营造的良好文化氛围，极大地丰富了农民群众的生活。人是社会的人，也是文化的人。对于人类，不仅需要物质生活，而且需要丰富的精神生活。随着银达村人民物质生活水平的不断提高，当地农民群众对精神文化生活的需求越来越强烈。银达人自受毛主席光辉按语的鼓舞以来，努力加强文化建设，营造良好的文化氛围，为当地农民群众提供了丰富的精神文化食粮，满足了当地农民群众日益增长的精神文化生活需要。这一良好的文化氛围也使当地农民群众在增长知识的同时，创作出了诸如《摔罐》《洞房花烛夜》《老娘家中宝》等一批好的文化作品，达到了教育人、鼓舞人、塑造人的良好示范作用。

三 "文企联姻"，激发乡村文化的经济功能

随着乡村经济文化一体化发展趋势的增强，乡村文化的经济功能日益凸显，乡村文化的经济效益逐步增加。银达村文化的经济功能突出表现在以下几个方面。第一，决定农民的文化素质，农民的素质直接关系到乡村经济的发展。因为接受了更多的教育，不少农民已由原来的"体力型"转变为"文化型"和"科技型"，很多农民的文化素质以及思想观念发生了深刻变

化——变依赖为自主、变封闭为开放、变保守为进取、变固守经验为尊重科学，有力地促进了农业生产力的发展。第二，决定产品的文化含量。为了在市场上打开销路，增加产品的经济效益，农民生产的各种产品必须注重它的文化含量，这种文化含量突出地表现在产品的科技含量和艺术含量上。一般而言，产品的文化含量越高，产品的经济价值就越高，因此，文化含量就如同经济发展的助推器，是产品增值和增效的聚宝盆。第三，形成文化产业。乡村文化单位或文化个体可以通过从事乡村文化活动取得经济效益，乡村文化产业的范围非常广泛，各地可以充分利用当地独特的自然资源、人文资源等发展休闲、美食、旅游等多种文化产业，有效发挥乡村文化的经济功能。

当今，乡村文化与乡村经济的相互促进、相互渗透，使经济与文化的一体化发展成为历史发展的趋势。首先，乡村文化与乡村经济发展具有同一性。乡村文化与乡村经济在发展的过程中是共生、同构和互动的，乡村文化发展与乡村经济发展相互促进，乡村文化随着农村经济的发展而繁荣昌盛，乡村经济随着乡村文化的发展而不断增长，在现代乡村经济发展中，乡村文化的取向不断提高，乡村文化与乡村经济一体化趋势日益明显。其次，乡村文化发展需要经济基础。乡村经济是乡村文化发展的物质基础。乡村文化的发展需要投入，无论是乡村文化的基础设施建设、文化产品与服务的供给，还是乡村人才的培养、文化队伍建设等，都需要投入资本。最后，乡村文化反作用于乡村经济发展。乡村文化的发展水平对乡村经济的发展影响巨大，适应当今乡村经济发展的、先进的、具有创造性的文化可以推动乡村经济发展，相反，与当代乡村经济不相符的、落后的乡村文化会阻碍乡村经济发展。

同时，银达镇积极促成文化产业与企业的往来，达成"文企联姻"。"近些年，银达镇积极探索开展乡村文化活动的新模式。在不断满足群众日益增长的精神文化需求的同时，也探索出了发展文化体育事业的新路子。"银达镇党委书记石建东说。"要想把文化活动开展得有声有色，一定的投入是必不可少的。在舞台上，不化妆，灯光一照，没有效果；没有演出服，更没有效果。"银达镇综合文化站站长李社生说。每年春节，银达镇都要举办社火表演。银达镇有文化艺术节，以前是每两年一届，从 2007 年开始，每年一届。"每年仅举办文化艺术节的花费就在 10 万元以上，而镇政府又拿不出这么多的钱。我们只能依靠本镇的一些大企业，通过商业途径来解决这部分资金。比如，邀请银达镇的企业来冠名文化艺术节。目前，我们镇有 5 家建筑公司，还有 1 家脱水蔬菜厂和其他一些企业。"李社生说。

四 大力发展乡村文化产业，推动地方经济繁荣发展

乡村文化，是对传统农耕文明的记载和反映，蕴含着深厚的历史价值、文化价值以及经济价值。对乡村文化的挖掘、研究、开发和利用不仅是对传统文化的传承与尊重，也会为城市文化注入新的内容，对于发展经济、丰富人们的精神生活和加快文化产业的发展起到积极的作用①。乡村产业文化，是指以经济效益为发展目标，以市场为依托，以农民为主体，将乡村优秀传统文化资源与现代科技相结合，实现文化产品和文化服务转换的现代产业发展形式②。在乡村地区选择发展文化产业，有着发展资本循环周期短、投资回报率高、产业带动性强、能源消耗低等优势，加上乡村长久以来良好的资源优势、先天的人才条件、已有的一定地理规模和经济基础，使乡村能够调整传统产业的单一结构模式，以此拉动村民就业，实现乡村经济的发展，更为重要的是有利于乡村文化的保护、传承与发展。可以说，大力发展乡村产业，对于推动乡村经济的发展具有重要的意义。银达村在近年来结合地方优势，发展特色产业，有力地促进了地方经济的良好发展。

首先，通过发展文化产业，调整了乡村产业结构。文化产业的形成与发展，使银达的乡村产业结构由原来的以农业为主，转变为农业与第三产业并重，提高了农民群众的经济收入和生活水平，丰富了农民群众的业余生活，激发了农民的乡土意识，对于保护、传承、复兴乡村文化产生了积极的影响。从当地发展起来的民间文学、民间舞蹈、民间音乐、民间美术、民间戏曲、民俗礼仪、传统手工艺等，都成为发展地方乡村文化产业的来源。更为

---

① 潘鲁省：《保护农村文化生态 发展农村文化产业》，《山东社会科学》2006 年第 5 期，第 120 ~ 123 页。

② 李明宇、付艳丽：《城乡发展一体化背景下农村文化产业的功能定位及发展路径探析》，《江苏大学学报》（社会科学版）2014 年第 1 期，第 70 ~ 73 页。

重要的是，无论银达村乡村文化如何产业化，都没有抛弃当地乡村文化传统的基因，严格保留了乡村文化的原汁原味和底蕴，这也是银达村乡村文化产业能够有效运作的重要原因。

其次，通过发展文化产业，树立了文化产业意识。银达村在大力发展地方文化产业的同时，积极引导当地群众树立发展文化产业的意识。银达将文化看作可以为当地人民群众带来经济效益的方式，而不是单纯作为一种满足人们精神生活的附属品；文化不仅可以搭台，而且可以作为一种特殊商品；不仅有投入，而且可以有产出。当地政府看到文化产业在促进农民增收、提高农民素质、促进乡村发展中的重要性，积极整合本地有发展潜力的文化资源，在保证社会效益第一位的条件下，充分认识到文化资源作为商品的双重价值属性，结合文化和经济，调动广大村民的积极性，积极探索乡村文化产业的发展思路，在发展乡村文化产业的过程中获得真正的实惠，共同推进乡村文化产业的发展。银达村将当地文化产业化，开展了乡村演艺竞赛活动，根据各地乡村民风民俗，结合现代表演和竞技规则，组织乡村歌舞曲艺、婚俗礼仪、耕作编织、家禽饲养、体育游戏等表演和竞赛活动，将乡村日常习俗和生产活动提升为一种单纯的演艺和竞赛，不仅仅丰富了乡村民众的文化娱乐生活、带来了一定的经济效益，更激发起乡村民众对当地文化的认同感与热情，自觉自愿传承地方文化。

五　农民为主，培育储备人才深耕化

受几千年来传统观念的影响，"传男不传女，传内不传外"的思想观念在乡村地区依旧根深蒂固；同时，民间特有的口口相传的传承模式也使有些技艺在世代的传承中逐渐流失。因此，狠抓乡村基层文化队伍建设，培育新一代传承人，是保护传统文化、繁荣乡村文化事业、丰富农村文化生活的必要举措。可以说，乡村基层文化队伍的建设，是发展乡村文化事业、发展乡村经济不可或缺的重要保障。纵观银达村文化发展的历程，不难看出，银达村对文化事业建设的重视缘起于50年代的乡村"扫盲运动"，传承了"勤学习、好读书"的优良传统，但更成功于地方政府对乡村基层文化建设的政策性引导以及对乡村基层文化队伍建设的制度化要求，才使银达村走出了一

条具有浓郁乡韵的特色文化发展之路。当地政府着力加强乡村基层文化队伍建设，主要做了以下四个方面的工作。首先，在管理体制方面，将培养文化传承人的工作纳入政府各级领导的职责范围，建立了党委、政府统一领导，部门分工负责，社会团体积极参与的管理体制和工作机制，保障了乡村基层文化队伍建设的责任落实。其次，在物质保障方面，设立专项发展基金，对地方文化团体、乡村舞台等均投资相应的发展基金，为人才队伍的建设创造良好的物质保障。再次，在制度保障方面，在社会地位、经济保障上给予传承人政策支持和制度保障，并建立人才数据库，以期扩大传承人队伍。最后，在活动形式方面，发挥文化精英和文化带头人的作用，举办各种学习班，不仅培养专门人才，而且以各种实践、表演、技能等表现形式，唤起当地群众的文化认同感和归属感，让传承民族文化成为一种自觉自愿的行为。乡村文化的主体是共同劳动和生活的乡村农民，具有主动性和自发性。在当前阶段，乡村文化正处在传统缺失、现代文化结构仍在建立的过程中，推进乡村文化建设一定要紧密围绕农民的实际需求来开展。值得一提的是，银达村在推进各种乡村文化建设的时候，尊重农民群众的文化需求，充分调动农民群众的积极性和主动性，让农民群众自己组织各种文化协会、文艺汇演等，建设成一支真正以农民群众为主体的乡村人才队伍。

六　以人为本，尊重农民的自主选择权和决策权

乡村文化与乡村经济、乡村生态协调发展的根本目的就是发展生产，带动农民致富。只有坚持以人为本，倾听农民意见，急农民之所急，想农民之所想，充分尊重农民的自主性，才能调动其积极性、培养其自立性，使农民成为乡村建设的真正主人，更成为乡村建设成果的受益者。中央多次强调：各地在农村发展过程中"必须坚持农村基本经营制度，尊重农民的主体地位，不断创新农村体制机制；必须坚持以人为本，着力解决农民生产生活中最迫切的实际问题，切实让农民得到实惠；必须坚持科学规划，实行因地制宜、分类指导，有计划有步骤有重点地逐步推进"。由此可见，检验乡村文化与经济的发展成效如何，不仅要看农民的致富程度提高了多少，也要看农民对乡村文化与经济发展的拥护支持程度如何。

多年来，银达村积极鼓励农民结合自身兴趣，自觉投身于特色产业的发展。当地大批的农民艺术家将自己的兴趣爱好与产业发展相结合，发展了一批具有当地特色的产业，如制种文化人、科普带头人、养鸡能人等，发展了当地经济。美丽乡村的建设既要求经济发展，也要求文化的传承。发展经济是为了让群众生活得更好，以人为本，让群众的生活富裕起来。经济的发展、文化的产业化使银达村的"造血"功能提升，乡村建设逐步进入良性循环。

七　加大文化设施投入，着力构建乡村公共文化服务网络体系

基础设施是乡村文化建设与传播的重要阵地和物质载体，是乡村文化存在与发展的主要标志。乡村基础公共文化服务设施建设是在政府政策指导下，以乡镇为依托，以乡村为重点，进行艺术表演、学习阅览、体育运动和文化娱乐设施建设，改善和提升乡村基础设施状况和服务水准。可以说，公共文化服务体系建设，是繁荣中国特色社会主义文化体制、建设社会主义新农村的必然要求，是保障人民群众文化权益的重要途径。建立健全乡村公共文化服务制度、服务网络，加强乡村公共文化服务主体、服务内容和服务设施建设，对于积极开展公益性文化活动，增加乡村公共文化产品与服务的生产和供给，不断创新乡村公共文化服务技术和运行机制，大力推进乡村文化建设，不断推动社会主义新农村建设具有重要意义。近年来，银达村在当地文化基础设施建设方面做了大量的工作。首先，加强乡村公共文化服务的核心力量建设。图书馆、文化服务站、博物馆等县乡公共文化机构是开展乡村公共文化服务的核心力量，它们承担着提供即时文化信息服务，定期组织开展群众文化娱乐活动，对乡村文化工作者和农民群众进行免费文化辅导培训、科技业务指导等方面的职责。通过对乡村文化机构和文化站进行有效改革与整合，银达村组建了城乡一体化的综合性文化站，开展了流动性文化服务活动，充分发挥了辐射带动作用，促进了广大农民群众进行信息交流共享。其次，加强乡村公共文化服务补充力量建设。民间社会文化机构是推进乡村公共文化服务体系建设的重要补充力量。当地各级领导机构积极引导和鼓励社会民间力量对乡村文化进行捐赠与资助，在乡村兴办公益性文化事

业，通过公助民办的援助方式，大力扶持热心文化公益事业的农民群众组建文化大院、文化娱乐活动中心、图书报刊室，面向乡村、面向农民群众开展各种文化经营性和非营利性活动，增强乡村公共文化的服务活力。此外，各级领导机构通过"提供各种优惠政策支持和吸引城市民办文化机构和文化专业人员到乡村兴办公共文化，或者向乡村延伸其服务力量"。同时，当地政府始终坚持以农民群众为主体，以政府为主导，以乡镇和村落为依托，完善村庄、乡镇的文化设施和文化活动场所，构建起了乡村公共文化服务网络体系。可以说，乡村文化基础设施的良好配置，不仅为当地农民群众提供了掌握和了解国家政策以及学习现代文化技术的场所，也丰富了广大农民的业余文化生活，更为当地文化、经济协调发展搭建了举足轻重的文化平台。

第七章　银达村文化建设与经济社会协调发展面临的新挑战

第一节　银达村文化建设与经济社会协调发展存在的问题

农村问题历来是党和政府最关心的问题，党的十六届五中全会上提出要"按照生产发展、生活宽裕、乡风文明、村容整洁、管理民主的要求，坚持从各地实际出发，尊重村民意愿，扎实推进新农村建设"①的重大任务。"乡风文明"是我国新农村建设的重点，它体现的是乡村文化建设方面的内容。文化建设能为新农村经济的发展提供必要的智力支持和精神动力。离开了乡村文化建设，我国的新农村建设将是不全面、不稳定、不可持续的。为了加强乡村文化建设，国家在 2013 年 7 月 11 日出台了指导我国乡村文化建设的纲领性文件——《关于进一步加强农村文化建设的意见》，为我国新农村建设战略的全面实施，为乡村文化发展创造良好环境。文化建设不仅是一项长期而复杂的系统工程，而且是一项动态工程，它随着实践的变化而不断更新发展。现今在中国进入全面建成小康社会的决胜阶段，文化越来越成为我国综合国力的组成部分，越来越成为民族生命力、凝聚力和创造力的动力之源，越来越成为经济社会发展的智力支撑，提高文化综合素质、丰富精神文

---

① 《中国共产党十六届五中全会公报》，新华网，2005 年 10 月 11 日。

化生活越来越成为我国人民的热切愿望，党和政府将文化建设摆到了更加突出的位置。党的十七届六中全会、十八大、十八届三中全会上强调构建现代公共文化服务体系对全面深化改革的重要性，已将该项工作列入经济发展的重点项目。2015 年初，中办、国办印发《关于加快构建现代公共文化服务体系的意见》和《国家基本公共文化服务指导标准（2015—2020 年)》，对构建现代公共文化服务体系做出全面部署。《中华人民共和国国民经济和社会发展第十三个五年规划纲要》提出要全面建成小康社会的宏伟目标。"社会主义的文明程度不止体现在物质层次，更要体现在文化水平和满足人们日益增长的文化需求。尤其是农村地区，发掘传统文化和普及现代知识亟待跟上。"① 2017 年 10 月，党的十九大做出了实施乡村振兴战略的重大决策部署。乡村振兴战略是新时代破解"三农"问题、促进城乡均衡发展的总抓手，也是建设产业兴旺、治理有序的现代乡村社会的重要方法。实施乡村振兴战略的总目标是农业农村现代化，总方针是坚持农业农村优先发展，总要求是产业兴旺、生态宜居、乡风文明、治理有效、生活富裕。实施乡村振兴是乡村经济建设、政治建设、文化建设、社会建设、生态文明建设的协调推进、全面振兴。乡村全面振兴，乡村文化是保障和灵魂。这充分体现了文化发展受到国家的高度重视，也表明了切实大力推进乡村文化建设的坚定决心，为乡村文化的振兴创造了大好机遇。自 20 世纪 50 年代以来，甘肃省酒泉市肃州区银达镇银达村文化建设坚持马克思主义的指导，解放和发展文化生产力，不断创新文化发展方式，不断深化农村改革创新，激发各种要素活力，调动各方力量投身乡村发展，积累了宝贵的理论和实践经验，银达村良好的文化发展态势对乡村经济发展和社会和谐进步的贡献越来越大，成为乡村振兴新的增长点。但是，银达村文化建设与全面建成小康社会的目标、与经济社会的协调发展、与新农村文化建设的标准以及新时期农民群众日益增长的文化需求还不相适应，城乡文化发展不平衡、文化建设经费缺乏、基本公共文化服务供给不足、文化发展方式粗放、文化创新能力不强、文化指导人才短缺、村民文明素质与社会主义新农村要求的文明程度不相适应、法治建设

---

① 《中华人民共和国国民经济和社会发展第十三个五年规划纲要》，新华社，2016 年 3 月 17 日。

薄弱等问题仍然突出，为了使银达村文化建设有质量、有效益、科学、可持续的发展，为了充分发挥乡村文化在乡村振兴中的积极治理作用，我们必须正视银达村文化建设存在的一些突出矛盾和问题。

（一）资金投入总量不足，公共文化资源供给短缺

乡村文化建设的投入是指中央和各级政府、社会团体、个人对乡村文化事业各个方面所给予的支持，它包括资金的投入、文化产品的投入、文化人才的投入，这几方面的供给为乡村文化建设提供物质保障和智力支持，缺少任何一方面都将严重妨碍乡村文化建设的顺利进行。随着国家和各地政府对文化建设事业重视程度的加强，乡村文化建设的资金投入呈现不断上升的趋势。甘肃省创新农村公共文化服务体系建设、整合各种力量建成集宣传文化、党员教育、新闻出版、体育健身、科技普及于一体的"大舞台"，推动农村公共文化服务从单一向综合发展，由政府主导的重点文化惠民工程建设取得了突破性的进展，为乡村文化发展奠定了坚实的基础。但从总体来看，还存在中央和各级政府对文化建设资金投入总量不足、公共文化资源供给相对短缺的发展状况。"中央用于公共财政的支出也大幅增加，2013 年已经达到 20471.8 亿元。但用于文化建设的资金投入依旧很少，2013 年全国文化事业费用仅占全部财政支出的 0.38%。"① 这与乡村文化建设需求相去甚远。在"乡财县管"的财政体制下，乡镇财政运转只能靠县财政拨款维持，地方政府财政对乡村文化建设的投入不足，乡村用于文化建设的投资远远少于其他事业的投资，更是低于城市文化建设的投入。且乡村文化建设资金投入结构不尽合理，有限的投入主要集中于公共文化基础设施的建设上，对乡村文化设施运转、文化人才培养几乎没有投入。组织开展文化活动或添置公共文化活动设施设备，所需经费通常都是采取临时性乡镇财政统筹列支，一些文化活动只能靠拉赞助或集资解决。虽然我国出台了一系列重要政策文件，初步形成了构建现代公共文化服务体系的制度框架，但是基层公共文化机构运转经费缺乏有力的制度性保障机制，村民可直接享用的公共文化设施及其

---

① 《中华人民共和国文化部 2013 年文化发展统计公报》，http://www.mcprc.gov.cn，2014 年 5 月 15 日。

资源供给相对不足,并缺乏多样性,可以盘活的资源相对较少。乡村文化建设的资金仅靠政府的财政支出,没有将文化建设政策与鼓励多元化投资相结合,没有充分发挥出企业、社会团体或个人对此的赞助支持,没有拓宽政府与企事业单位、社会团体和个人合力共建模式。在对村干部和部分村民的访谈中可知,银达村文化建设投入的渠道单一,投资渠道不畅,资金缺口较大,业务经费和文化设施建设经费仍然不足,需要大量资金的公共文化基础设施建设、公共文化活动往往因资金不足而搁浅。银达村没有经费建设体育健身活动室、电影放映厅、数字化网络中心等基础文化设施。银达村建成的750平方米文化剧场因资金缺乏而无力安装取暖设施,不能充分利用村民在冬闲时节开展活动。银达村排练文艺节目几乎没有资金支持,没钱买服装道具,没钱付给演出人员报酬,演出人员演出的服装、道具大部分是他们自己制作或自己掏钱购买,这几年他们排练、演出节目都是无偿的。缺乏劳动报酬的支持,因而一部分文化人才外流,也很难吸引年轻人补充到文化队伍中来,影响文艺节目的排练和演出质量。银达村因缺乏经费,农业科技培训、文艺人才培养等各项教育活动无法开展,人才引进与技术补充受到阻碍。村文化活动室书籍数量有限,现存书籍中旧书居多,未能及时更新,缺乏种植养殖、疾病防控、农作物田间管理及生产经营等书籍,缺乏维护自身和集体权益的普法书籍。用于村民锻炼身体的体育公共设施薄弱,只有很少的几样健身器材,篮球架已经老旧,没有体育活动中心和健身房,村民参加体育活动的积极性没有充分调动起来。根据调查问卷反映,银达村文化信息资源共享工程没有落实,造成大部分村民还不知道文化信息资源共享工程所能提供的信息资源种类和服务项目。在银达镇综合文化站建有文化信息共享工程项目,但还存在投入不足、建设经费得不到保障等问题,文化信息资源共享工程应用软件部分的安装、调试尚需进一步完善。银达村文化工作者的工资待遇很低,严重影响了文化工作者积极性的发挥。在问卷调查中,81.3%的被访者认为资金短缺,36.6%的被访者认为基础设施条件差,18.9%的被访者要求建立乡村高档次的体育活动场,50.5%的被访者要求增添村级体育健身器材,18.7%的被访者要求建立村级网络服务中心(见表7-1)。资金投入总量不足使基础设施建设、文化人才培养、文化活动开展等方面缺乏生机,解决文化建设经费投入仍然是摆在银达村经济文化事业面前的重大难题。从"您认为乡村文化建设有哪些亟待解决的问题？"的调查结果中可以看出，银达村村民对"增加财政经费投入"这一项的需求最高，占被访者的93.1%（见表 7 - 1）。文化的发展繁荣需要政府加大投入和社会的大力支持，没有足够的投入肯定阻碍乡村经济文化建设的协调发展。

表 7 - 1　银达村文化公共服务调查情况

单位：人，%

项目		人数	占比
银达村村民认为文化活动存在的主要问题	文化基础设施条件差	192	36.6
	缺乏资金	427	81.3
	文化活动内容不丰富	146	27.8
	年轻人参与文化活动的不多	267	50.9
	缺乏文化人才	259	49.3
银达村村民认为应建设的公共文化设施	建立乡村高档次的体育活动场	99	18.9
	建立村级网络服务中心	98	18.7
	建立村级文化活动室	178	33.9
	增添村级文化活动器材	260	49.5
	增添村级体育健身器材	265	50.5
银达村村民对乡村文化建设的建议	增加财政经费投入	489	93.1
	加大文化基础设施建设	467	89.0
	指导开展丰富多彩的文体活动	356	67.8
	加强文化人才队伍建设	438	83.4
	排练高水平的文艺节目	331	63.0
	举办科技、法律和党的政策的讲座	295	56.2

注：以上问题均为多项选择，有效样本总数是 525 人。

（二）乡村基层干部文化建设素质和文化治理能力亟待提升

银达村领导干部是文化建设的带领人，在文化建设中具有服务指导和带动提升作用。目前银达村的基层组织存在人员整体素质低，对村情、文化建设缺乏科学研究和理性认识，在文化建设中引领作用发挥不够等问题。根据调查，银达村基层干部中只有村主任和文化专干是大专学历，其他村干部都是高中及以下文化程度，村干部不能从乡村文化发展的整体上审视乡村文化建设的主要内容，对加强乡村文化建设与乡村整体及未来发展的战略关系认识不足，对乡村文化建设缺乏综合设计和长远规划，功能发挥不够，政府效能、依法行政的能力有待提高。具体而言，一是对文化建设功能没有全方位的认识。一些村干部对文化建设的认识不全面，认为文化建设的主要职能是为政府服务、为政绩服务，服务大局、服务村民的公共文化服务理念尚未形成，他们不同程度地存在重经济建设轻文化建设的现象，认为经济建设在短期内就可以取得效益、体现实实在在的政绩成果；而文化建设是虚的，无经济效益可言，政绩一时不能见效。在考核任用领导干部时，主要看领导干部在任期内经济发展的指标，文化建设没有纳入乡村政府的考核指标中。因此，存在"引才不如引资"观念的误区，不能充分认识到文化也是生产力，或多或少存在重经济轻文化、一手硬一手软的现象。二是重文艺活动，轻思想道德教育、科学文化素质提高。个别村干部由于自身人文素养不高，对乡村文化建设不能科学认识和正确对待，认为乡村文化建设就是村民办活动、搞几场演出，把村民文化理解为唱唱跳跳的群众活动。他们并没有认识到乡村文化建设还肩负着对村民进行党的政策和法规教育、思想道德教育、理想信念教育；没有认识到乡村文化建设是促进当地经济飞速发展的动力之源，是本土文化之本，是传承乡村文化之基和民族文脉之根。因此，乡村文化建设在对村民进行党的政策和法规教育、思想道德教育、理想信念教育、社会主义道德风尚营造方面做得比较少，未能把国家的有关政策精神及时地传达下去，没有对村民进行长期的思想道德教育，致使村民对各项政策理解不到位，思想道德素质出现下滑。村干部对经济社会发展中村民出现的思想认识问题抓得不够，思想政治教育存在"说起来重要，做起来次要，忙起来不要"的现象，没有把宣传思想政治教育工作高度重视起来，思想政治教育工作存在覆盖不到位、针对性不强以及方法手段滞后的问题，致使村民对社会上某些不良现象抱怨多，个别村民的思想道德素质出现了令人担忧的新情况。三是注重硬件建设，轻视运营投入维护管理。由于乡村文化公共服务投入不足，文化建设存在明显的重"建设"、轻"运转"的特点，没有充分提高公共设施的使用效率，对使用当中损坏的设施不能及时维修。四是个别干部干事动力不足。部分村干部属于临时聘用的，责任意识、担当意识薄弱，他们青睐和看重的往往是眼前的、短期的利益，他们的干事动力处处体现"理性"的含义，"为官不为"者重视当前上级下达的任务，尤其近年来乡村文件多、会议多、任务多、考核多，把工作重心放在了保留痕迹、补录痕迹、制造痕迹上，出现无暇顾及文化服务的现象。实际工作中对基层组织如何强化管理、如何调动积极性研究得还不深入，存在基础工作薄弱、创新能力不强的问题。部分干部在组织村民发展乡村文化事业上存在等靠思想，处于茫然状态。五是银达村基层干部对文化认识偏颇，在调动村民参与文化建设方面工作做得不到位，未能有效地把村民参与文化建设的主动性、积极性调动起来，没有使村民强大的主观创造作用充分发挥出来。银达村部分领导干部对文化建设非科学的认识是乡村文化建设进一步发展的一大瓶颈。

（三）文化设施利用率低，作用发挥不足

农村公共文化设施是广大村民汲取文化营养的重要载体，它仅仅是文化建设的手段和方法，而繁荣乡村文化、提升村民文化科学素质和道德素养，培养创新能力才是根本。村民在这个过程中有实践的机会，在参与中有机会认可、利用文化公共产品，这也是文化公共产品存在的最核心价值。银达村文化公共设施在农村文化建设中价值发挥不足，在调研中我们发现银达村文化活动室、农家书屋等公共文化设施利用率偏低，公共文化服务体系的教育、供给、生产机制作用发挥不充分，农家书屋"铁将军"把门这种现象时有发生。调查问卷统计显示，村民经常到文化活动室参加活动的占被访者的44%，偶尔参加的占被访者的28.5%，不怎么去的占被访者的27.5%。经常参加活动人数还不到被访者的1/2，偶尔参加和没去过的占被访者的56%（见图7-1）。可见，现有优质设施利用率不高，效应未能充分发挥。造成这种状况的原因之一是农家书屋中不少书刊过期，且与当前农业生产不相适应，村民对此类书籍不感兴趣。文化活动室配置了一些桌椅、棋牌、音响，没有电脑、幕布、科技光盘等现代化的网络设施，文化活动室、农家书屋提供的服务不能满足村民的学习需求，不能吸引村民读者走进其中。加之，农事劳作消耗大量的体力，村民闲暇之余不愿去文化活动室活动或去农

家书屋看书学习，他们中的多数想在家看电视或者几人在一起聊天、打牌等。因此，文化活动室、农家书屋设施和设备的使用率不高。由此可见，银达村提供的公共文化产品还没有完全融入村民日常生活中。文化建设不是文化设施建设，而是民本的精神建设。如果公共文化设施成为空壳设施或缺乏运营能力则不仅仅是不作为的表现，更是浪费的表现。以民为本、满足群众文化需求，提升群众综合素质，使群众的精神面貌昂扬向上、激发群众的创造力、提升民族凝聚力才是公共文化基础设施建设的本意。

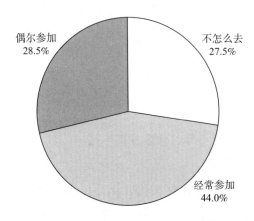

偶尔参加 28.5%
不怎么去 27.5%
经常参加 44.0%

图 7-1　银达村村民去活动室参加活动情况分布

资料来源：根据调查问卷有效数值绘制。下同。

（四）村民的文化消费偏低，文化生活单调

改革开放以来，银达村的农业生产状况得到改善，村民的经济收入和生活状况有了大幅度的提高。但是村民的大部分收入用于满足吃穿住行等最低限度的基本物质需求是重中之重，对于文化消费，一部分村民对掏钱买文化享受的理解错位，大多数村民对于文化消费是心有余而力不足。银达村在畜禽养殖、劳务输转、经作制种、拱棚蔬菜四大支柱产业的推动下，经济发展取得较大成效。调查数据显示，银达村从事农牧业的占被访者的 63.6%，占比最大，其次是农民工，占被访者的 24.6%，可见银达村村民的主要收入来源于农业和农民外出打工。2013 年，银达村人均纯收入 9645 元，比甘肃省农村居民人均纯收入（5107.76 元）多 4537.24 元，比甘肃省城镇居民人均纯收入（18964.78 元）少 9319.78 元；2014 年，银达村人均纯收入 10200

元，比甘肃省农村居民人均纯收入（5736 元）多 4464 元，比甘肃省城镇居民人均纯收入（20804 元）少 10604 元；2015 年，银达村人均纯收入 11450元，比甘肃省农村居民人均纯收入（9621 元）多 1829 元，与甘肃省城镇居民人均纯收入（23767 元）相差 12317 元。银达村虽然经济发展在甘肃农村遥遥领先，但与城市比较差距较大（见图 7 - 2）。据问卷调查，银达村家庭年收入在 20000 元以下的占调查户数的 12.3%，银达村家庭年收入在 20000 ~ 50000 元的占调查户数的 53.8%，超过了调查户数的一半。可见，银达村经济发展总体水平不高，农业增效、村民增收不快，村民有限的收入、"量入为出"的消费理念制约了对文化产品的消费。在与村民的访谈交流中发现，银达村村民自身在文化休闲活动方面的投入偏低，他们的闲置资金一般都会用于子女教育、储蓄、盖房、给子女买房等方面，有限的收入导致了消费总量的比重中文化消费的下降，许多人几乎没有文化消费概念，一些家庭文化生活年支出几乎为零。问卷调查显示，参加每年春节举办的社火的占被访者的 90.85%，扭秧歌的占被访者的 44.38%，跳广场舞的占被访者的 40.57%，看电影的占被访者的 4.76%，唱卡拉 OK 的占被访者的 1.33%，可以看出在春节期间村民除参加社火外，多数村民的文化生活就是扭秧歌、跳广场舞、听戏曲，看电影、唱卡拉 OK 的仅占少数，因此，人们的收入水平对文化消费而言是一个重要的制约因素。根据美国心理学家马斯洛的"需要层次学说"，人的基本需要分成生理需要、安全需要、社会需要（情感和归属需要）、自尊需要（受尊敬的需要）和自我实现需要 5 类。他认为这些需要具有等级层次，存在从低级需要到高级需要发展和转移的过程。只有当人们的生理需要得到满足后，才有可能出现更高层级的需要。在马斯洛看来，越高的需要层次所包含的文化需要成分就越多。为此，有限的收入不允许村民去享受更高层级、更丰富多彩的文化活动。另外，政府组织的送文化下乡活动的确丰富了村民的文化生活。但送戏、送电影的内容跟不上经济和时代发展的要求，且质量不高。而深受村民欢迎的结合科普、法制、卫生、时事的一些演出、讲座、宣传展出举办很少。由于文艺创作人才缺失和不善于发挥村民的主动性等原因，近年来创作者没有创作出具有民间特色和地域特色的高质量的文化产品，对村民没有吸引力，村民的参与热情不高，他们的文化娱乐活动只能以跳广场舞、看电视、打麻将、打牌为主。

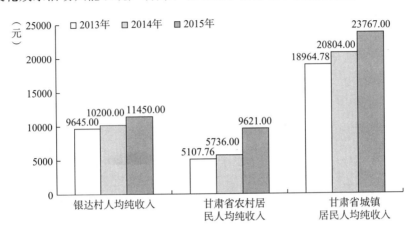

图 7-2　银达村、甘肃省居民人均纯收入情况

（五）村民综合文化素质低，思想观念落后

村民是发展农村经济、建设社会主义新农村的主体。村民综合素质决定了农村社会发展的速度和质量，村民知识化进程在很大程度上决定着农业和农村现代化的发展进程，决定着我国乡村振兴战略和全面建成小康社会战略目标的实现。村民综合素质包括村民的道德修养、科学文化知识、身体素质以及各种技能等方面。科学文化素质偏低，思想道德修养不高、思想观念落后是银达村村民中长期存在的问题。

第一，道德素质不高，思想观念落后。据调查，银达村部分村民社会主义和集体主义观念淡薄，利己主义意识强，只讲权利，不行义务时有发生；少部分村民组织纪律涣散，道德标准扭曲，"一切向钱看"成为他们行动的准则，出现"为富不仁""富而变坏"的现象；在个人品德、社会公德和家庭美德等各个层面均有越轨现象，"耍钱赌博"在个别村民中大行其道；部分村民家庭存在不尊重老人、夫妻关系失和、溺爱孩子、攀比摆阔、逞强斗富、厚葬薄养、红白喜事大操大办等问题；部分村民的政治素质不高，对国家大政方针、国家大事漠不关心，就连选举与被选举的政治权利都不愿意行使，尤其是村里的部分年轻人几乎无政治追求，更不关心国家大事，生活在自己的小世界里；大部分村民法治意识薄弱，他们不能及时依法调解纠纷，不能正确维护权利并履行应尽义务，不能拿起法律的武器维护自身的权益，采取极端的方式解决；个别村民排外思想严重，狭隘自私、保守落后的小农意识与市场经济格格不入；有的村民对文化建设的理解不够、思想相对狭隘保守，他们认为乡村文化建设是政府的事，与他们无关，"事不关己，高高挂起"；也有的村民认为文化建设是浪费金钱与精力，不如发展乡村经济来的实际，没有意识到文化建设的重要意义，更谈不上积极主动参与到文化创建活动中。

第二，科学文化素质偏低。文化贫困是我国农村存在的普遍问题。调查数据显示，银达村村民中，大专及以上文化程度的农村劳动力占被访者的0.40%，高中及中专文化程度的农村劳动力占被访者的12.80%，而小学和初中文化程度的农村劳动力分别占被访者的20.40%和54.30%，小学以下及不识字的农村劳动力共占被访者的12.2%，由以上数据看出，银达村村民的文化程度集中在小学和初中程度的比例最高，共占被访者的74.70%，成为乡村劳动力的大多数，大专及以上文化程度的村民人数不多，村民整体文化素质偏低（见图7-3）。大专及以上的高学历人员户口已迁入城市，加上外出务工人员，留下发展当地经济的年轻人很少，农村本地很难享受到教育的成果，教育文化水平持续低迷。银达村大部分村民的科技文化素质、农业科技水平和从业技能普遍偏低，对新技术、新成果、新信息的吸取、消化、接受能力不能适应乡村建设的需要，不会应用和推广先进的农业科学技术，不会使用先进的农业生产工具，甚至有些村民不能正确地配置农药，就业能力低，劳动力转移层次低；缺乏市场意识，抵御经营风险和竞争能力薄弱，经营管理能力差。这不仅是影响乡村文化建设的一个重要因素，也是制约农业现代化进程的一个突出问题。调查中还发现，村民自身缺乏对于农业科技的投入，农业科技杂志、报纸的订阅量少，闲暇时间能看书读报纸的村民极少；对于科技的关注度低，对科技频道、科技网站的关注度远远低于对电视剧、电影、娱乐节目、访谈性节目的关注度；当地实施养殖、种植的科技推广活动极少，缺乏专业人员的技术指导，农业科技对于农村经济的贡献率较低。很多村民不懂得科学，更不知道如何运用科学技术来提高生产效率，甚至排斥科学文化知识，对于新技术的推广或者不相信或者不愿意学，只愿依靠祖祖辈辈积累下来的生产经验，很多情况下还存在靠天吃饭的现象，没办法走上科技致富的道路，这严重阻碍了农业科学技术的推广与更新，也妨碍了农业生产效率的提高。提高村民道德文化素质、科技技能，更新观念是实现农业和农村现代化的迫切需要。

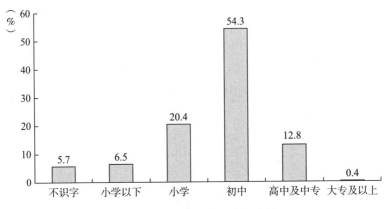

图7-3 银达村村民的文化程度情况

（六）文化人才匮乏，文化队伍建设滞后

建设乡村文化，就必须创作出大量先进的思想文化产品。这一要求得到满足已成为文化繁荣发展的制高点。文化创意人才和文化资本人才是乡村文化建设的重要保证，是乡村文化不断向前发展的关键所在。乡村文化的健康发展，就要求提高乡村文化人才队伍的整体素质，并不断扩充文化人才队伍。只有源源不断地培养出有专业文化素质和思想道德素养的文化人才，才能够实现乡村文化人力资源的有效整合。银达村文化人才匮乏，文化队伍建设滞后。一是银达村基层文化建设管理队伍整体素质不高。他们文化水平偏低，服务意识薄弱，缺乏文化创新能力。据调查，银达村文化管理人员学历偏低（大专学历只有一名，其余都是高中以下水平），能力不高，年龄结构不合理（中年人居多，青年人才没有），工作任务繁重，缺乏一支综合型、高素质文化管理人才队伍。文化专干只有一名，其他招聘的文化工作者一人身兼数职，图书借阅、组织文化演出、农业技术培训等方面的工作都要做，工作任务繁重，服务对象广泛。负责村上网络的管理人员经验不足，对现代网络技术的掌握薄弱，遇到的一些专业问题不能及时有效解决，致使银达村

网络文化发展缓慢。银达村尤其缺乏文化产业生产人才、管理人才、创新型人才，严重制约了文化产业的发展。二是文化队伍不稳定。乡村的生活条件不好，对人才的吸引力弱，村里考上大学的青年在学成后大多不愿回到生活物质条件匮乏的乡村，没有上大学的大部分青年劳动力涌向城市打工经商，农村的环境、基础设施和产业不足，难以留住人才。加之从事农村文化工作的人员缺少编制、位虚薪低、评选职称难，更无晋升机会，导致在岗的文化专干工作积极性不高，干劲不足，人才流失现象时有发生。三是银达村文化建设队伍中缺乏专业人才。现阶段村业余艺术团的演员，乐队成员中坚力量老龄化，新一代农村文化艺人面临断层，优秀的民间文化无人继承和弘扬。银达村优秀本土剧作家李培喜、制作道具能人陈忠瑚都没有留下传人，文化遗产资源在银达村就这样不知不觉消失。银达村文化演员中只有文化专干擅长唱歌和跳舞，村里排练节目靠她一人的力量是不够的，一般都会把60多岁现已搬到城市居住的原村文艺骨干请来做指导。由于文化人才缺乏，多数演员年龄比较大，许多民俗文化、传统文化和表演技能逐渐弱化，节目没有新内容，缺乏时代感，文化活动的内生动力不足、质量上不去、特色不够鲜明，文化产品无论是数量还是质量，都还不能很好地满足人民群众多方面、多层次、多样化的精神文化需求，农业文化和乡村地方文化多样性的发展前途堪忧，村民的基本文化权益需要重新审视。问卷调查结果显示，49.3%的被访者认为缺乏文化人才，83.4%的被访者认为应该加强文化人才培养，可见人才短缺成为制约银达村文化建设的主要问题，加强银达村文化队伍建设更加紧迫。

（七）文化产业发展滞后

文化是具有精神和物质双重属性的存在物。正是文化的双重属性，决定了文化在社会发展过程中具有不可忽视和不应偏废的重大作用。现代社会发展的一个规律性或者说是带发展趋势性的重要现象就是文化生产力或文化经济力已逐渐成为经济发展的内容，而不再只是作为经济建设的精神动力，文化作为满足人类精神文化生活需求所蕴含的促进社会发展、创造物质财富的巨大潜力，以及文化在产品创意和产品生产流通领域中创造价值的能力在经济发展中的直接作用越来越明显，这是人们对文化发展规律的认识更加合乎实际的反映，也是对文化的创意（创造）力和文化的生产力两个层面或两大领域必然性的认同。当今社会文化创造财富的神话已变为活生生的现实，文化所蕴含的巨大生产力的释放促使文化产业迅速发展，文化生产力作为当今社会生产力的一部分得到社会普遍重视，这一现实在经济、文化和政治领域逐渐得到社会的肯定与接受。文化产业在我国的城市、经济发达农村得到了足够的重视和长足的发展，文化搭台经济唱戏，在这些地区已经成为经济建设的重要支柱，带来了经济效益和社会效益的双丰收。而我国的中西部地区，尤其是西部大部分农村的文化产业发展十分落后，几乎空白，落差明显。就当前银达村来说，文化产业滞后，更无发展深度和集中度可言，无论是从文化创造的产值，还是其解决劳动力就业机会来说，它的贡献率都太低。据调查，文化经济力或文化生产力随着社会进步在银达村潜滋暗长，银达村村民自办文化产业尚处于萌芽阶段。银达村除了外出打工的人员，绝大多数村民从事种田、养殖，从事文化产业专兼职的人员不足20人，而这些所谓的文化产业也仅仅局限于红白喜事时吹喇叭号子，赚点微薄收入，也作为一种人情世故，权当邻里乡亲相互帮衬，没有政府的组织和管理，村民自办文化结构不合理，文化产品技术含量低，存在很大的盲目性，几乎处于无序的发展状态。从银达镇政府近几年的工作总结中，我们根本没有看到"文化产业"的字眼。银达村根本没有将文化产业纳入基层工作计划之中。这主要是因为银达村文化市场发育不成熟，领导干部只对文化的意识形态正统观念有比较清晰的认识，而对文化的商品属性、文化产业带来的经济价值与发展前景认识模糊，缺少开拓精神，市场意识较差造成对文化发展定位不明确，对文化产业发展引导和扶持缺位。在本地资源的利用和开发上，基层领导干部的短视行为导致未能挖掘和利用丰富的文化资源与市场融合。村民自办文化节目的热情十分高涨，但政府未能及时采取相应扶持鼓励措施，导致银达村文化产业迟迟未能开发。因此，就村民自办文化对经济发展贡献率低的这种状况而言，急需提升基层干部的科学化治理文化建设的能力，增强银达村文化发展的整体实力和竞争力，使文化事业和文化产业都得到发展。

第二节 银达村文化建设与经济社会协调发展面临的新挑战

乡村文化建设是中国特色社会主义事业建设的重要组成部分，是全面建成小康社会必不可少的内容，是深化农村改革的助推器，也是实现农村全面健康发展的必然要求。乡村文化建设不仅对提高村民思想道德素质和科学文化素质，促进身心和谐发展十分重要，而且对提升文化软实力，持续稳定提高经济效益，加快乡村振兴战略推进和农业现代化发展步伐，推动城镇一体化发展，以及提高村民生活质量和家庭幸福指数都具有重要作用。改革开放和社会主义现代化建设、乡村振兴战略为乡村文化建设迎来了新的契机，同时也带来了诸多挑战。

（一）文化体制改革滞后

40多年来，我国文化体制迎合时代发展形势，大力调整文化领域凸显的矛盾，文化体制改革所取得的进展和成效越发明显。但是不可否认，我国文化体制改革的深刻性、复杂性和艰巨性使文化体制改革仍然相对滞后。文化建设中国家的方针是统帅，相关的政策是保证，政府的执行是手段，而我国文化体制中政府文化服务意识薄弱、一些保障性政策在内容与效力上还存有缺陷，在很大程度上停留于事业体制管理、财政经费划拨阶段和人事安排等政治主导性文化建设层面，难以使文化运行机制与文化自身建设协调发展，文化管理体制中存在体制机制性障碍是我国文化发展的瓶颈。政府在文化管理中政策议程滞后，未能根据群众实际文化需求及时完善文化政策，导致现有的文化政策与文件不能及时反映人民群众的真实需要。我国政府绩效考核侧重于经济指标，造成文化指标缺失，政府财政在文化资源上的投入占比不多。农村公共文化基础设施在数量上明显不足、服务范围上十分有限，政府文化管理中的供求失衡。在我国文化体制发展中，虽然2016年12月25日第十二届全国人民代表大会常务委员会第二十五次会议审议通过了《中华人民共和国公共文化服务保障法》（以下简称《公共文化服务保障法》），但我国文化决策的多层次化、文化管理的民主化、法制化不够，对文化管理方式多数沿用计划经济的手段来管理处于市场经济环境中的文化生产等诸多问题。改革开放以来我国在文化体制建设方面出台的有些政策缺乏科学性与系统性，使政策之间产生矛盾、难以协调，从而影响政策执行的水平与效果。自 2017 年 3 月 1 日《公共文化服务保障法》正式实施以来，甘肃省认真学习宣传和深入贯彻落实《公共文化服务保障法》，全省各地、社会各界已初步形成学习贯彻《公共文化服务保障法》的热潮。但甘肃省尚未出台与《公共文化服务保障法》相衔接、符合地方实际的公共文化服务地方性保障条例法规，使基本公共文化服务的监管、考核和评估缺乏依据，县乡两级体制不畅，机制不活。文化建设没有采取因地制宜的方式，有计划、有步骤地推动文化建设展开。现行的管理职能的条块分割和行政过度干预的管理体制比较突出，政府职能"缺位"和"越位"、职能交叉、行政管理成本过高等问题依然存在，公共文化机构的法定职能未明确；财政保障机制不健全，基层政府事权与财力不匹配，一些文化经济政策未能得到有效落实；公益性文化事业单位内部管理体制、用人、分配等制度改革任务仍然艰巨。基层公共文化机构的运营管理问题也缺乏有效的反馈机制，致使已建成的乡村文化基础设施很难得到高效使用。适应市场经济大背景的社会力量参与的动力不足，渠道不畅，政府与社会良性互动的公共文化服务运作机制还未完全形成，激励社会力量参与的法律和税收体系还未完善，民营经济进入门槛仍然过高。由于文化建设的体制机制不健全，村民急需的文化得不到快捷、准确的提供，文化供给、文化输送不能满足基层文化需求，"文化饥渴"成为当前文化供需矛盾不能得以缓解的主要症结。因此，如何推进甘肃省公共文化地方立法，切实建立和完善乡村文化发展的文化体制，为解决公共文化服务体系区域失衡、城乡失衡和群体失衡的突出问题，推进基本公共文化服务标准化、均等化，是我国乡村文化建设面临的挑战。

（二）经济发展与文化建设的相互制约

乡村经济的发展造就乡村文化事业的发展和提高，而乡村文化事业的发展和提高推动乡村经济发展方式、技术的革新，进而促进乡村经济社会的快速持续发展。农业经济是我国乡村文化产生和发展的经济基础，它贯穿于我国乡村文化发展的始终，乡村经济的持续性造就了我国乡村文化的持续性。

我国乡村文化正是伴随农业经济的延续而长久不衰。稳定的农业生产为中国乡村文化的产生和发展提供了经济基础。银达村大力发展畜禽养殖、劳务输转经作制种、拱棚蔬菜四大支柱产业，着力调整优化农业产业结构，持续扩大发展规模，不断提升农业产业化整体水平，实现农产品产销紧密对接。但是由于发展空间、思想观念、科学技术、经济投入等方面因素制约，未能形成集约化、专业化、组织化、社会化相结合的新型农业经营体系，综合运用生产、经营、销售、流通手段实现产出增效的方法不多，参与农业产业化经营组织的数量较少，导致产业化发展水平低、组织规模小、竞争力弱。农产品多属于初级加工，没有实现农产品向精深加工、单一产品向系列产品的转变。在跳出银达村、整合力量、聚集全村资源等方面步子迈得还不大，在组织村民、发挥合作组织作用等方面缺位，未能从横向、纵向以及深度上开辟农业经营。对如何有效克服小规模家庭单打独斗经营模式，如何解决农业生产的成本较高、过度消耗资源、农业面源污染严重、土壤肥力下降，如何提高组织化程度，强化合作意识，不断提高面向市场、进入市场、驾驭市场和规避市场风险能力的有效策略研究不够；在村里常住人口的结构严重失衡、村庄里人气不足的情况下，如何调动村民的积极性走集约化、专业化、市场化发展的生态可持续现代农业发展道路缺乏创新招数。农村二、三产业总量不足，发展相对滞后。以上问题的存在影响了农村经济的整体发展，但主要原因还是银达村文化软实力与经济硬实力不协调，现有的文化不能提供经济发展的先进生产力，文化发展阻碍经济发展步伐，反过来，经济发展没有为文化发展创造良好的硬环境，致使文化发展动力不足。较大的城乡差距、缓慢增长的收入、凋敝的传统文化、日益原子化的社会结构等现实问题导致乡村人口的文化饥饿和文化失衡。乡村经济强大需要文化的支撑，文化建设更需要强大的经济保障，经济建设与文化建设的不相匹配无疑给乡村文化建设带来了挑战。

（三）文化安全意识薄弱

当今时代，由于"文化威胁"或"文化霸权"的存在，文化安全在国家中的地位和作用越来越重要，文化安全成为国家综合安全体系中的深层主题。国家文化安全集中表现为民族文化意识形态和价值观念的安全，其实质就是国家之间文化软实力的比较优势。我国的文化安全表现为社会主义意识形态的安全,其核心问题就是维护马克思主义在意识形态领域的指导地位。没有文化的安全,就没有国家政治、经济和社会的安全,就没有经济社会的稳定有序发展。在全球信息化时代,不同文化相互激荡,外部挑战与内部困扰使我国文化软实力发展存在安全隐患。乡村文化建设的基础在群众,关键在干部。作为文化建设的倡导者、组织者和实施者,乡村基层干部的思想意识和行为直接影响乡村文化资源的产业开发和乡村和谐文化建设的广阔领域。然而,我国政府在对乡村基层干部进行考核时,往往把经济发展作为唯一的衡量指标。这种仅仅把经济发展作为"硬指标",而常常忽略文化发展"软指标"的考核机制,使乡村基层干部会产生一种错误的行为方式,即在实际工作中不能达到物质和精神"两手抓,两手都要硬"的要求,致使乡村干部缺乏对文化建设的深入了解,文化安全意识非常薄弱,最终造成乡村物质财富极大丰富,经济得到快速发展,而人们精神食粮欠缺,失去精神支柱,这对国家安全造成的威胁不可估量。银达村领导干部抓经济增长的同时,在文化建设中重视文艺节目的排练,轻视村民的科学文化知识提升和思想道德教育,因为文艺节目若能"走出去",一旦获奖也会为银达村基层干部在政绩上增光添彩,所以,在文化建设中出现轻视村民的科学文化知识提升和思想道德教育现象。乡村干部文化安全意识薄弱,乡村无论在深入持续改进干部作风、锲而不舍推进干部廉政建设,还是培育和践行社会主义核心价值观方面工作都做得不到位,用马克思主义中国化最新理论成果教育村民的工作几乎缺位,乡村文化安全面临威胁和挑战。今后增强乡村基层干部文化安全意识已成为银达村文化建设的一项重要任务。

（四）西方文化的强力渗透

全球化的深入发展使中西文化交流已经成为全方位、宽领域、多角度的交流,呈现即时性、普遍性的互动,跨国公司遍地开花、英语热持续升温、全球性传媒集团的打造、文化产品交流的国际化,使中西文化交流无时不有、无处不在,这一局面既为文化发展提供了机遇,又为当代我国文化的发展提出了严峻的挑战。目前,西方一些国家的主导思想是:谁拥有了强大的文化软实力,谁就能够在激烈的国际竞争中赢得主动。正如美籍学者欧阳桢所言:"全球化隐含的假定是某种主导文化——假定是西方文化或美国文化——将征服地球的每一个角落。"① 前美国商务部高级官员戴维·罗特科普夫在谈到全球化促进不同文化整合时说："如果世界趋向一种共同的语言，它应该是英语；如果世界趋向共同的电信、安全和质量标准，那么它们应该是美国的标准；如果世界正在由电视、广播和音乐联系在一起，节目应该是美国的；如果共同的价值观正在形成，它们应该是符合美国人民意愿的价值观。"② 在当今中国奉行全方位大开放的格局下，中国与世界各国之间的相互往来越来越频繁，相互之间的影响也越来越广泛深刻，这更进一步激起了一些西方国家强烈的不安和更加疯狂的仇视和攻击，特别是在思想文化和意识形态领域的进攻。以美国为首的一些国家凭借其强大的经济和科技优势，极力在全球推行其文化霸权主义，通过信息技术、电视、广播、书籍、报刊、广告、电影、流行音乐等一切可能利用的手段向我国民众传播西方资本主义的意识形态、政治文化、价值观念、行为模式和生活方式。尤其以互联网作为传播西方思想文化的重要平台，大肆传播西方价值观，恶意炒作我国社会热点问题，拉拢培植网上意见领袖。受西方反华势力的影响，我国有一些人在网上造谣传谣，造成恶劣影响。一些门户网站受经济利益驱动，也出现不少虚假、色情、落后的网络垃圾信息。正如珀金斯在《一个经济杀手的自白》中所揭示的："在美国出现的'经济杀手'披着经济学家、银行家、国际金融顾问之类的合法外衣，其实却为美国全球霸权的战略服务，他们拉拢控制他国的政治与经济精英，向他们提出蓄意制造错误的宏观经济分析和产业投资建议，诱骗发展中国家落入预设的经济陷阱，从而控制这些国家的经济命脉和自然资源。"③ 处于强势地位的欧美文化企图通过全方位、多层次、多角度的文化入侵征服我国人民的心理，瓦解我国人民的理想信念，压制甚至绝杀掉中国的主流文化，达到其和平演变的目的。我国乡村文化受到西方文化的浸染，呈现不断扩大和深化的态势。目前，农村市场上大量存在西方书籍、期刊、音乐唱片、电影、电视剧，以美国之音为代表的西方电台

---

① 王晓德：《美国文化与外交》，世界知识出版社，2000，第54页。
② 张淑玉：《文化认同视角下我国国家文化安全面临的挑战及对策思考》，《时代报告》（学术版）2011年第11期。
③ 〔美〕珀金斯：《一个经济杀手的自白》，扬文策译，重庆出版社，2011。

对中国全方位覆盖,并且随着互联网在农村的逐步普及,西方的各种思潮和价值观在我国农村大范围传播。斑驳陆离的文化图景在一定程度上影响了文化素质较低、鉴别能力较差、抗干扰能力较弱的部分村民,扰乱了他们的思维方式、思想观念,文化传统、生活方式、消费习惯,村民的文化家园变得越来越模糊,这就要求乡村必须加快文化建设的步伐,善于化解和排除这些消极思想文化侵蚀、颠覆、恶意攻击和蓄意破坏。

(五) 城乡教育不均衡

银达村的教育水平与城市教育仍有很大的差距,主要还是体现在学校教育资源分配倾向于城市,教师待遇、教学水平、教师工作的稳定性比起城市来还存在一定的差距,难以适应现代教育的发展,农村一些经济水平较好的家庭花钱、花精力、花时间送孩子去教学资源优质的学校,结果留在村里上学的孩子逐年减少,以至于学校不能持续办学,只能撤销原银达村小学,并入银达镇中心小学,银达村小学大楼只能空着,造成乡村文化资源的浪费。而适龄儿童从一年级开始就离开家去银达镇中心小学上学,从小学起住校,导致他们从小亲情缺失,甚或出现心理问题。一些家长对这种教学制度极为不满,但只能这样,很是无助和无奈。落后的教育水平直接决定了这个地方发展的动力和机会不足,在相当程度上妨碍了公共文化服务公平性、均等性、便利性和可及性原则的落实。"由于中国几千年的乡村文化第一个老师是他的母亲,另一个老师是他们的乡村生活。让学生离村进城,从小学就开始寄宿离开母亲的教育,很轻易地改变与切断了中国乡村文化的传承通道。"① 农村的发展需要人才,需要有后备力量,加强银达村适龄儿童的基础教育、成人教育势在必行,在鼓励乡村孩子走出去的同时,也要鼓励他们回到故土,反哺家乡。

(六) 不良文化不断向乡村滋生蔓延

随着我国市场经济深入发展,通信技术和互联网普及,农村社会阶层成员分化,农村经济成分、组织形式、利益主体、就业方式日益多样化,导致村民的思想观念、道德意识、价值取向、文化认同趋于多样化,传统文化、

---

① 王传荣、石坚:《我国农村文化建设困局及影响》,《山东财政学院学报》2014年第1期。

现代文化、外来文化、大众文化、精英文化等多元文化形态对乡村文化的发展提出了挑战。就思想文化阵地而言，积极健康的文化活动不去占领，低级庸俗的思想必然乘虚而入。村民的商品意识、竞争意识、致富意识不断增强，而物质利益标准成为这种多样化的主导，马克思主义意识形态的理想信念教育、集体主义教育等我国主流意识形态在传播上弱化。现在的电视内容多反映城市的生活，大都是娱乐节目，如明星的表演、相亲类节目等，真正反映乡村内容的少之又少。随着城乡居民收入差距、贫富差距的不断扩大，村民产生心理压力，形成一种与城镇居民比消费的心理，攀比不断升级，在乡村青年中表现尤为突出。染黄发、文身、戴耳钉、泡吧、摇滚，成为外出打工的乡村青年带回家乡的一种城市生活"时尚"；农村男青年娶媳妇要给女方家彩礼，要在城里买房子，更有甚者必须要买车，并且要有体面的婚宴。这种盲目的攀比风，使一部分乡村家庭背负上沉重的债务包袱，成为家庭矛盾激化的一个重要因素。追求城市时尚的生活进而厌恶乡村的生活环境和生活方式，使乡土文化趋于边缘化，家庭意识趋于淡化，恋土情节趋于弱化，延续几千年的乡土文化有逐渐消失的危险。面对快速转变的经济发展方式、深刻调整的社会结构新形势，提高银达村村民尤其是年轻人的综合素质，发挥先进文化引领风尚、教育村民、服务社会、推动乡村社会可持续发展的作用更为迫切。

（七）文化法治建设滞后

完善的文化法律制度对于推动社会主义文化大发展大繁荣、增强国家文化软实力至关重要。乡村文化建设作为社会主义新农村建设、乡村振兴的一项重要内容，需要建立一整套可行的农村法律服务体系。但从目前来看，我国农村文化立法还没有形成一部完善的、科学的法律或法规，乡村文化建设主要依靠政府和部门的规章以及地方性法规和规章进行，文化领域立法的速度与完整性远远滞后于文化建设实践发展的需要。我国乡村文化立法在制度建设等方面没有建立一套刚性指标，因而乡村文化建设不能用"硬"手段去执行，致使市场秩序混乱、不健康和亚健康的文化产品和服务难以得到有效的遏制。在我国农村大部分村民甚至少数干部法律知识极为贫乏，法制观念极为淡薄，严重影响乡村文化建设。银达村也存在以上问题，这些都严重影响了银达村的精神文明建设和社会风气的净化。

（八）农村人口结构失衡带来的文化创新动力不足

随着工业化和城镇化的进一步发展，城市劳动力的需求远远超过城市本身的劳动力供给。经济发展带动了非农就业机会的增加，乡村大量青壮年劳动力进城务工经商，优秀学生上大学或当兵提干离开农村、落户城市，农业就业人口越来越少，出现乡村青壮年劳动力的空壳化。孩子择校造成乡村学校的空壳化，这不仅使乡村常住人口的结构严重失衡，乡村人气不足，乡村成了老人、妇女和儿童的集中地，而且造成土地荒芜、农业滞后、教育资源严重浪费、精神文明建设主体缺失、农村的空巢老人问题、留守儿童问题，这些问题严重阻碍了乡村文化的建设。随着乡村青壮年劳动力的流失，乡村文化建设所需要的文化人才也随之进入"空壳化"阶段，现留在银达村里的村民因年龄、身体状况、思想文化素质、科学技术水平而限制了文化创新发展。乡村文化建设主体的日益流失造成文化建设活力不足、质量不高，给乡村文化建设带来了极大的挑战。

（九）网络文化发展的挑战

现代科技发展给文化领域带来了巨大而深刻的变革。其中一个突出表现是互联网正以前所未有的速度发展。网络是一把双刃剑，既有先进性的一面，也有破坏性的一面。网络文化中带来的极端个人主义、自由主义、享乐主义、拜金主义等腐朽的价值观念，一些低俗、媚俗甚至包含黄色内容的文学或影视作品，以及宣传淫秽色情的垃圾文化，在潜移默化中挤压我国优秀传统文化的生存与发展空间，侵蚀中华民族的精神内核，毒害我国人民的心灵，削弱我国人民的信仰，危害我国的社会公德，造成极其恶劣的社会影响。尤其是来自网络的垃圾文化对我国青少年的伤害极大。目前，由于我国网络管理立法滞后，缺乏相应的法律规范支持，缺少法制管理手段，网络技术准备不足，管制盲区大量存在，网络社会治理能力与治理水平严重不足带来的挑战长期存在。因此，综合运用法律手段、行政手段、技术手段、社会手段有效治理互联网，真正使互联网成为普及社会主义和谐文化、弘扬主旋律、传播正能量的新途径，成为我国公共文化服务的新平台、人们享受先进健康文化的新空间，是我国文化建设需要解决的重大问题，也是银达村文化建设需要解决的重大问题。

第八章　银达村文化建设与经济社会协调发展展望

第一节　银达村文化建设与经济社会协调发展的基本趋势

银达村文化建设是我国乡村文化建设的典型和现实缩影。银达村文化的继承与创新，顺应我国社会主义新农村建设的新要求，是实施乡村振兴战略的需求、均衡城乡文化发展的需求、满足银达村村民文化共享的需求，也是提升我国精神文明建设维护社会和谐的需要。银达村文化无论在什么时候，都因其自身的娱乐性和教育性，而对银达村经济社会生活产生深刻影响。任何事物都是矛盾的统一体，都是在矛盾的运动中发展前进的。银达村文化建设和经济社会协调发展是一个不断发现矛盾和解决矛盾的过程。只要坚持以人为本的发展思想，把提升群众幸福指数、促进人的全面发展作为发展的出发点和落脚点，坚持党的领导，全面贯彻党的十九大及十九届二中、三中全会精神，深入学习习近平新时代中国特色社会主义思想，准确把握我国"四个全面"发展的战略布局和"五位一体"的总体布局，准确把握《国家"十三五"时期文化发展改革规划纲要》《公共文化服务保障法》《中共甘肃省委办公厅甘肃省人民政府办公厅关于加快构建现代公共文化服务体系的实施意见》《甘肃省基本公共文化服务实施标准（2015—2020年)》，深入贯彻创新、协调、绿色、开放、共享的发展理念，充分借鉴历史经验，坚持以乡村为本，以村民主体为根，一切从乡村实际出发，依靠群众，脚踏实地，将问题解决统一于文化建设实践中，破解文化发展难题，厚植文化发展优势，多措并举、多方共同发力，今后的五年或更长远的时期内，银达村文化必能适应未来社会发展的大趋势，扎实的文化实践探索必将解决发展中的矛盾和存在问题，必将助推银达村文化建设迈上一个新的台阶，掀起建设的"文化高潮"，必将影响银达村经济发展方向、规范经济发展秩序、优化经济发展模式，成为银达村经济社会和谐发展新的增长点，乡村文化建设以及乡村社会发展必将开出更加灿烂的花朵、结出更加丰硕的果实，人民群众生活更加幸福安康。

（一）政府更加重视乡村文化建设，文化发展保障工作更加有力

一方水土孕育一方文化，一方文化影响一方经济、造就一方社会。衡量乡村魅力的标准不是规模大小，也不是经济发展水平，而是文化发展的先进程度。文化是乡村建设的灵魂，个性和特色是乡村文化的魅力和生命力所在，建设文化乡村正越来越成为领导的智慧选择。建设文化乡村是展示乡村风貌、体现乡村品格、凝聚乡村精神、提升乡村综合实力和竞争力的时代呼唤。乡村文化建设是时代发展的理性选择和自觉回应，是历史发展的必然结果和现实需求的强烈呼唤，是构建社会主义和谐社会的内在要求。乡村公共文化建设是一个功在当代、利在千秋的惠民工程，是一个实现社会主义公平正义的重大任务。乡村文化发展好了就能保障村民群众基本文化权益的实现，实现文化权益的公平公正，有利于收入分配的公平正义、乡村社会的安定有序发展。随着公共文化服务均等化观念意识的增强，各级党委、政府深刻认识到文化在社会主义物质文明建设、精神文明建设和文艺创作中的作用，更加重视乡村文化建设，并纳入社会发展规划，与经济建设一起部署、一起落实。各级财政对文化建设政策扶持力度不断加大，文化投入在总量、所占比例和增长速度方面逐年大幅度提升。随着乡村经济的快速发展，银达村积极争取各社会组织的资金支持，在文化建设方面的投入大幅增长，加强专项资金监管，加大监督检查力度，资金使用效益不断提高，为银达村的文化繁荣发展提供了资金保障。银达村不断优化文化资源配置，公共文化硬件设施齐备、功能齐全，公共文化服务专业技术人才结构逐步趋向合理，文化人才基本能满足文化建设的需求。安全稳定和平安建设工作力度加大，总体上确保了银达村文化系统和谐推进的良好局面。酒泉市政府不断加强县（区）、乡（镇）、村三级公共文化服务网络的建设。酒泉市政府、肃州区政府组织文艺团体送各类文艺节目下乡，文化馆、图书馆、电影公司等单位和组织为村民送书、送电影、送文化科技知识，文化扶贫取得了很好的效果，受到广大村民的普遍欢迎。随着文化强村强民观念深入人心，银达村领导干部和村民深深地体会到文化是银达村凝聚力、创造力的重要源泉，是银达村综合能力竞争和乡村振兴战略实施的重要因素。文化是实现村民思想观念解放与创新，实现社会生产力解放与发展的精神动力和智力支持。文化建设是银达村展现新活力的重要元素，文化建设是增添银达村魅力、助推银达村腾飞的必由之路，精神文化生活成为村民不可或缺的一部分。银达村干部认真落实全面从严治党的各项要求，坚持思想建党和制度建党相结合，完善和落实学习制度，强化理论武装，保证中央和省委决策部署在文化系统中不折不扣地落实，文化系统务实谋事、主动干事、努力成事的氛围更加浓厚。银达村领导干部正视文化发展存在的问题，倍加珍惜多年来的文化发展经验，把握形势，主动作为，有效解决文化建设中存在的问题，走文化建设内涵式发展道路，积极探索适合本地实际，满足群众不同需求的有针对性、实效性和可操作性的文化发展路径，银达村的整体发展状况发生根本改变，到"十三五"末，基本建立便捷高效、保基本、促公平的现代公共文化服务体系。

（二）乡村振兴战略要求加强乡村文化建设、提升村民文化自信

党的十九大报告提出了继新农村建设战略后着眼于解决中国"三农"问题、解决城乡发展不平衡问题的乡村振兴战略重大决策部署，凸显了乡村建设将成为今后一段时期内我国社会主义建设的重点。"乡村振兴是包括产业振兴、人才振兴、文化振兴、生态振兴、组织振兴的全面振兴。"[1] 乡村振兴不仅是提高经济效益，也包括文化振兴。文化振兴是铸魂工程，担负着以文化人、以文育人、以文培元的使命，达到利用文化自身的功能，为乡村

---

[1] 李源、姚茜：《习近平李克强王沪宁韩正分别参加全国人大会议一些代表团审议》，《人民日报》2019年3月9日，第1版。

社会现代化服务，为社会主义现代化服务的目的。乡村文化是中国农村各种关系维系的精神纽带，事关民心团结、人心向背，事关乡村社会精气神和人民群众幸福感。它辐射乡村产业振兴、人才振兴、生态振兴、组织振兴的各个方面，深刻影响广大村民的思维方式、行为方式，左右乡村价值规范和日常生活行为的形成，是促进乡村产业振兴、人才振兴、生态振兴、组织振兴的精神纽带和重要力量。在新时代精神文化已经是生活的"必需品"，新时代如何传承好、弘扬好优秀乡村文化，守护优秀传统文化的"根"，提升农民文明素养，造就"三农"人才队伍，抓牢乡村振兴主体，促进产业融合、夯实乡村振兴基础、走好乡村文化振兴之路的关键所在，是解决乡村人民日益增长的美好生活需要与不平衡不充分的发展之间的矛盾、助推乡村全面振兴的主要抓手。因此，在乡村振兴战略大背景下，要大力繁荣乡村文化，通过不断完善文化服务制度机制、加强各类文化基础设施建设、提供丰富多彩的公共文化产品、开展形式多样的文化艺术活动等途径逐步展开社会化教育，为乡村全面振兴提供精神滋养和价值引导，提高广大村民的科学文化素质与思想道德水平，培育村民的文化自觉、文化自信，发挥中华优秀文化正能量的作用，调动广大村民为乡村振兴充分发挥才能，实现个体从自然人向社会人演进，保护自然、勤劳节俭、敬老爱幼、互帮互助，推动乡村文化繁荣兴盛，提高农村经济收入，达到乡村社会的良性运行和稳定发展，实现农村现代化建设目标的价值追求。

（三）经济和文化建设同步协调推进

文化进入经济建设，进入人的观念领域，使以往的纯文化越来越带有商品的属性，这已经成为时代的大趋势。经济发展为文化发展提供物质条件和实践经验，文化建设为经济建设发展提供精神动力和智力支持。坚持人、自然与社会的全面发展是经济文化发展的现实需要，文化、经济与科学发展观的高度契合，以人为本的人文价值观逐渐渗透到经济发展领域，精神、智力因素与自然资源、经济资本一起成为生产力的组成要素，社会主义核心价值观在乡村管理和战略决策中的效能越来越突出，文化附加值成为物质产品价值中的重要组成部分，以科学文化素质和思想道德素质为核心的人力资本对核心竞争力的提升越来越具有决定性的影响。文化作为软实力通过影响农村经济、科技等硬实力要素成为银达村综合竞争的重要因素。受文化与经济"两手都要抓，两手都要硬"工作方针的指引，文化与经济和谐互动发展，文化通过引导经济发展方向、规范经济发展环境、转变经济发展模式成为银达村经济社会发展的动力支撑，城乡生产要素相互流动，工农业交融发展，乡村劳动力从第一产业向第二产业、第三产业转移，同时随着时间的推移逐步引入外部企业生产要素这种趋势将在银达村有更大的发展。银达村农业发展由资源依赖型向科技推动型转变，充分发挥科技在集约降本、增产提质、转化增值等方面的潜力，使农业发展由粗放型经济增长向集约型经济增长转变。农业集约程度明显提高，诸如塑料大棚、人工气候室、各类温室及水产、畜禽和特种动物的设施养殖与现代集约化的养殖小区等设施农业成为村民发家致富的重要渠道，设施农业必将获得更大的发展。银达村农业产业链条不断延长，"公司＋合作组织＋农户"的产业化经营模式已成为引领现代农业发展的基本经营机制。文化产业和乡村经济联动发展，文化在乡村经济发展中的贡献越来越大。通过多种措施银达村经济建设与文化建设并举的局面形成，经济发展和文化发展同步协调推进。

（四）文化建设的方向越来越明确

党的十八大报告提出扎实推进社会主义文化强国建设，文化建设的重点任务是加强社会主义核心价值体系建设，全面提高公民道德素质，丰富人民精神文化生活，增强文化整体实力和竞争力。强调培育和践行社会主义核心价值观是文化建设的根本任务。《中华人民共和国国民经济和社会发展第十三个五年规划纲要》明确指出："以社会主义核心价值观为引领，加强思想道德建设和社会诚信建设，弘扬中华传统美德和时代新风，倡导科学精神和人文精神，全面提高国民素质和社会文明程度。"[①] 培育和践行社会主义核心价值观，是我们党立足推进中国特色社会主义伟大事业、实现中华民族伟大复兴中国梦的全局做出的重大决策，关系到国运昌盛、人民幸福，关系到人民群众的价值取向。社会主义核心价值观体现了中华民族价值体系的核心观念和社会主义发展内在要求的价值目标，是我国优秀文化的核心和灵魂，

---

① 《中华人民共和国国民经济和社会发展第十三个五年规划纲要》，新华社，2016年3月17日。

是文化建设的指航标。培育和践行社会主义核心价值观必须贯穿文化建设的全过程，体现在文化活动和文化产品创作、生产、传播各方面，落实于经济发展和社会治理中。社会主义核心价值观对我国经济文化建设发挥着统率作用，坚持并紧扣社会主义核心价值观建设，是我国"十三五"规划的重点内容之一。充分发挥社会主义核心价值观引领我国文化前进方向、凝聚奋斗力量、推动文化事业发展的作用是我国文化建设必须遵循的一条准则。银达村领导干部进一步加大学习贯彻习近平新时代中国特色社会主义思想的力度，得其要义，把握实质，拓展广度，增进深度，更好地用讲话精神武装头脑，深刻认识到社会主义核心价值观是坚持中国特色社会主义道路的必然要求，是引领乡村文化建设、实现文化强村的路径选择，是乡村文化建设的终极目标，更加明确乡村文化建设发展方向，积极落实甘肃省关于社会主义核心价值观"24字人知人晓工程"和"文明诚信甘肃六大行动"（"诚信甘肃"建设行动、"陇原雷锋"城乡志愿服务行动、群众性精神文明创建行动、"书香陇原"全民读书行动、"凝心聚力谋发展、团结奋进促跨越"社会宣传行动、"阳光甘肃·全民健心"行动），以社会主义核心价值观为指导，以文化中所包括的方方面面内容为具体要点进行主动实践，推动文化创新性发展。银达村领导干部立足国家高度，为了在全村叫响"三个倡导"24个字，使之家喻户晓，强化宣传力度，在拓宽广度上下功夫，在融入结合上做文章，以乡村共享信息服务网站为依托建设核心价值观的传播主阵地，把文化广场的文化墙、宣传橱窗、临街的农家房屋的墙壁建成了社会主义核心价值观的传播平台。深入开展理想信念教育活动，扎实推进创建文明村民活动，大力弘扬践行甘肃精神，推动"和谐家庭""好婆媳""孝道子女"等创评及争创先进典型活动持续开展，把社会主义核心价值观融入村民的生产生活和工作学习中，引导村民人人参与、人人实践，推动社会主义核心价值观深入人心、深入家庭，不断内化为村民的精神追求，外化为村民的自觉行动，使村民成为社会主义核心价值观的守护者、践行者，在银达村基本形成了社会主义核心价值观宣传全覆盖、行为检视全民化、活动载体多元化、引领示范见底见效的大好局面。

（五）形成共建共享的文化发展氛围

党的十八大报告指出："我们一定要坚持社会主义先进文化前进方向，树立高度的文化自觉和文化自信，向着建设社会主义文化强国宏伟目标阔步前进。"① 纵观我国近代以来的文化发展历程，中国共产党始终把大力发展繁荣中华文化作为实现中华民族伟大复兴的战略任务。文化自觉和文化自信是实现我国文化大发展大繁荣、增强我国文化软实力、推进社会主义文化强国建设的思想基础、先决条件和责任担当。乡村文化建设，关键是增强村民的文化自觉和文化自信。新农村建设实现可持续发展，需要文化自觉和文化自信先行，它不仅是文化建设的逻辑起点，而且是探讨、选择合适文化建设路径的开端。银达村干部坚持文化共享发展，坚持文化发展为了人民、文化发展依靠人民、文化发展成果由人民共享，着力保障和改善民生，通过人性化和社会化方式，充分调动村民参加文化建设的积极性、主动性、创造性，村民参与文化、感受文化、品味文化的热情进一步提升，文化自信、文化自觉也不断增强，村民越来越意识到文化对于改善物质和精神享受、提高自身生活质量和幸福指数的重要性，他们强烈渴望在乡村文化建设中具备文化基础知识、道德素养、知识技能、市场分析能力和社会适应能力。村民也越来越注重文化精神方面的追求，在闲暇之余把更多的时间放在文化学习上。银达村成功举办各类大型文化活动，积极组织村民在农家书屋看书，在文化活动室开展下棋、打牌等活动，"激情广场"活动开展得如火如荼，在开展丰富多彩的公共文化活动中形成了一批各具特色的品牌性乡村文化活动。村民的文化需求也变得越来越高，必将成为文化事业与文化产业和谐发展的根本条件和重要动力。

（六）文化产业逐步发展，文化经济双效统一

随着文化体制不断改革，文化建设热潮掀起，加快了文化经济一体化发展趋势，文化已成为影响经济发展速度与质量的重要因素。提升文化生产力、发展文化产业将成为银达村未来发展的任务之一。文化产业发展是转变银达村经济发展方式、增强银达村综合实力的必然选择，是提高银达村经济

---

① 《中国共产党十八大报告全文》，平潮组工网，2012 年 11 月 8 日。

文化可持续发展能力的必然要求。经过多年的经济建设和改革探索，银达村党支部越来越深刻认识到文化与经济互动协调发展对银达村经济社会建设的重要作用，文化经济的发展理念已进入他们的思想中，理性认识文化和文化产业的内涵，把握其特点与规律，高度重视文化经济融合发展。银达村经济社会发展呈现越来越明显的文化"经济化"和经济"文化化"现象。在文化发展过程中，将市场作为切入点和着力点，不断引入市场手段，经济成分不断增加，文化生产、文化管理中越来越渗透各种经济要素，文化活动越来越自然地融入经济活动之中，文化事业与文化产业相互促进的体制机制已经形成，在努力完善乡村公共文化服务体系、推动乡村文化事业进步的同时，政府积极扶持乡村业余文化队伍，鼓励村民兴办文化产业，银达村文化产业从无到有，从粗放发展向集约、规模化发展过渡，文化产品、文化服务日益具有经济功能和市场效益，形成了新兴经济产业即文化产业，文化产业和公共文化服务交叉融合、互为补充、协调发展，满足了文化建设把社会效益放在首位，社会效益和经济效益双效统一的内在要求。文化事业和文化产业双轮驱动的态势基本形成，为全体村民提供积极向上、多姿多彩、怡养情怀的文化产品。在经济运行过程中，文化内涵不断增强，文化要素不断发挥作用，人文精神和文化资源在各种资源中所占的比重越来越大，经济产品中文化含量不断增加，生产、流通、分配、消费过程越来越多地注入文化理念和文化内涵。经济"文化化"在银达村未来经济结构优化升级中起到主要的作用。

（七）村民文化向市民文化转变

改革开放 40 多年来，我国的文化工作重心倾向于城市建设。城乡二元结构造成城乡文化差距越来越大的矛盾已经引起党和国家、人民群众的广泛关注。未来城乡文化一体化建设、村民文化与市民文化协调推进是形势所使、现实所需。城乡文化一体化建设是我国提升文化软实力、建设文化强国的科学发展观，是统筹城乡文化均衡发展的重要举措，是打破长期形成的城乡二元结构、弥合城乡文化发展鸿沟、消解城乡差异、扩大农村市场需求、实现城乡在文化政策上的平等和国民待遇上一致的根本出路，是实现城乡文化共建共享和城乡文化协同等值发展的重要途径，是农村与城市同步全面建成小康社会的重大战略举措。党和政府高度重视城乡文化一体化建设。2006年《中共中央国务院关于推进社会主义新农村建设的若干意见》指出："当前我国总体上已进入以工促农、以城带乡的发展阶段，初步具备了加大力度扶持'三农'的能力和条件。"[1] 党的十七届六中全会强调："增加农村文化服务总量，缩小城乡文化发展差距，对推进社会主义新农村建设、形成城乡经济社会发展一体化新格局具有重大意义。"[2] 党的十八大报告指出："加快完善发展城乡一体化体制机制，着力在城乡规划、基础设施、公共服务等方面推进一体化，促进城乡要素平等交换和公共资源均衡配置，形成以工促农、以城带乡、工农互惠、城乡一体的新型工农、城乡关系。"[3] 党的十八届三中全会提出，构建现代公共文化服务体系，促进基本公共文化服务标准化、均等化。以上指示高度体现了我国实施城乡文化一体化建设任务的责任和决心。促进乡村文化事业繁荣发展，提升农村文化综合实力是城乡文化一体化建设的客观要求，城乡文化一体化要求重点在于重视和加强乡村文化建设。从自下而上的乡村文化发展的实际状况和趋势看，银达村村民文化趋向已经非常清晰。一是银达村地处城市近郊，许多村民转移到城市就业，白天在城里工作，晚上回家，村民城市化转移使他们的思维方式、生活方式和行为方式都发生了较大的改变，文化生活开始城市化、市民化，新生代青壮年村民的文化生活和文化追求与市民趋同。二是银达村大批村民在城里买房实现了"城居化"，文化生活逐步市民化，这部分社会群体规模随着城乡一体化战略的实施仍在不断扩大。三是随着城乡文化一体化建设任务的贯彻落实与文化信息化的加速发展，乡村文化建设硬件设施和软件设施等公共服务建设水准不断提升，制约城乡文化的技术、设施、人才、政策等不利因素逐步减少，文化服务越来越高标准化，村民思想道德意识、文明规则、法律制度意识、环保意识得到大的提升，村民形成讲文明、革陋习、树新风的良好风

---

① 《中共中央国务院关于推进社会主义新农村建设的若干意见》，法律图书馆，2016 年 6 月 22 日。
② 《中共中央关于深化文化体制改革　推动社会主义文化大发展大繁荣若干重大问题的决定》，《求是》2011 年第 2 期。
③ 胡锦涛：《坚定不移沿着中国特色社会主义道路前进 为全面建成小康社会而奋斗——在中国共产党第十八次全国代表大会上的报告》，新华网，2012 年 11 月 19 日。

气，村民的思维方式、生活理念、角色意识、社会权利、行为习惯趋于市民化，村民树立市民生活理念，遵守市民生活准则，履行市民职责，村民文化转向市民化的局面逐步形成。四是出现部分市民"村居化"，这些深入乡村的市民在感受乡村文化的同时，也将城市文化带到乡村，影响村民文化向市民文化的发展。五是互联网的迅猛发展以及智能手机的广泛应用使村民得到了与城市市民同等接受先进文化的学习机会，通过看网络新闻、在线电影、电视剧、网上视频知识讲座，村民在潜移默化中形成了积极进取、自强不息、厚德载物等思想，村民也可以像城市市民一样享受互联网带来的便捷化、精准化和个性化的生活服务，思维方式、生活方式和行为习惯越来越现代化，从而在文化理念方面缩小城乡差距，不断推动乡村文化向现代市民文化发展。

（八）"请进来"与"走出去"融合发展

从银达村文化建设的历程来看，银达村村民中不仅蕴含着革命和改革的文化力量，也蕴含着深厚的文化发展基因，不能简单将村民文化置于落后保守的位置来看待。我们要看到，自强不息、厚德载物、守道顺变的民族文化精神在银达村村民身上有不绝的传承。在新发展阶段，这种民族文化精神不断发生现代转化，并与时代精神相融合，正逐步形成银达村村民的文化精神内涵。但是，目前来讲，银达村文化建设还需外来文化的补益以此通力提升银达村文化软实力。党和政府实施"送文化"下基层，以此满足基层人民群众日益增长的精神文化需要，能够让基层群众享受到文化事业发展进步释放的"红利"。科技文化卫生"三下乡"、科教文体法律卫生"四进社区"、"送欢乐下基层"等活动仍将持续推行并经常化，村民文化素质提升仍将得到城市、政府及外部帮扶，这是乡村文化发展的重要条件。"送文化"的同时，银达村领导从长远上解决村民对不同文化生活、文化形式的所急所需的考虑，更加注重"种文化"，侧重于激活群众在文化上的"造血"功能，一些具有积极引导活力、村民喜闻乐见的文化艺术形式被"种"在广袤肥沃的土地后，生根、发芽、开花、结果，变成了银达村文化建设的文化资源，成了村民自己的东西。银达村村民借助传统文化，挖掘银达村地域文化及村庄文化创造出来的具有乡土韵味和村民风味的文化成果也将大量涌现，并且这种动力和条件越来越强大和充分，这既有源自村民自身精神文化生活的内在需求，也有文化市场完善扩展的外在经济利益驱动，还有政府城乡一体化发展和乡村振兴战略的推动。银达村领导干部把"送文化"和"种文化"有机结合起来，推动二者齐头并进、共同发力，银达村的文化成果越来越多，不仅类型多样，而且层次多样。农家文化大院、城镇文化娱乐场所都有银达村村民文化创造的成果展现。银达村村委会顺应国情民意，积极推动村民"种"出更多的文化精品果实走出乡村，走进城市甚至走向世界，在不同文化的碰撞和交融中不断壮大力量、扩大影响、丰富内涵、创新发展。当然，在村民文化走出去的过程中，更多的还应是村民将城市文化、精英文化请进来，是"请进来"和"走出去"的多层面融合推进。

（九）文化建设蓬勃发展

银达村领导干部以马克思主义中国化理论为指导思想，坚持以经济发展为中心，坚持党对文化建设工作的领导，坚持"两手抓，两手都要硬"的建设方略，立足文化建设的思维高度，实事求是，解放思想，紧贴农村、村民特性，乡村公共文化服务体系建设统一于"发展"这个中心，文化建设目标越来越明确，坚持"二为"方向、贯彻"双百"方针，坚持创新发展，坚持"出作品、出人才、出效益"的原则，不断催生文化发展的新动力、新产业、新模式，把社会主义核心价值观融入文化建设与经济社会和谐发展的方方面面，从丰富大众文化生活到强调提高文化创新质量、效益、可持续发展，内容越来越详细，源自基层的探索实践、源自领导层的文化理论、源自文艺工作者的文艺作品大量汇聚乡村，从增加文艺作品数量到强调增加图书室、文化活动室等文化设施数量，并且对文艺作品、场地的利用效率也越来越高，公共文化设施的覆盖率逐渐提高，通过转变经济发展方式、优化经济结构、加强乡村文化建设、改善生态环境、提高发展质量和效益，向村民传播社会主义新思想、新道德、新观念、新风尚，构建和谐、健康的新农村民风民俗，村民的思维方式和价值取向向积极健康的方向发展，大幅度提升村民的文化生活质量，中国梦和社会主义核心价值观更加深入人心，爱国主义、集体主义等社会主义思想广泛弘扬，向上向善、诚信互助的社会风尚更加浓厚，人民的思想道德素质、科学文化素质、健康素质明显提高，村民法治意识不断增强，银达村公共文化服务体系基本建成，文化产业成为银达村经济发展的来源之一。银达村文化生态圈影响持续扩大，极大地提升了银达村建设的品质和格调，为实现"发展为了人民、发展依靠人民、发展成果由人民共享"的终极追求目标奠定了基础。以有效保护为前提，全面加强文化遗产保护工作，着力推动银达村传统文化创造性转化和创新性发展。"十三五"末形成银达村优秀传统文化传承体系，银达村本土文化拥有更多的传承载体、传播渠道和传习人群。银达村加强基本阵地、基本队伍、基本内容、基本活动形式的文化建设，使银达村文化建设取得新突破、达到新高度，文化体制机制再创新活力，文化产业实现蓬勃繁荣可持续发展。

（十）文化发展呈现文化网络化的新趋势

互联网惊人的发展速度，尤其是智能手机和移动互联网的普及，云计算、大数据、物联网的出现和运用，预示着一个"人网一体""连接一切""数据为王""个人定制""互联共享"的生存模式来临，这必然是时代发展的结果。互联网用户激增与使用领域快速扩展，依托互联网技术的文化信息传递与交流呈现全球文化网络化发展趋势，银达村文化发展也不例外。互联网是文化信息的重要载体，是文化信息传播的新媒介、新工具。互联网与文化信息相互促进、融合发展，实现技术支撑、创投方式、传播途径、商业模式等环节的横向打通，推动公共文化服务、文化演艺、文化旅游、广电新媒体、数字出版、电子商务、艺术品交易、对外文化贸易等领域的跨界发展，这一切的创新发展正是文化网络化的表现，这种在社会各方面发生的颠覆性变化给我国经济文化带来了发展机遇。银达村抓住这一发展机遇，积极贯彻和落实《中华人民共和国国民经济和社会发展第十三个五年规划纲要》提出的网络强国战略、"互联网＋"行动，拓展网络发展空间，让互联网渗透到经济、社会、政治、文化、生态等领域，大力发展"互联网＋农业""互联网＋文化"等发展模式，加快经济文化转型升级。"互联网＋农业"实现的是农业产业的跨越式发展，成功地将互联网与社会资本带入驱动农业发展的轨道中，互联网渗透到生产资料供应、农业金融、农业生产以及农产品的流通、加工、销售等农业产业链的各个环节，把农业产前、产中和产后联系起来，把一、二、三产业联系起来，实现了产业化经营，为农技推广、农村金融、农产品生产、农产品加工、农业品牌建设等提供精确、动态、科学的全方位信息服务，农业电商迅速发展，农业布局趋于合理，组织化程度提高，生产精细化，产品销售高效化，交易成本降低，资源配置优化，劳动生产率提高，村民收入增加，促进银达村现代农业发展，"互联网＋文化"行动带来银达村文化发展的新变化。随着互联网和移动互联技术的发展、农村通信设施的不断完善、移动互联网的降费，互联网在乡村得到了广泛应用，村民的业余文化生活和思想观念发生了极大的转变。村民利用网络快捷迅速地了解国内国际大事、社会热点、国家政策等时事信息，借助 12316 农业综合信息服务平台、中国文明网、中国传统文化网、学习强国网等文化宣传平台的丰富资源，进行农业信息咨询、职业农民培训，还可以通过文艺项目的视频讲座学习书法知识和书写技巧，学习舞蹈动作，学习绘画知识等。酒泉市政府利用文化信息共享平台建立农技推广网，借助农业科技推广服务平台将农业科研人才、技术推广人员和新型农业经营主体等有机结合起来，给乡村带去先进生产技术和农业科技人才；借助互联网信息充分披露的特点及时发布具有市场前景的招商投资项目公告，吸引外来资金和人才，助力大众创业、万众创新，从而带动村民致富。此外，银达村借助手机建立村集体内部的信息化自治平台，依此实现村务公开、政务公开和党务公开，实现村民自治制度化和规范化；借助信息化平台，开展村务活动、农业科技培训、法制教育；借助信息化平台，传播好人好事，倡导移风易俗，培养良好道德风尚，提高品德修养；借助互联网促进农村留守儿童、留守妇女、留守老人与在外打工的亲人传递思念等。"互联网＋农业＋文化"的发展加快了城乡信息要素流动，对促进银达村文化和农业现代化融合发展必将取得可喜的成果。

第二节　银达村文化建设与经济社会协调发展的对策建议

银达村党支部认真贯彻落实党的十九大和十九届三中全会精神，深入贯彻落实习近平总书记文艺工作座谈会重要讲话精神，以习近平新时代中国特色社会主义思想为指导，紧紧围绕全面建成小康社会、全面深化改革、全面依法治国、全面从严治党的战略布局，把文化建设放在与经济协调发展、社会和谐稳定、百姓生活幸福等指标同等的高度，始终把保障和改善村民物质文化需求作为发展的出发点和落脚点，从文化建设服务于社会全面发展的大局出发，坚持社会主义先进文化前进方向，用国家思维来引导银达村文化建设，用战略眼光着眼统领全局，保持奋发有为、昂扬向上的精神状态，抓住机遇，直面挑战，紧紧围绕培育社会主义核心价值观的工作任务，围绕保障村民基本文化权益，坚持"政府扶持和体制改革两手抓，文化事业和文化产业两加强"，把落实政府责任、完善公共文化服务体系、提高公共文化服务工作能力作为主要任务，加快文化发展步伐，以高度的文化自觉和文化自信，传承银达村文化精髓，吸收我国优秀传统文化和世界文化精华，聚焦创新驱动，着力提升核心价值观的感召力、文化作品的说服力、舆论宣传的影响力，发挥文化产业的经济效益，让银达村文化建设步入快车道，为推动乡村振兴提供硬支撑，在全面建成小康社会进程中、在科学发展道路上奋力开创社会主义新农村文化建设新局面，从而促进村民的全面发展。

（一）进一步加快银达村经济快速发展

马克思主义认为，经济基础决定上层建筑的产生、性质和发展，上层建筑影响经济基础的形成、巩固和发展。毛泽东曾在《新民主主义论》一文中指出："一定的文化（当作观念形态的文化）是一定社会的政治和经济的反映，又给予伟大影响和作用于一定社会的政治和经济，而经济是基础，政治则是经济的集中表现。这是我们对于文化和政治、经济的关系及政治和经济的关系的基本观点。"[1] 从上面对经济与文化相互关系的经典阐释和社会发展的基本运动规律来看，建设社会主义新农村的首要任务就是解放和发展乡村的生产力，生产力的提高带来了经济的发展，增加了村民收入，也为乡村文化建设增添了新的内容、创造了新的发展机遇。乡村文化繁荣发展的背后是快速发展的社会经济，发展乡村文化离不开经济的发展，经济发展是解决乡村文化公共服务设施不完善、文化建设人才匮乏、文化活动单调、村民文化需求不能满足的保障，经济发展能够为乡村文化建设提供更为殷实的物

---

① 《毛泽东选集》（第二卷），人民出版社，1968，第624页。

质基础、更加浓厚的创建氛围和适宜的环境，拓宽文化视野，注入新的活力，提供更高的文化发展平台。发展农村经济是提高村民素质、推进乡村文化建设的根本途径。近年来银达村经济发展迅速，运行态势良好，充满活力，物质财富得到极大丰富，人民生活水平不断提高，但是与我国发达省份农村经济的发展相比依然存在较大差距，村民的生活并不富裕。现有的经济条件无法彻底解决乡村文化建设存在的问题，从而影响了村民文化素质的提高。鉴于此，必须采取一系列的措施发展乡村经济。地方政府建立完善系统的配套服务，指导村民的农产品生产销售、畜禽养殖等所有的经营方式和行为都要从市场出发，注重市场调研，明确社会消费的需求变化，确保市场营销畅通，为村民提供新信息、新项目、新品种、新技术，提供产前、产中、产后销售服务，让村民有信心、有期盼地放心大胆放开手脚去致富奔小康。农业问题是现代化建设的核心问题，在新农村建设和乡村振兴的过程中银达村一方面应注重推进农业产业化经营，改进农业生产技术，建立制种、畜禽养殖、农产品深加工、花卉苗木、蔬菜等产业基地，充分实现农业产业化；另一方面应鼓励农户组建村民合作社，鼓励和引导企业与农户结成产业化生产体系和利益共同体，成立以村组、乡镇或县区等产业资源富集区农户和经济组织为主体的产业公司，积极推动职业村民向股份村民转变，培育新型农业经营主体，提高经营组织化程度。对农业生产的劳动力、土地、资金等生产要素进行重新排列布局，促进村民在新型产业形态发展中发挥作用，发挥手艺产业"原生态"和"原创意"的特点，有效地把文化元素融入农业生产的各个环节和现代生态农业体系中，进一步形成以生态农业、观光农业、休闲农业、精致农业等为主体的新农村发展格局，促进产业结构的整体调整和升级发展，最终实现农业效益和结构优化。发展乡村经济，始终把农业环保、生态美丽放在重要位置，尽量使用有机肥料、生物农药，严格控制化肥农药使用量，减少化学药剂的使用，生产无公害、绿色、有机农产品，发展有机加工业、手工业与有机零售业，形成一个有机产业链。加强入口沿线和园区的美化亮化建设，把景观做得更有底蕴、更为精致、更高层次，打造"花园式"村庄。同时，依托区位优势、生态环境、科技力量、产业基础，通过乡村的文化内涵与关联产业的融合，利用有机农业的特色与吸引力，加强市场对接，与生活休闲、生态保护、旅游度假、品种展示、技术培训、养生健康等方面相结合，发展教育培训、餐饮、旅游休闲、养生康复等文化含量和文化价值较高的创意产业，吸引更多村民参与发展高附加值、高品质的民俗经济和观光式、体验式、休闲式现代农业，带动一、二、三产业共同发展，为乡村发展注入新的活力，提升农业的综合效益和竞争力，从而促进乡村经济的发展，促进村民多渠道增收致富。比如，与学校结成办学合作伙伴，让学生定期来农田参观农耕劳动，感受农业劳动的全过程，品尝有机食物，从而增加对农业科技知识的感性认识；通过会员制的形式销售有机农产品；通过开办有机农产品销售集市、有机食品一条街等经营方式，加大宣传，吸引人群、聚集人气、扩大影响。乡村经济的发展必然推动乡村文化建设的进步，让广大村民实实在在地获得收入增加和文化发展的双赢。

（二）政府做好各项保障工作

银达村的公共文化服务，从资金投入、农村文化硬件建设、制度保障到文化人员的配置，无一不依靠政府行政力量强力实施。政府在新农村文化建设和乡村振兴过程中是领导者、组织者，扮演着财政资金输送者的角色，村干部主要扮演着村文化建设执行者的角色。新农村建设和乡村振兴是一项包含经济建设、政治建设、文化建设、和谐社会建设、生态建设等多方面建设的长期工作任务和综合性工程。政府要充分发挥其在文化建设中的主导作用，出台政策，整合资源，搭建平台，促进乡村基本公共文化服务标准化、均等化，为广大村民提供更多更好的文化产品和开展适合村民的丰富多彩的文化活动，指导银达村发挥文化事业服务乡村振兴的效能。

首先，深化各级政府对乡村文化建设的认识。"没有先进文化的积极引领，没有人民精神世界的极大丰富，没有全民族精神力量的充分发挥，一个国家、一个民族不可能屹立于世界民族之林。物质贫乏不是社会主义，精神空虚也不是社会主义。"① 没有乡村文化的繁荣发展，就没有乡村振兴和农村社会现代化的实现。各级党委、政府要从深入贯彻党的十九大和十九届三

---

① 《中共中央关于深化文化体制改革、推动社会主义文化大发展大繁荣若干重大问题的决定》，人民网，2011 年 10 月 18 日。

中全会精神，毫不动摇地坚持和发展中国特色社会主义的政治高度，进一步解放思想、转变观念、转变职能、转变工作重心，把乡村文化建设放到地方经济社会发展中的重要战略地位加以谋划，更加自觉主动地推动乡村文化大发展大繁荣。在实际工作中，各级政府必须认真学习党的理论知识，不断深化正确的理念，提高思想认识，正确处理好经济发展和文化事业的关系，要经济建设与文化建设"两手抓，两手都要硬"，处理好社会效益和经济效益的关系，努力实现社会效益和经济效益的有机统一。要把更多的注意力、精力和财力投入农村文化事业建设的薄弱领域或薄弱环节。

其次，完善文化管理体制机制，为农村文化建设奠定制度基础。一是中央政府要着力改变长期以来我国文化主管部门既当"裁判员"又当"运动员"，管办合一的局面，努力实现由办文化向管文化、由直接管向间接管转变。二是各级文化行政部门要明确应承担的职责，创新体制机制，合理解决长期存在的"越位""缺位"问题，努力克服多头重复管理的弊病，同时实行政务公开，改进审批方式，放宽市场准入，积极引导和鼓励社会力量参与乡村公共文化建设，努力形成以政府为主体，社会、个人多方力量参与兴办文化的格局。三是政府应该建立多层次的政策扶植体系。根据各地农村实际，中央政府有针对性地出台指导性政策、保障性政策以及评价性政策，明确各方职责，让乡村文化建设工作做到有章可循，客观评述各地乡村文化建设效果，并给出相应的指导意见或建议，整合、均衡本省优势资源，不断改善农村投资环境，从而实现银达村文化软实力的综合提高。四是将文化建设与各级政府部门绩效指标相挂钩，尽快建立健全乡村基层干部政绩考核体系。它包括乡村文化建设的资金投入指标和乡村文化运行的执法管理指标，从而推进乡村文化活动室、农家书屋、健身器材及场地、文化信息共享工程、电视网络传输的建设以及各种具有丰富多彩的农村文化活动的有效开展。建立健全新的科学的政绩考核体系有利于整顿乡村文化市场秩序、净化乡村文化市场、打击黑恶势力和"黄赌毒"、查处乡村文化建设资金违法使用、依法治理损害乡村文化基础和网络违法行为，为乡村文化的良性运行营造安全氛围。五是建立和健全公共文化需求表达和决策参与机制。各级政府文化管理部门通过调查研究、接触村民代表、召开村民代表大会、建立咨询委员会等多种方法，广泛调动和汇聚群众智慧，形成村民文化需求意见表达和公共文化决策的参与机制，各级政府要有意识地在基层代表中设立一定的村民名额，改变基层干部代表多、村民代表少的不良结构，改变公共文化服务与村民多样化文化需求目标错位、供需结构失衡现象，促进文化建设决策的科学化、民主化。把保障村民知情权、参与权、监督权贯穿于"文化惠民"全过程，保障银达村公共文化服务供给的公平和效率，推动城乡文化服务一体化，从而有效改善文化民生。六是通过相关法律法规保障公共文化服务均等化发展是完善我国文化体制的内在需求。促使公共文化服务标准化、均等化、专业化发展是实现人民群众基本文化权益和基本文化需求，从行政"维护"到法律"保障"的跨越发展是时代发展的必然结果。甘肃省要深入贯彻落实《公共文化服务保障法》，同时，甘肃省政府要按照"建成全国领先、覆盖城乡、分布合理、发展均衡、网络健全、服务优质、管理有效的公共文化服务体系"原则，尽快出台《甘肃省公共文化服务保障法》，为公共文化服务指标化、项目化、实事化、科学化、规范化、制度化提供立法保障，真正成为硬任务、硬指标以及可衡量、可检查、可考核的对象，纳入对各地各部门考核评价体系之中，使基本公共文化服务的监管、考核和评估有依据和保障，解决阻碍公共文化服务均等化发展的迫切问题。甘肃省市（州）、县（区）政府部门要加大对制定基本公共文化服务标准的研究力度，明确"十三五"时期国家和各地基本公共文化服务的范围、最低供给规模和质量标准，并随着经济收入的增幅不断增加公共文化服务投入资金，提高和拓展均等化标准和范围。七是要坚持依法管理，规范农村文化市场秩序，创造公平、公开、公正的市场环境。农村的文化建设环境还不成熟，处于初级探索阶段，出现不正之风引发的混乱局面在所难免。国家要规范乡村文化市场秩序，对无证经营的娱乐演出、电影放映、网吧管理以及出版物印刷销售等要依法取缔，坚决打击色情和封建迷信的发布者及传播者，重金奖励检举者，各级政府通过规范力度、权威和强制力不断改善农村文化市场发展的环境，使乡村文化得以规范、健康有序的发展。

再次，稳步加大乡村文化建设的财政支持力度。乡村文化建设资金及时到位，是发展文化事业的根本保障。要解决文化活动经费紧张、建设资金存在缺口，以及筹资渠道狭窄、文化基础设施不完善等问题，必须通过加大资金投入力度、拓宽筹资渠道来实现。"多予、少取、放活"，是中央提出的建设社会主义新农村的基本方针和工作思路，也是解决乡村文化建设资金投入问题的主要出路。一是加大财政资金投入。政府投入是构建农村公共文化服务体系的主要渠道，各级党委和政府必须不折不扣地落实党的十九大精神，完善公共文化服务体系，进一步制定与之相配套的财税政策、奖励扶持政策、乡村文化事业发展保障政策，着力构建多元化的乡村文化服务支撑体系，为乡村文化建设创造良好的制度环境，促进农村文化软实力的增强。甘肃省各级政府需要在全面了解本地经济和财力增长情况的基础上，协调各领域的基础建设，把公共文化投入经费和基本建设资金列入政府财政预算范围和基本建设投资规划，建立长效、稳定的财政增长机制，稳定加大对乡村文化建设的投资力度，确保财政对文化经费的投入随着经济的增长而持续增长，为基础设施建设、公共文化场馆运行维护、人才队伍建设、信息化建设、文化活动开展等方面的文化建设提供有力的资金支持。要加强政策调控力度，实施城市文化基础设施建设向农村的转移，使乡村文化基础设施得到有效的完善。做好乡村公共文化建设专项资金转移，诸如资金灵活用于图书购置、科技人才培训、农村电影放映、文物遗产保护、文艺创作奖励、公共文化活动补助等，使村民享有更多更好的公共文化产品和公共文化服务。二是积极引导多方社会资金投入乡村文化。《国务院关于进一步完善文化经济政策的若干规定》强调，要"进一步完善文化经济政策，在加大各级财政对文化事业投入力度的同时，拓宽文化事业资金投入渠道，逐步形成适应社会主义市场经济要求的筹资机制和多渠道投入体制"。在当前社会经济快速发展的水平下，相对于新农村文化建设资金的需求而言，财政支持的资金是远远不够的，资金短缺问题严重制约农村文化发展的步伐。因此，为了能够提供充足的资金用于乡村文化事业发展，政府可以运用政策杠杆，通过财政税收或补偿机制的手段，制定相关政策鼓励积极发展多元化的文化融资渠道，充分发挥社会团队、企事业单位和个人等社会力量和市场经济的作用，多方筹资，吸引多元化社会资本到乡村文化建设事业中来。鼓励企事业单位、社会组织和个人建设各类文化设施，引导社会组织、企事业单位和个人举办各项文化活动，扩大农村公共文化服务的供给总量，引导、扶持和规范乡村文化建设健康发展。三是加强投入资金管理，提高资金的使用效益。必须制定农村文化建设投入资金的使用规划，严格管理经费，做到专款专用，合理分配设施建设、设施维护、设施配套的经费比例，严格控制时效性文化活动经费支出，把有限的资金用在刀刃上。加强乡村文化建设投入资金的监督和使用结果的考核，做到资金支出事前监督、过程监督、事后监督相结合。投入资金的监督和使用结果的考核向村民公开，受村民监督，保证资金能够发挥其应有效用。

最后，"送文化"与"种文化"协力同行。"送文化"与"种文化"活动是我们党和政府把村民的内在需求和外在帮助有机结合起来，充分调动社会文化能人的力量，促进和保障基层文化建设工作有序开展的主要措施之一。酒泉市各级政府抓住村民对于文化活动渴求程度较高的有利契机，继续深入推进送戏下乡（村）、文艺演出等文化惠民工程。要组织文艺表演团体下村"种文化"，把精彩的文艺表演、积极向上的电影送到村民家门口，让更多村民能看到演出、看上电影，并在农村建立采风基地、培训基地，积极开展村民文化培训，联合基层文化队伍创造性编排文艺节目等村民群众喜闻乐见、丰富多彩的文化活动，培养村民艺术兴趣，强化文化熏陶，促进村民对文化的理解、认可和掌握，有效提升村民的文化品位和精神文明高度，潜移默化中培养他们的文化自觉性，让文化的种子在基层生根发芽，满足群众文化需求，培养乡村文艺队伍，进而达到村民自办文化活动的目的。要支持和鼓励乡村民间文化组织开展乡村公益和准公益文化活动，奖励地方为保护优秀民间文化而进行的文化开发和研究项目。

（三）提高基层组织对文化建设的治理能力

村子强不强，要看领头羊；村民富不富，关键看干部。村干部是党和政府联系村民的重要纽带，是党的各项方针政策的宣传者、组织者和执行者，他们工作的能力和热情直接关系乡村经济社会和谐稳定发展、村民生活富裕安宁。能不能推动乡村文化持续健康发展，从根本上取决于乡村干部在文化发展中的引导和示范作用发挥得好不好。加强和改善乡村组织的领导，是实现乡村文化大发展大繁荣的坚强保证。党的十七届三中全会通过的《中共中央关于推进农村改革发展若干重大问题的决定》指出："推进农村改革发展，关键在党。要把党的执政能力建设和先进性建设作为主线，以改革创新精神全面推进农村党的建设，认真开展深入学习实践科学发展观活动，增强各级党组织的创造力、凝聚力、战斗力，不断提高党领导农村工作水平。"[①]切实加强党的领导是乡村文化繁荣发展的根本保证。乡村文化建设要始终把村干部的学习和教育放在基层党组织建设的重要位置，牢牢抓住村干部这个"关键少数"。村干部要身先士卒、主动作为，有效发挥基层组织的模范带动作用。

第一，加强乡村干部的学习，不断提高思想政治素质、理论水平和管理水平。银达村干部的学历水平普遍较低，而且长期生活、工作在农村，所以他们对于文化建设的认识程度仍需进一步提高。加之受传统政绩观、发展观的影响，对文化建设重视不够。思想是行动的先导，理论是实践的指南。提高村干部对乡村文化建设的认识，应从理论学习入手。首先，应组织村干部进行经常性的有重点、分层次和适用的高精准理论学习，学习中国特色社会主义理论、党史、公共管理、经济管理、法律知识、农业技能、现代科技知识等，要做到党的理论学习和党性锻炼相结合，相关专业知识学习与形势分析相结合。同时还要利用理论宣讲的形式，采取分组讨论、图片展览、权威专家讲座等多种形式激发他们的参与热情。通过加强科学文化知识学习和加强党性修养与锻炼，严格党内生活，建立正确的理想信念和道德观，坚守共产党人的核心价值观，以"四个全面"战略布局统领思想，坚持创新发展、协调发展、绿色发展、开放发展和共享发展，深刻认识文化发展规律，提升领导科学文化的决策能力、应对能力、管理能力和创新能力，力争使村干部成为讲党性、重品行、做表率、专业素质过硬、心系群众、服务群众、求真务实、真抓实干、积极作为、驾驭市场经济能力强的复合型乡村干部队伍，为"建设美丽银达"创造良好的工作氛围、提供作风保证。其次，要鼓励村干部利用闲暇时间多到村民家里、田间地头，与村民群众交流，做实地调研学习，及时对调研结果进行反思、改进不足，找到好的治理路径，推进乡

---

① 《中共中央关于推进农村改革发展若干重大问题的决定》，新华社，2008 年 10 月 19 日。

村经济文化更好更快发展。再次,要让村干部外出学习。不定期组织银达村干部到乡村文化建设搞得好的地方进行参观学习,使他们更直观地感受发达地区乡村文化建设所取得的成就,进一步开阔眼界、解放思想,学习先进经验和做法,进而转化为自身对于文化建设工作的治理能力。最后,应组织村干部向专家学习。银达村干部仍然存在对文化建设全面性认识不足,在实际工作中常会感到困惑、感到工作无从开展等问题。为此很有必要组织相关专家就新农村文化建设工作向村干部进行解读,相关专家的宣讲有助于基层领导干部更加深入了解乡村文化建设内涵,帮助他们明确工作目标、理清工作思路、掌握工作方法,使他们在实际工作中一手抓乡村经济发展、一手抓乡村文化建设,促使银达村经济文化建设工作走上科学发展的轨道。

第二,科学化治理文化建设。通过学习培训,银达村基层干部认识到乡村文化建设对提高村民思想道德修养和科学文化素质,调动村民生产生活的激情和活力,协调社会关系,化解社会矛盾,构建文明乡村起着潜移默化、润物无声的基础作用;认识到乡村文化建设是乡村振兴的精神动力、智力支持和思想保障;认识到乡村文化在推动我国城乡一体化建设进程和中国特色社会主义事业发展中发挥的重要作用;认识到乡村文化建设事关我国全面建成小康社会目标的实现以及中华民族伟大复兴中国梦的实现,必须扎实推进乡村文化建设。银达村干部必须把思想上的重视转化为具体行动,以更高的站位、更宽的视野、更务实的举措把文化建设各项工作真正落到实处。村干部要把文化建设纳入自己的日常工作中,落实到行动上,在吃透中央和省级文化机构下发的乡村文化建设的政策方针的基础上,结合当地的实际情况,制定文化建设的长期发展规划和短期规划,做好乡村文化发展的顶层设计,使乡村文化建设工作目标明确、有据可循。为了抓好顶层设计的落实,上级部门应根据绩效评估标准对乡村文化建设取得成效进行科学考核评价,应对涉及公共文化服务方面决策制定、公共文化设施建设、资金投入状况、文化产品供给、管理效果等内容由上一级对下一级进行量化考核,避免考核过程走形式。对考核结果进行等级划分,建立奖惩制度,表彰优秀,对考核不合格的要进行问责,追究负责人和相关人员的责任。

（四）牢固树立人才意识，加强文化人才队伍建设

乡村文化大发展大繁荣，文化人才是关键。培养文化人才不仅是提升乡村文化软实力的战略选择，也是保持乡村文化旺盛生命力的前提。文化人才队伍建设是完善公共文化服务体系的重要方面，也是切实保障村民文化权益，建设文化强村，实现银达村生产发展、生活宽裕、乡风文明、村容整洁、管理民主的关键步骤。各级政府要牢固树立"人才是支撑创新发展的第一资源"意识，探索多种渠道的文化人才队伍建设模式，培养和建设一支具有世界眼光、作风硬、专业精、懂市场、能力强、让群众满意、扎根乡村的优秀文化人才队伍。

第一，转变思想观念，重视文化人才队伍建设。党的十七届六中全会通过的《决定》强调，要"坚持尊重劳动、尊重知识、尊重人才、尊重创造，深入实施人才强国战略，牢固树立人才是第一资源思想，全面贯彻党管人才原则"。因此，甘肃省各级政府要进一步转变思想观念，在思想上谋发展、求突破，扫除制约发展的思想障碍，充分认识乡村文化人才队伍的基础性和关键性作用，树立科学的文化人才观，把乡村文化人才队伍建设摆在优先发展的突出地位，坚持"育好人才、用好人才、管好人才、留住人才"的人才队伍建设思路，不断完善机构编制、学习培训、待遇保障等方面的政策和措施，吸引优秀文化人才服务乡村文化发展。同时要把农村文化人才队伍建设纳入各级党委、政府的工作考核中，加大社会各界的监督力度，真正做到领导重视、落到实处。

第二，拓宽用人渠道，优化文化人才队伍结构。优化文化人才队伍结构，是指人才队伍的年龄结构、知识结构、专业结构得到优化配置，特别是要提高创新型、专业型文化人才所占的比例，保证乡村文化人才的结构层次和类型趋向合理化。这就必须拓宽用人渠道，广泛吸收思想政治素养好、创新意识强、专业文化水平高的各级文化人才参与到文化发展的队伍中来。首先，鼓励高校、艺术院校专业文化人才充实村级文化队伍。对高学历、高素质的文化人才给予相应的政策倾斜，选派优秀文化人才到基层挂职锻炼，充分利用他们有思想、有知识、有闯劲的特点，积极投身乡村文化建设。其次，重视和统筹专家学者文艺表演人才资源的开发。鼓励和引进专家学者文

艺表演人才到乡村挂职锻炼，让他们参与各项文化活动的指导。再次，积极鼓励和引导城市各级各类知识分子、离退休文艺工作者、文化能人、艺术院校学生和其他热心文化事业的各界人士成立文化支农志愿者组织，通过多途径、多形式提供文化支农服务。充分利用银达镇、银达村视野开阔，见识广泛，阅历丰富，管理能力强，在村民中有一定威望的乡村退休老干部、老教师、老文化人、老党员、老同志成为乡村文化建设的志愿者，建立一支老当益壮、成熟精干的基层文化业余管理队伍。通过积极拓宽用人渠道，为银达村文化建设输送更多素质优良、富有活力、德艺双馨的文化创作人才、文化经营管理人才和文化科技创新人才，为乡村文化建设提供充足的人才资源。

第三，建设一支高素质的村民文化骨干队伍。甘肃省文化厅副厅长杨建仁指出："加强对农村文化实用人才的培训，组织专业人员对业余文化骨干、文化能人、热心文化的积极分子和民间艺人进行业务指导和培训，变'送文化'为'种文化'，使他们成为'乡村舞台'中留得住、用得上的组织者和牵头者。"① 甘肃省各级政府部门应认真领会杨建仁副厅长讲话精神，贯彻落实好甘肃省"人才兴文"战略，加大对乡土化、村民化和本土化文化人才培养力度，建设一支高素质的村民文化骨干队伍。村民文化骨干队伍是乡村文化建设更持久常态化开展的根本保障，是乡级文化建设最热情的支持者和直接组织者，也是民间优秀文化的传承者。提高银达村公共文化服务水平，必须加大银达村文化人才队伍的培养力度，进一步整合教育培训资源，充分发挥党校、艺术院校、农村现代远程教育网络等主阵地、主渠道作用，不断扩大培训覆盖面，重点建设一批乡村文化人才培训基地，形成以县级培训基地为中心，辐射乡、村的文化人才培训网络，采取分层次培训的方式，对乡村的专业艺术人员、乡村民间文化艺人、文艺爱好者以及有参与文艺活动热情的青年村民，花大力气有计划地分类分批组织培训，打造属于银达村自己的文化骨干队伍，尽快改变某些传统特色文化的断层现象。加强乡村业余演出队、业余电影放映队、文化中心户等文化管理员队伍的培训。加大对村民作家、村民画家、村民书法家、村民诗人等文化人才的培养力度。有计

---

① 顾善忠、荀晓飞：《乡村舞台：甘肃农村公共文化服务新模式》，《甘肃文化报》2014 年 9 月 10 日。

划地输送一批有一定文化基础和创作基础的农村青年到各类高等院校、艺术学校学习锻炼，培养他们的文化艺术才能。聘请在校学习计算机专业的大学生或者老师在寒暑假对乡村的网络管理人员进行网络专业知识培训，促进乡村网络文化管理队伍建设。政府可以设立专门机构或者在有关部门指定专门专业人员加强农村网络文化建设和管理。鼓励乡村文化人才自学，通过自学，拓展他们的思路，不断提高他们的业务水平和业务素质，增强他们的自主创新能力。

第四，建立健全机制，稳定文化人才队伍。过去乡村文化人才队伍建设缺乏相应的激励竞争机制、教育培训机制和选拔聘任机制等，出现了"选人不当、育人不当、用人不当"的局面，极大地挫伤了文化人才的积极性，成为文化人才流失的一个主要因素。乡村文化人才队伍建设，不仅仅需要一支热爱乡村文化的队伍，更要有相应的管理机制做保障。为此，要建立健全文化人才管理激励竞争机制、教育培训机制和选拔聘任机制等各项机制，完善文化人才的考核评价体系，规范文化人才的选拔聘用、竞争上岗、绩效考核、职称评定和职务晋升等各项评价指标，稳定乡村文化人才队伍。逐步推广面向乡村文化人才的职称鉴定工作，扩大职业资格证书在乡村的覆盖面；切实提高乡村文化人才队伍的待遇，采取提高工资待遇、增加福利发放等措施，真正实现"事业留人、待遇留人、感情留人"；热心支持各类人才的工作，真诚关心乡村文化干部的工作和生活，努力改善工作条件，解决乡村文化干部在经济、编制上的后顾之忧，使他们想有盼头、干有劲头，充分调动文化干部的积极性和主动性。建立人才调查、人才预测机制和乡村文化人才信息库，实现市、县、乡、村四级文化人才信息资源共享，分级分类动态化管理。只有不断改善和优化乡村文化人才队伍的发展环境，激发他们工作的积极性和主动性，挖掘他们的工作潜能，才能提高文化人才队伍的工作质量，从总体上形成文化人才"干事业、干成事、干好事"的良好氛围。

（五）完善文化公共基础设施，提高文化设施使用效率

随着改革开放的不断深入，银达村社会经济发生了很大的变化，乡村文化设施建设取得了很大的成绩，逐步形成了多层次、多体制的文化网络，呈现国家、社会、集体和个人共同创办公共文化事业的新格局。但是，从总体上看当前银达村文化基础设施还比较缺乏。要进一步推进银达村文化建设，切实改善村民的精神文化生活，银达村应完善公共文化设施，提高文化设施的使用效率。

第一，各级财政部门要按照公益性、基本性、均等性、便利性的要求，加大对农村文化建设资金投入，银达村要因地制宜，合理规划，高水平布局，专业化改造，根据银达村的文化特色和村民的文化需求推进布局合理、功能完善的文化基础设施建设，让村民更方便参与和分享高水平的公共文化服务。乡村文化基础设施建设一方面要保障乡村有专门的文化活动场所，另一方面要保证乡村各种文化活动的设备、器材、道具和服装等硬件资源到位。完善公共文化服务设施要照顾到男女老少各个群体多层次的文化需求，可以根据具体情况如资金和群众的兴趣爱好等因素，设置老年人活动室、乒乓球室、舞蹈室、棋牌室等。加大广播电视村村通工程的建设力度，保障各户都能收到广播电视信号，进一步开展农村电影放映、农家书屋和文化信息资源共享等重点文化惠民工程的建设，为农家书屋及时配置内容丰富、知识含量高、积极向上的文化读物，解决村民看电影难、看书难和上网难的问题。

第二，必须加强文化设施维护和运行管理。建立基层组织或个人负责机制，定期或不定期检查，发现问题及时上报、及早维修。要统筹各类活动场所的综合利用，努力做到相关设施能够共享，着力解决银达村文化设施配置后疏于管理的问题，以及乡村文化设施使用效率不高的问题。加强乡村文化基础设施建设需要各级政府用时代的发展要求审视乡村文化，用发展的眼光研究乡村文化，用改革的精神推动乡村文化，努力从理论和思想上、体制和机制上、方式和手段上不断改进、不断创新，深入实际、深入基层、深入群众，把农村文化基础设施建设做得更加具体、更加实在，以此更好地巩固乡村文化阵地。

（六）加强社会主义核心价值观培育和践行工作，坚定群众的理想信念

"国无德不兴，人无德不立。"孟德斯鸠在谈到国家体制和建设时强调："共和国需要品德。"他描述了一个国家当"品德消逝的时候"，就会弥漫物欲、贪婪、野心和权力的放肆，国家的发展、公民的幸福就都不可能实现。① 习近平总书记指出："核心价值观，其实就是一种德，既是个人的德，也是一种大德，就是国家的德、社会的德。"因此，"必须加强全社会的思想道德建设，激发人们形成善良的道德意愿、道德情感，培育正确的道德判断和道德责任，提高道德实践能力尤其是自觉践行能力，引导人们向往和追求讲道德、尊道德、守道德的生活，形成向上的力量、向善的力量"。②中共中央办公厅 2013 年 12 月印发的《关于培育和践行社会主义核心价值观的意见》强调，要"把培育和践行社会主义核心价值观融入国民教育全过程"。③ 社会主义核心价值观是凝魂聚气、强基固本的道德基础工程，是引导人民群众在思想道德上取得共同进步的基本价值导向和价值定位，对广大人民群众形成社会公德、职业道德、家庭美德和个人品德具有很好的导引作用。社会主义核心价值观是统领我国精神文明建设的科学理念，是决定我国文化性质和方向的深层次需求和旗帜指引，符合广大人民利益的价值追求。推动文化建设和思想道德建设迈上新台阶，紧紧围绕社会主义核心价值观这个内核进行，在培育和践行社会主义核心价值观上，拿出新策略、见到新成效，一定要形成良好的道德风尚。思想和政治，是统帅，是灵魂。加强乡村文化建设，提升村民的思想道德素养，要深入贯彻落实《关于培育和践行社会主义核心价值观的意见》，把社会主义核心价值观融入乡村文化建设的各个方面，大力培育和践行社会主义核心价值观。

第一，认知理解社会主义核心价值观。培育和弘扬社会主义核心价值观贵在知行统一，社会主义核心价值观的认知理解是培育和弘扬社会主义核心价值观的逻辑起点和基本前提，决定了村民对社会主义核心价值观的内心认同程度以及在社会实践中的应用程度。培育和践行社会主义核心价值观，一定要在增强认知认同上下功夫，使其人知人晓、深入人心。对社会主义核心价值观的深刻认知理解离不开持续的灌输，离不开持续不断的宣传教育。银达村党支部要高度重视，认真组织，精心策划，紧贴村民关注点和兴趣点，

①　葛晨虹：《道德建设转向具体务实》，《中国教育报》2013 年 3 月 1 日。
②　李泽泉：《社会主义核心价值观与道德建设》，《光明日报》2015 年 11 月 5 日，第 16 版。
③　《关于培育和践行社会主义核心价值观的意见》，新华网，2013 年 12 月 23 日。

通过理论宣讲、板报墙报、宣传橱窗、广播、电视、网络等媒介抓好宣传教育工作，用通俗易懂的语言、寓教于乐的方式深入浅出地把"三个倡导"的基本内容讲清楚，在全村叫响"三个倡导"24个字。银达村要把社会主义核心价值观融入文化建设、党的建设、社会建设的全过程。将社会主义核心价值观的精髓思想渗透到村民日常生活、学习工作和自觉的行为中，融入各种丰富多彩的文化体育活动和文艺作品中，形成浓厚的舆论氛围和强大的宣传合力，使社会主义核心价值观内化于心，持续提高普及化、大众化水平。对全国涌现出的新思路、新做法、新典型进行大力宣传，让村民深刻认识到社会主义核心价值观的培育和践行对提升村民道德素质、摒弃落后思想观念、增强乡村文化活力、保障村民权益、实现农业现代化的重大作用。通过宣传教育，广大村民对社会主义核心价值观从理解、接受、掌握到真正认同，最后转化为村民共同的坚定信仰和崇德向善的自觉践行。

第二，创新载体，确立价值导向。创建活动是培育和践行社会主义核心价值观的有效载体，要继续广泛开展"美丽家园·道德乡村"创建活动，大力推动公民道德宣传日、"邻里守望"志愿服务活动、道德领域突出问题专项教育，还可以创建如"中国梦·劳动美""学好人·做好人""我们的价值观""诚信之风""家规家教""最美家庭"等丰富多彩的主题活动，形成人人参与、个个实践的良好局面。大力倡导甘肃精神、雷锋精神、焦裕禄精神等，推动创优争先活动，充实文明创建活动的内涵，创新形式，发掘典型，树立典型，用村民身边可亲、可敬、可信、可学的榜样来引领社会风尚，使高尚的思想道德品质在每个村民心中扎根，不断提高村民的道德践行能力。银达村干部积极解决好村民关心的民生问题，处理好物质利益和道德建设之间的关系，解决好村民之间的各种矛盾，搞好乡村治理中的各种服务，真正赢得村民热情参与和大力支持，达到启迪心灵、崇德向善、见贤思齐、提升素质、德福一致的目的。

第三，加强对银达村党员干部和青少年人群的教育。乡村树正气、立新风，关键是乡村干部树立正确的价值观、心存公平、心存正义、爱岗敬业、遵纪守法、民主行政和诚信友善，培育和践行社会主义核心价值观乡村基层干部要先行。银达村要将社会主义核心价值观纳入党员干部培训教育中，通过典型宣讲、专题辅导等方式引领党员干部更加坚定理想信念和不断提高党性修养，涵养党员干部的道德品行，发挥他们巨大的辐射和示范效应，进一步引领村民群体坚守前进方向、坚守理想信念、坚守正义良知。要探索建立青少年思想道德建设的长效机制，从家庭教育、学校教育到社会教育，将社会主义核心价值观教育融入和渗透其中，使之成为贯穿教育全过程的核心内容，改进教学方式方法，广泛开展经典诵读、"我们的节日""做一个有道德的人"等主题实践活动，使社会主义核心价值观日积月累地融入青少年的心灵，体现在习惯养成中，形成学校、家庭、社会"三结合"，基层党组织、社会各方面协力育人的浓厚氛围。

　　第四，大力弘扬优秀传统文化。中华优秀传统文化是中华民族生生不息、繁荣昌盛的精神动力，是滋养每个中国人心灵、陶冶道德情操的精神营养。中华优秀传统文化为社会主义核心价值观的凝练提供了深厚的文化土壤，社会主义核心价值观的凝练深植于中华优秀传统文化，是吸收了有助于社会主义现代化建设的时代精华而形成和发展起来的，它的形成体现了对我国传统文化的超越和创新。大力弘扬优秀传统文化对培育和践行社会主义核心价值观具有重大意义。中共中央总书记习近平在主持培育和弘扬社会主义核心价值观、弘扬中华传统美德中央政治局第十三次集体学习时，就强调："培育和弘扬社会主义核心价值观必须立足中华优秀传统文化。"① 银达村要以科学的态度对待传统文化，深入挖掘中华传统文化"以民为本、敬德保民""克己奉公、修身慎独""和而不同、贵和尚中""刚健有为、自强不息""天下兴亡、匹夫有责""厚德载物、包容会通""勤俭廉政、精忠爱国""见利思义、诚信为本""仁爱孝悌、谦和好礼""民胞物与、天人合一"等思想精华和道德精髓，大力诠释弘扬。在全村广泛组织开展"弘扬传统美德、践行当代价值""传统美德经典诵读"大型主题活动，运用道德讲堂、基层文化讲堂等载体，更好地用中华优秀传统文化滋养人们的心灵、陶冶道德情操。

---

① 习近平：《中华优秀传统文化是社会主义核心价值观的重要源泉》，中国文明网，2014 年 2 月28 日。

（七）营造文化氛围，充分发挥村民的主体地位

文化是人类社会特有的现象。人创造了文化，文化也塑造了人。文化的实质是"人化"和"化人"的统一。一方面，人按照"人"的需要和理想改变人以外的世界，以满足人生存发展的需要；另一方面，人按照"人"的需要、价值和理想陶冶性情，规范行为，塑造人格，优化、美化和完善品德，以此达到优雅、完美和高尚的程度。人是生活在自己所创造的文化之中的，是生活在自己的精神世界里的。物质生活并不能保证人的幸福，因为幸福是一种精神感受。人的幸福感、归属感来自精神文化生活。文化对人们的社会经济生活不可或缺。乡村文化建设从村民的自觉参与，到村民的主动享有，直至乡村文化的繁荣发展，都是围绕村民来展开的，村民始终是乡村文化建设的主体和决定性因素。村民既是乡村文化发展的直接参与者，又是文化建设的对象，更是乡村文化建设成果的验收者和收获者。要想全面和谐地发展乡村文化，就要牢牢把握村民在乡村文化发展过程中的主体地位，相信村民、依靠村民，充分尊重村民的自主性和创造性，培养其自立性，帮助他们树立文化自觉意识，充分发挥他们在文化建设中的积极性和创造性，使村民成为乡村文化建设真正的主人，乡村文化建设才具有旺盛的生命力。

第一，加大宣传和政府引导力度。在舆论宣传和政府引导下调动村民参与文化建设的主观能动性，促使村民积极主动承担文化建设的任务，让村民成为文化建设的主体力量，这是文化自觉的落脚点和现实追求。银达村村委会通过媒体或组织专家宣讲培训把乡村文化建设的重大意义、深刻内涵、基本内容、工作目标和具体措施宣传到位、解释透彻，使村民认识到自己是农村的主体，是支持文艺组织、农业的主人，激发村民的文化自觉，调动村民从自身做起，正确运用文化的力量，继承和弘扬中国先进文化，协调人际关系，增强文化自信、责任感和建设美好家园的内在愿望，努力提升科技文化素养和道德品质，积极参加农村的经济文化建设，为形成经济文化共同建设、幸福生活共同创造、发展成果共同分享的祥和昌盛局面做出自己最大的贡献。

第二，从村民所需出发，为民办实事。在解决村民利益问题上，银达村领导干部应定期下访，拓宽社情民意反映渠道，高度重视群众话语权，让群

众能充分自主地表达自己经济利益方面的意见，做到问政于民、问需于民、问计于民，完善群众利益维护机制，健全群众利益协调机制、预防化解利益矛盾机制，充分发挥政策、法律和制度等的导向作用，抓住有利时机，多办村民看得见、摸得着的惠农利农工程，根据群众的呼声真心实意解决民生难题，调节和处理好各种利益关系之间的矛盾，有效防止与民争利的行为发生，从而树立银达村领导干部在村民中的威信，让村民真正拥护、支持村干部的各项工作。在文化建设上，深入推进群众性精神文明创建活动，使广大群众拥有奋发进取、理性平和、开放包容的心态和健康文明的生活方式。在政治上，坚持"群众自愿、量力而行、积极而为、力求实效"的原则，充分保障群众的主人翁地位，无论是搞规划，还是搞建设，都要通过村民代表大会、通过"一事一议"决定，从实际出发量力而行，力求干一件成一件，不增加村民负担，让村民满意，从而不断增强群众的民主意识，引导和扩大群众有序的政治参与。

第三，根据村民的实际文化需求开展农村文化活动。首先，乡村文化设施建设、文化产品的供给、村民文化活动的内容都要围绕广大村民的实际文化需求进行，这样才能确保广大村民在乡村文化建设中主体地位的充分发挥。其次，加强对本土书画、文学、音乐等文化精品创作及文化能人、自乐班、文艺剧团的指导和扶持，更好地发挥政府投入和各类基金的作用，勉励文艺作品的内容和形式创新，支持乡村民间自办文化社团发展，加强排演场所建设，通过搭建平台，将有组织的活动与群众自娱自乐、广泛参与的文化活动有机结合，使广大村民自觉自愿参与其中。扶持优秀文化作品创作生产和演出展示，推出更多传播当代中国价值观念、符合时代要求、体现中华文化精神、反映中国人审美追求、具有浓郁生活气息的精品佳作。正确处理好文化与市场、导向与效益的关系，培育多元文化发展主体，推动文化与农业科技、教育等跨界融合，为全体村民提供昂扬向上、多姿多彩、怡养情怀的精神食粮，丰富村民精神文化生活，以此提高村民的思想水平，形成文明、健康的新农村生活方式。尊重文化发展规律，推动改革创新，倡导志愿文化、发展体育文化、培育创新文化，让文化主体的主动性、创造性充分迸发。办好顶级文体赛事，培育乡村文化建设的知名文化品牌，推动银达村文

化走向全国，使其在带领广大村民共同致富和促进农村经济文化发展等方面
发挥重要作用。

第四，开展乡村文化示范户评选活动，巩固乡村文化发展的成效。在社
会主义新农村文化建设中，政府要制定政策，树立典范，用突出的形象，以
潜移默化的形式带动乡村文化事业的发展。银达村开展新农村"文化示范
户"评选活动对于推动文化建设具有重要作用。要通过当地的媒体即广播、
网络、电视等手段大力宣传这一文化活动，来引起广大村民群众对此类活动
的重视。选出银达村在书法、绘画、刺绣、剪纸、根雕、声乐、舞蹈等各行
各业的文化示范户，通过赛会、展演、培训、讲座、表彰奖励等方式，鼓励
文化示范户大胆展示才华，最大限度地发挥村里文化示范户的引领示范作
用，吸引广大村民积极投入文化建设，形成一个全面覆盖、消除盲点、不断
发展壮大的文化团体网络，使最初的"看客""配角"的文艺爱好者升级成
为"主角"。这样既能吸引越来越多的村民参与乡村文化活动，丰富文化活
动的内容，又能巩固乡村文化事业的发展成果，还带动乡村文化事业的进一
步开展，为推动文化繁荣奠定群众基础。

（八）提升文化创新能力，开展多样的文化活动

文化是思想创造和精神创造的特殊领域，在多元文化背景下，文化创新
并不是简单地对传统的传承和延续，而是从思想观念到形式内容再到体制机
制的创新，是传统文化向现代化的转化和重塑，是从内涵到外延的不断创造
和更新，只有创新才是推动文化繁荣发展的真正动力。因此，要实现银达村
文化的发展繁荣，必须注重思想观念、乡村文化内容、形式和手段的自觉创
新，努力找准契合点，不断打造新亮点，这样才能更好地满足广大村民日益
增长的精神文化需求。

第一，创新思想观念，增强创新意识。思想是行动的指导，要想实现乡
村文化的创新，必须创新思想观念。只有具备创新性的思想才能创造出更多
有创新性的作品。要坚持从群众中来、到群众中去的路线，充分调动村民参
与积极性，才能实现文化创新，赋予群众文化新的活力与生命力。对于文化
工作者来说，在打造银达村文化品牌的时候，必须深化群众文化内涵，把群
众满不满意、赞不赞成作为工作的出发点与落脚点，加强创新，才能建设出

富有银达村特色的群众文化。因此，银达村应从群众文化发展现状出发，并结合当地的历史文化与风俗民情挖掘更多的艺术题村，创造出更多新的艺术作品。这不仅能丰富本地的群众文化内容，而且能传承优秀的地方文化。

第二，激发文化人才的创新活力。创新来源于对客观实践的认识和把握，来源于长期的经验积累，文化人才队伍的活力只有通过创新才能激发和体现出来。这就要求乡村文化人才队伍要树立牢固的创新意识，把创新当作乡村文化发展繁荣的唯一路径，着眼于地方文化发展优势，积极开拓市场，大力推出文化精品。

第三，创新文化形式。随着人们生活水平的提高，群众早已不满足于在节假日开展文化活动，也不局限于唱歌、跳舞等活动形式。人们的文化欣赏水平均有明显提高，他们的参与意识也变得更强，希望到舞台上展示自己的风采与特长。因此，我们要注重群众文化形式方面的创新，要善于借助现代传媒途径，利用互联网等渠道，进一步丰富群众文化形式，让群众文化更富有时代气息、更具有活力。但要注意对网络文化的筛选，选择健康向上、适合本地区的网络文化及最新的科技知识，将其作为群众文化创作的素材，从而增加文化内涵，形成健康的文化格调，引导当地群众文化的健康发展。要着重突出群众的主体地位，开展贴近群众、形式活泼有趣的文化活动，吸引更多的群众主动参与进来，提高其精神境界。比如，可举行个人才艺展示活动、科技知识有奖竞答活动、"让我们都来说说读书乐趣"活动、读书分享活动等，在为当地群众提供一道道文化盛宴的同时，达到修养身心、陶冶情操、提高智力、培养文艺爱好、激发读书兴趣的目的，逐步提升群众的文化素养。

第四，创新文化内容。农村传统文化均带有鲜明的特色，农村有着极其丰富的民间文化资源，这些民间文化最适合村民的认知方式和审美习惯，接触起来有一种自然而然的亲切感，也具有一定的艺术价值。因此，在创新文化活动时，积极挖掘农村现有的、独特的历史文化或民族文化资源，在保持原有文化特色风格的同时，充实其内容，创新其形式。在创新的过程中，文化工作者要注意弘扬社会主旋律，将社会主义理想信念教育融入文化活动中，可选取典型的人与事，用节目的形式表现出来，赋予时代性、教育性，为村民提供丰富多彩的民间文化活动和精神产品，从而达到愉悦身心、教育引导作用。此外，也可将文化活动作为平台，揭露社会上当前存在的一些丑恶现象，并邀请群众参演，让他们在自娱自乐中得到思想净化。

（九）培养新型村民，提升村民综合素质

美国著名经济学家、诺贝尔奖获得者西奥多·舒尔茨说过一句名言："改善穷人福利的决定性生产要素不是空间、能源和耕地，而是人口质量的改善和知识的增进。"① 我国是农业大国，村民作为乡村建设的主体，他们的综合文化素质的高低直接决定乡村建设的成败，更加决定农业现代化建设和我国社会主义现代化的兴衰。乡村经济社会发展归根结底要培养有文化、懂技术、会经营的新型村民，因此必须提升村民综合素质。银达村经济发展缓慢、发展机遇较少、村民收入增幅不高、生活单调主要是文化不强造成的，解决文化不强问题，关键是提高村民的综合素质。治贫先治愚，扶贫先扶智。培养新型村民、提升村民综合素质是银达村经济文化健康长远发展的需要，是实现银达村现代化发展的智力支持和可靠保障。提高村民的综合人文素质和政治觉悟，已经成为银达村经济文化发展和全面建成小康社会的迫切要求和现实需要。

第一，政府加大宣传，转变村民思想观念，提高村民思想认识。随着新农村建设的进一步推进，政府仅仅让村民走向现代、走向市场、走向富裕是不够的，政府要通过电视、广播、报纸、杂志、科普书籍、宣传手册或短信、互联网等媒体传播党的方针政策，增强村民参政意识、生态意识和民主法治意识，普及现代人文知识和农业科技信息，尽可能改变村民的传统观念，摒弃安于现状、小富即安的小农思想，尊重科学、懂得科学，用科学的手段发展经济；使自己的思维方式、价值观念与社会经济发展相融合，树立与市场经济和新时代要求相适应的价值观、开放观、市场观和竞争意识，勇于进取，积极创业，养成村民敢富、快富、大富的目标追求；逐渐培养村民的民主法治意识、主人翁意识、参政意识和生态意识，提高他们依法表达需求、依法行事、依法维权、依法参与管理、讲求生态伦理、发展生态农业的

---

① 〔美〕西奥多·舒尔茨：《论人力资本投资》，蒋斌译，商务印书馆，1990，第 4 页。

能力，使村民成为具有强烈的社会责任感和现代文明意识的合格公民。

第二，开展农业技能培训。新型村民不仅要拥有一定的农业科技知识、劳动经验以及生产技能，具备一定的法制观念，懂得维护自己的合法权利和利益，而且要会正确分析市场信息，具备参与市场竞争的能力。政府在农业科技政策与制度的制定与完善、科技理念的倡导、科技资源的组织与协调、科技支撑主体的激励和科技服务的监管方面承担主要责任，加强统筹协调，发挥政府各个部门、科研机构、大中专院校、企业行业单位等社会各个方面的作用，整合一切包括网络在内的教育学习资源进乡村、进家庭，使村民尽可能方便快捷利用这些资源，有针对性地为村民提供易于接受的农业科技知识和专业技能培训，使绝大多数村民变成掌握一到两项生产技能和本领的实用人才，把他们学到的文化知识和技能转化为现实生产力，运用到乡村经济建设中，实现用文化强农、用科技富农的价值诉求。村干部利用好乡镇文化站、村文化活动室对村民开展各种形式的农业科技宣传教育，营造优美的生产生活环境，同时借助这一平台开展思想道德教育、自然科学和哲学社会科学的基本知识普及教育活动，提升村民的思想道德和人文素养。

第三，教育村民养成终身学习的习惯和重视子女教育。由于科学技术的迅猛发展、产业结构的战略性调整和产品更新换代的加快，大大加快知识发展和更新的速度，人们工作岗位的变动日益频繁，人们现有的文化知识远远不能适应自身不断发展和工作岗位的要求，迫使人们必须不断学习、终身学习。早在1994年罗马举行的首届世界终身学习会议上，强调了"如果没有终身学习的意识和能力就难以在21世纪生存，终身学习是21世纪的生存概念"。[①]《国家中长期教育改革和发展规划纲要（2010－2020年）》明确要求，"到2020年，要构建完成体系完备的终身教育"。[②]党的十八大提出"完善终身教育体系，建设学习型社会是实现全面建成小康社会重大战略任务的根本保障"。[③]可见建设学习型社会、构建终身教育体系对全面建成小

---

① 崔振祥：《让终身学习成为习惯》，《资源导刊》2015年第1期。
② 《国家中长期教育改革和发展规划纲要（2010－2020年）》，中国网，2010年3月1日。
③ 《坚定不移沿着中国特色社会主义道路前进 为全面建成小康社会而奋斗——在中国共产党第十八次全国代表大会上的报告》，新华网，2012年11月19日。

康社会和促进人的全面发展的重要性。建设学习型社会、构建终身教育体系是社会化教育、学习化社会的集中体现，二者密不可分，相互联系，互为促进，使教育和学习从学校向社会的各个层面、各个组织和所有的人延伸，从一次性学习、多次学习向终身学习扩展，使教育学习贯穿人的一生。终身教育体系建设完善之时，也是学习型社会建成之日。培养具有高度的学习自觉性和学习能力的新型村民，不仅是乡村经济社会及个人健康长期发展的迫切需要，也是建设学习型社会最关键的因素。作为我国教育中最薄弱的环节，乡村教育肩负着对村民进行职前教育和职后培训的历史使命，还肩负着培养村民为用而学、以用促学、学以致用的学习态度，帮助村民树立终身学习的理念，变纯粹的、自发的本能为自觉的学习意愿、态度及能力，利用录像带、电视、活动参与、计算机网络、光盘数据库、手机等学习媒介与渠道获取各类生产生活知识，从而提高整体素质。终身学习、终身运动和终身反省相辅相成，终身学习的同时，终身运动，终身反省，可以延年益寿，减少个人烦恼，减少社会乱象，促进社会和谐有序发展。鼓励村民养成终身学习、终身运动和终身反省的良好习惯，来发挥自己的潜能，使村民更智慧、更长寿、更有人品，增强人类生命的活力。在银达村要把终身学习作为长远目标来抓，尤其是当地青少年的教育，青少年是促进乡村文化发展的后备力量，是未来可持续发展的人才保证，必须通过当地政府均衡配置教育资源提高学校教育质量让村中适龄儿童出色地完成九年制义务教育阶段的学习和养成终身学习的习惯，以适应社会发展的需要，在学习—工作—学习中，走出快乐幸福的美好人生。

（十）推进文化产业发展

文化产业作为一门科技含量高的新兴产业，具有收益高、消耗低、污染小、周期短、吸附劳动力强、产业关联度大等特点。文化产业具有文化形态和经济形态的双重身份，它以文化产品和文化服务的形式直接进入社会成员的文化消费领域，既能创造经济效益，也承担着对社会公众价值选择取向的引导任务。对乡村优质文化资源、人力资源加以整合开发，发展乡村文化产业是促进剩余劳动力就业、村民群众增收致富的一条切实可行的路径。推进文化产业发展是实现乡村文化软实力提高最重要的步骤。银达村必须加强乡村文化产业的快速发展，促进文化与经济的相互交融，并推动农村事业的全面进步。

第一，树立文化产业发展新理念。发展新理念是文化产业发展的前提。学习和借鉴我国乡村文化产业发展的成功经验和长效机制，在全村倡导文化产业的科学发展观，宣传合作社模式、农企合作模式、公司化模式、产业园区模式、集团吸纳模式和民俗餐饮模式等文化产业的发展模式，树立文化产业发展新理念，培育乡村经营者的市场观念和经营意识，推动乡村各类文化资源向市场转化，引导村民关注文化产业的发展，积极参与创办文化产业。银达村根据《甘肃省国民经济和社会发展第十三个五年规划纲要》和文化产业发展实施意见，结合乡村文化产业发展的基础和现状，按照民俗活动、民间工艺、民间曲艺、乡村旅游等产业类型，尽快制定乡村文化产业发展专项规划，并纳入国民经济和社会发展规划组织实施。确定发展目标、战略定位，安排基础设施建设，合理利用和开发资源，努力实现文化产业的发展，拉动银达村经济增长，让村民从中受益，激发他们参与乡村文化建设的积极性和主动性。

第二，大力开发文化演艺产业。文化演艺产业是将银达村本土的民俗文化资源商业化、产业化的重要手段，也是文化走出本土面向大众的有效形式。本地最突出的和最能体现地域特色的文化资源就是小陇剧、眉户剧，精心打造的具有浓郁地方文化特色的创意文化精品《摔罐》曾获得全国第十一届"群星将"戏剧比赛银奖、甘肃省农民文艺调演一等奖；小陇剧《洞房花烛夜》获得甘肃省"五个一工程"优秀作品奖；《二混混发家》《庄稼汉》《换宅地》《雪域深情》等获得酒泉市的多项奖牌，这些成功的例子彰显了银达村业余艺术团曾经的辉煌和文化实力。当今，酒泉市各级政府大力支持鼓励银达村业余艺术团或文化专业户向产业化、集约化发展，使其着眼于市场需求，激发文化工作者的创作热情，排练出更多思想性、艺术性、观赏性相统一的文化精品。

第三，发展文化旅游产业。银达村地处酒泉城区北郊，地势平坦，交通畅通便捷，历史遗迹资源丰富，在附近有清水河生态观光、花城湖大漠自然风光、文化广场人文历史景观、长城烽燧历史遗迹等各具特色的旅游文化资源。银达村要充分利用天然的地理优势，进一步深入开发，渗透文化元素，建立发展经济与农业文化、地区文化的互动联系，开发"都市农园""休闲农庄"文化产业经营模式，积极打造旅游相关文化产品，运用精良的制作工艺和独特的设计理念开发出一系列别具特色的产品投放市场，从而扩大银达村的影响力，吸引更多的人才和投资，推动乡村经济文化事业的发展。

第四，向文化产业示范基地学习。如向庆阳香包民俗文化产业群、苏州苏绣文化产业群、成都市三圣花乡景区、青海热贡唐卡艺术村学习，抓住国家发展农村文化产业的大好政策，通过对乡村生态文化、乡村民俗文化的深度挖掘，推进民俗工艺品制造业（手工刺绣、编制等）的发展，实现农业产业机构调整，实现农村更大的社会效益。

第五，积极搭建平台、连接市场，打通乡村文化消费渠道。乡村文化产业是发展农村经济满足村民文化需求的一个战略选择，酒泉市政府为了促进酒泉地区乡村文化产业的发展，根据当地乡村文化发展实际，尽快研究制定加快文化产业发展的具体政策。银达村村委会通过各种可能的手段积极搭建"招商引资""人才培训""公共技术研发""交易展示""成果转化"等服务管理平台，培育和疏通生产与消费之间的渠道，实施品牌战略、创新营销模式，充分整合传统农业、乡村文化等优势资源，促进文化资源的优化配置和效能最大化，注重文化产品的软性开发和素质升华，发展品牌文化产品、文化企业集团和文化支柱产业，以保障其良性发展，从整体上促进乡村产业结构调整和产业升级发展，形成特色鲜明、发挥自身资源优势的文化产业门类。

（十一）加强乡村网络建设，营造积极健康的网络氛围

互联网信息化时代的到来深刻地变革了人们的工作、学习和生活方式，人们的精神文化生活开始向网络世界延伸，越来越多的人选择通过网络来阅读、求知、学习，与此同时，海量且具有时代特征的网络文化应运而生。2015 年 8 月 12 日文化部部长雒树刚在京调研文化部全国公共文化发展中心时指出："在加快构建现代公共文化服务体系的背景下，中心要充分发挥公共数字文化服务主阵地的作用，在公共文化数字平台建设、数字资源产品优化、新媒体网络传播、边疆数字文化服务、推动文化馆行业发展等方面取得

新进展、新成效。"① 面对突出的信息渠道、文化娱乐、电子政务、商务交易等在农村社会发展的价值，选择适合具体情况的互联网发展措施，有助于更加合理、有效地发挥互联网在银达村经济文化建设中的作用。

第一，把网络文化纳入乡村公共文化服务体系建设工程。网络文化对于加快现代信息技术普及利用、开拓农村文化市场、扩大农村文化消费、繁荣农村文化事业、促进农业增收、满足广大村民的精神文化需求发挥的作用更加突出。各级党委和政府应充分认识到网络发展对乡村文化建设的重要性，要清晰地认识到网络文化发展对于乡村社会的经济文化协调发展、社会和谐稳定、村民精神生活的滋养不可或缺，将网络文化建设纳入乡村经济文化建设的总体规划中，做到统一部署、统一落实。政府要进一步加大对乡村网络建设的投入，提供多种优惠政策和支持，确保网络覆盖到位，提升网络服务水平。

第二，建立健全网络治理制度，推动乡村网络治理的规范化和科学化。网络治理成为乡村社会治理能力建设的重要组成部分，建立健全网络治理制度，推动乡村网络治理的规范化和科学化对于提高乡村治理能力意义深远。各级党委、政府要转变观念，积极响应网络建设互联互通、交流互鉴、共享共治、共同繁荣、安全有序、公平正义的时代要求，制定乡村网络文化建设的行政监管制度，健全乡村网络舆情监控体系，明确乡村网络文化治理中治什么、谁来治、如何治的关键问题。坚持依法治网、科学管网、文明上网，综合运用法律、行政、技术、社会、教育等手段，加快形成法律规范、行政监管、行业自律、社会监督、技术保障、社会教育相结合的互联网信息传播秩序。倡导依法上网、文明上网，争做传播文明、引领社会风尚的好网民。依法加强互联网基础管理，严惩依靠网络传播淫秽色情、暴力内容和违法犯罪行为，有力净化网络生态，切实提升网络管理效力。建立完善的政府评价反馈体系，量化考核乡村网络文化建设的基本状况，以评促建，引导乡村网络文化建设良性发展。

第三，多方联动繁荣农村网络文化市场。积极培育产品市场，一方面各

① 雒树刚：《加快推进公共文化服务数字化建设》，中央政府门户网站，2015年8月14日。

级政府要采取各种扶持措施，激励民间艺人的创作热情，鼓励他们努力创作反映当地风土人情、民俗民风的作品，并提供网络技术支持广泛地宣传优秀作品，营造共建共享的精神家园。另一方面要培育农村网络文化产业，将文化产业的发展与地方经济社会的发展紧密结合起来，在场地、经费、税收等方面予以优惠和支持，引导企业投资特色区域文化产品，利用大数据布局电商业务来实现农业文化产品的生产和营销，密切跟踪消费动态，通过大数据分析进行精准营销，确定市场需求，走预售农业文化产品、订单农业文化产品、众筹农业文化产品的新型农业文化产业发展之路，在获得良好的经济效益的同时促进特色网络文化产业的发展。

第四，提高网络治理技术水平。国家鼓励企业参与相关技术和产品开发，不断更新技术，使技术手段的发展与进步能够适应网络社会治理的需要。通过建设网络安全系统，建立防火墙，启用各种监控、过滤和拦截技术等对网络内容进行筛选，屏蔽过滤有害信息，利用技术手段实现乡村网络实名制管理，对不良乡村网络用户进行有效监管，使乡村网络空间成为传播先进思想和优秀文化的重要阵地。

第三节　结语

文化兴，百业旺。乡村文化建设是乡村经济社会建设的精神支撑和动力之源，是培育乡村文明新风尚、弘扬优秀传统文化、全面提高村民道德素质和科学文化素质、满足村民群众文化需求、推动社会主义文化大发展大繁荣的有效途径，同时也是社会主义新农村建设和乡村振兴的重要评价指标，是全面建成小康社会的客观要求。随着新时代乡村振兴战略的实施，乡村文化面临前所未有的发展机遇，具有广阔的发展前景。乡村振兴离不开乡村文化的蓬勃发展，乡村文化建设是乡村振兴的重要内容，将受到越来越多的关注和支持，特别是各级党委、政府的支持将为乡村文化健康持续发展提供政策、资金、法律等方面的保障。党的十八大报告提出，扎实推进社会主义文化强国建设，坚持面向基层、服务群众，加快推进重点文化惠民工程，加大对农村和欠发达地区文化建设的帮扶力度，继续推动公共文化服务设施向社会免费开放。党的十九大报告提出实施乡村振兴战略，其中文化建设是灵魂。银达村领导班子和领导干部应把握文化发展的大好机遇，充分响应国家有关农村发展的战略，立足现实，因地制宜，把乡村文化建设作为社会主义新农村建设的重要内容和乡村振兴战略重要任务来抓，认真分析文化建设中存在的问题，总结成功经验，广泛征求村民意见和建议，坚持文化事业与文化产业全面协调发展，积极创新文化服务方式、活动方式，深化文化内涵，挖掘地方文化资源，将传统文化与现代优秀文化相结合，构建分工协同、布局合理、优势对接、多极支撑的文化发展新格局，改善银达村文化环境，强化村民的文化自觉性，切实提高村民的道德情操和文化综合素质，不断增强文化软实力，促进银达村经济、政治与文化、社会全面协调发展。

参考文献

刘吉平：《酒泉市肃州区志》，甘肃文化出版社，2009。

孙占鳌：《酒泉民俗研究》，甘肃人民出版社，2014。

吴同礼：《生辰和寿辰》，《中州统战》1999 年第 3 期。

冯毅：《新时期乡村文化建设探讨——以广西恭城县为例》，硕士学位论文，
    广西大学，2010。

杨克忠：《好歌一唱六十年：酒泉市肃州区银达镇乡村文化调查》，甘肃文
    明网，http:∥www. godppgs. gov. cn/2011/1109/7200. html，2016 年 5 月
    20 日。

《走进甘肃酒泉银达镇 群众文化在这儿坚持了 60 年》，光明网，http:∥cul-
    ture. gmw. cn/2011 – 08/22/content_ 2496287. htm，2016 年 5 月 20 日。

简小娟：《肃州区银达镇银达村发展群众文化纪实》，肃州区委宣传部，ht-
    tp:∥www. gs. xinhuanet. com/dfpd/2005 – 10/20/content _ 5394026. htm，
    2016 年 6 月 1 日。

季成家：《一代诗风工农开——评银达乡农民诗》，《甘肃文艺》1976 年第
    2 期。

《鲜花盛开文化乡》（酒泉县银达乡民歌选登），《甘肃文艺》1976 年第
    2 期。

于水、任燕姮：《历史解读、现实审视与发展探讨》，《理论月刊》2012 年第
    12 期。

陈吉元、胡必亮：《当代中国的村庄经济与村落文化》，山西经济出版

社，1996。

栗升玉、薛远高：《沃野奇葩——记甘肃酒泉市银达乡农民艺术团》，《文化
　　月刊》1995 年第 4 期。

蒲平：《文化新风拂银达——甘肃省酒泉市肃州区银达镇开展农村文化活动
　　纪实》，《思想政治工作研究》2012 年第 2 期。

《繁荣群众文化 建设和谐新农村——银达村发展群众文化纪实》，《党的建
　　设》2006 年第 3 期。

《中华人民共和国国民经济和社会发展第十三个五年规划纲要》，新华社，
　　2016 年 3 月 17 日。

高正刚：《银达》，酒泉市汇丰彩色印刷有限公司，2008。

《肃州区银达镇银达村发展群众文化纪实》，新华网甘肃频道，2005 年 10 月
　　21 日。

杨克忠：《好日子要唱着过》，《光明日报》2011 年 10 月 31 日，第 7 版。

肃州区人民政府：《记肃州区银达镇银达村党支部书记王建军》，《酒泉日
　　报》2016 年 2 月 22 日。

杨璐：《文化是我们银达人的魂》，《酒泉日报》2016 年 2 月 14 日，第 3 版。

附　　录

附录一　不同时代银达村乡村文化的代表性作品

（一）摔罐（节选）

（小陇剧）

编剧：李玉春、高正刚。

时间：当代。夏日中午。

地点：河西农村桂兰家后院。

人物：桂兰——50 岁左右，林母的儿媳妇，灵芝的婆婆。

林母——70 岁左右，桂兰的婆婆。

灵芝——24 岁，桂兰的儿媳妇。

场景：桂兰家房舍新颖、浓荫环绕，远处田野绿树成荫，麦浪滚滚，牛羊成群，茵茵绿草连接祁连雪山，呈现一派欣欣向荣的景象。

［幕启：在欢快、喜庆的音乐声中，桂兰提篮子，喜气洋洋地上］

桂兰：（唱）喜鹊叫呀那个叫呀叫喳喳，

我心里乐呀乐呀乐得那个开了花。

志强儿新婚办喜事，

刚过门的媳妇叫灵芝。

喜得我给牛喂米给鸡把草拿，

喜得我睡梦里笑哈哈。

别笑我老婆子犯了傻，

要是你也会喜得笑掉牙。

（白）妈……妈……（左右瞅不见人）哟，这死鸡儿……

（放下竹篮，撵鸡，林母提喂猪桶，一步一步挪上）

林母：（唱）老来难来老来难，老病缠身受熬煎。

忍着病痛把活干，为儿孙再苦心也甘。

（欲下，桂兰边上边向后看，恰与林母碰了个趔趄）

桂兰：（明知是婆婆，故意凶巴巴的）谁呀？专往人身上碰（假装）！哎！是你呀，快起来，我问你，这几天我忙得昏天黑地，没来后院看看，这十几头猪都让你给喂瘦了，百十来个鸡呀，今天才收了五十个蛋，唉，这当家难呀，难当家……

林母：唉，这都是我不好，让你受累了，我（暗暗抹泪）……

桂兰：好了……不说了，就说眼前吧，你的儿子上了水库，我的儿子刚媳妇娶进门，又一头扎到科技示范田里不着家，这家里的、地里的、果园的、菜地的，猪羊牛鸡鸭、狗兔和猫娃，再加上你都得我侍候，我在你们林家苦了二十多年，上养老下管小，还不落好！我这病……说不定哪一天……（假装哭）

林母：桂兰，千万要当心身子，这个家不能没有你啊，好在灵芝已经过门哩！叫她给你搭个下手，帮一把……

桂兰：（打断婆婆的话）哟！站着说话腰不疼，刚过门的媳妇我还心疼呢，再说她那人见人爱的模样，我当婆婆的再苦再累也不能连累她呀！妈，我这个不贤不孝的媳妇给你送饭来了，（从篮子里取出瓦罐送到林母面前）快点吃，我还忙着呢。

林母：噢！这么多的剩菜汤，大热的天，吃不完就糟蹋咧。

桂兰：你慢慢吃……一顿吃不完，吃两顿，两顿吃不完，吃一天！

林母：一天……这……大热的天……

桂兰：马上要夏收了，家里家外就我一个人撑着，我也是一天只吃一顿饭，所以就用罐子给你送来一天的（看婆婆神情黯然又假急），噢，妈呀，你可别到处给人家胡说。

  林母：我老了，帮不上忙，咋能胡说呢，我……

  桂兰：你该享清福了，谁家有像你这样有福的婆婆呢？

  灵芝：奶奶。（端饭上）

  桂兰：（马上眉飞色舞）哟……灵芝，你过门还没三天，不在屋里歇着，跑到这里干啥来了？

  灵芝：我给奶奶送饭来咧，奶奶。

  林母：灵芝，好娃哩！吃的你婆婆送来咧！

  灵芝：婆婆送来咧，我看看（端起罐），杂菜汤，这能吃吗？

  林母：能吃……（忙掩饰）我娃快坐！

  桂兰：（看到灵芝跟婆婆亲热，忙上步拉住灵芝的手）

    （唱）叫灵芝妈的亲蛋蛋，见到你我心里如蜜甜！

       快跟妈回到新庄院，咱婆媳两个喧一喧。

  灵芝：（唱）叫声妈别着急，有件事情给你谈；

       三个条件得依我，还得把规矩定在前。

  桂兰：好娃哟，别说三个条件，就是三十个、三百个，妈都依你，你快说。

  灵芝：妈，我可是石斧头开山——石打石（实）。

  桂兰：那我就是铁匠铺里拉风匣，只有点头的份。

  灵芝：那可不准反悔。

  桂兰：妈都这么大年纪了，反啥悔哟，我娃你快说第一件。

  灵芝：妈你听：

    （白）头一件很简单，钥匙、存折交我管；

       家里的事儿一件件，不论大小都得我说了算。

  桂兰：（意外）你这……

  灵芝：（拿出一张纸）第二件哟都写在这张纸上，你自己看！（把纸递给桂兰）

  桂兰：（接过纸）（白）

    早起晚睡把活干，田间地头不能闲。

百只鸡每天要收百二蛋，猪膘要长三指宽。

马肥牛壮六畜旺，果园每晚你当班。

具体时间安排表，详详细细写在上边。

一条一项不含糊，签名盖章立即办……

（白）灵芝，你……（双手发抖，纸落地上）

灵芝：那我再说第三件。

（唱）第三件更不难，小事一桩今日办。

你搬来和奶奶做个伴，就住在后院旧房棚间。

桂兰：天啊，天……（唱）

字字句句穿心过，浑身发抖疼心窝。

我才刚把婆婆当，就遭报应在眼前。

灵芝：还有件礼物，送给你，妈、奶奶，你们等一会儿。

桂兰：妈……

林母：桂兰，先坐着歇一会儿。

桂兰：妈，我的心疼啊！（灵芝提一个小包，上）

灵芝：（唱）箱里装着小罐罐，罐里装着心一片。

巧计用在罐子上，要给婆婆把戏演。

（白）妈、奶奶，你们看。

林母：娃呀，这是……

灵芝：这是我专门送给婆婆的礼物，（从包里取出一个陶罐，举到二人面前）你们看。

桂兰、林母：啊，罐子！

灵芝：对！罐子，这是我过门时就带来的。妈，我送你一个罐子，也算媳妇对你的一片孝心。

桂兰：你……真没看出……你……

灵芝：这也是跟你学来的，从今以后，我每天只做一顿饭，由你亲自去给你二人各盛一罐，要是不够吃，你和奶奶互相调解、互相支援。

桂兰：（只觉天旋地转）报应！报应！

林母：（求灵芝）灵芝，你不能这样对待你婆婆，她为你们小两口的婚事操碎了心，受尽了苦，你……不能这样啊！

 灵芝：奶奶，为啥不能这样，她能这样对你，我也能这样对待她，这叫一报还一报。

 林母：天地良心，灵芝，你再这样对你婆婆，奶奶就给你跪下了。（欲跪）

 灵芝：（忙上前扶住）奶奶，你快起来，这不关你的事！

 桂兰：（咬牙，下狠心）妈，我搬，我搬过来和你一起住。

 灵芝：要搬就搬，可别耍赖！

 桂兰：我搬，只要你们小两口把日子过好，我搬……我搬！（背过身子抹泪）

 林母：媳妇你……灵芝……天哪，这都是我的罪，都怪我呀，我还活着做啥？我不如去死！我……（欲撞向旁边石凳）

 桂兰：（忙拉住林母）妈……

 灵芝：（也忙去扶住林母）奶奶……（桂兰打灵芝一耳光，灵芝跪在奶奶、婆婆面前。桂兰也跪下，林母忙拉起二人）

 林母：（唱）眼前事如利剑刺我肝胆，儿媳妇、孙媳妇都跪面前；

      非是我心肠狠要寻短见，我活在人世间给你们添难。

      手拉着孙媳妇泪如涌泉，求求你看我面肚量放宽；

      你婆婆为你们吃苦受累，勤持家省吃穿心血熬干。

      上养老下管小经营家园，才有这好光景新屋增添；

      做小辈要贤孝自古流传，婆母如亲娘心心相连。

 灵芝：奶奶……（背过擦泪）

 桂兰：（唱）婆婆她句句话字字千斤，桂兰我手捂胸想后思前；

      两代婆婆一样的命，两代媳妇一样凶。

      这些都是谁的过？这些都是谁造成？

 灵芝：妈！（唱）人心都是血肉长，人人都是父母生；

      人人都要做父母，人人都要有儿孙。

 林母：（唱）世上只有父母苦。

 桂兰：（唱）做儿媳应当尽孝道，为儿孙树立榜样好做人。

（合唱）尊老爱幼是传统，弘扬美德育子孙。

桂兰：（已经明白）是呀，养儿防老人之情，妈，我错啦！媳妇对不起你。我错了，我对不住你！

灵芝：（暗暗高兴）奶奶、婆婆你们看。（从包里又取出一个罐子）

桂兰、林母：（齐声）怎么又是一个罐子？这？

灵芝：这是给我自己准备的！

桂兰、林母：（齐声）啊，给你自己？

灵芝：是呀，奶奶，妈，我将来也要生儿育女，说不定这个苦果迟早要吞，所以提前为自己准备了一个罐子，免得以后受苦！

桂兰：（猛然醒悟，从灵芝手中抢过罐，欲摔罐）孩子，你就别说了。

灵芝：妈！我要说，你现在当上了婆婆，我将来也要当婆婆，怎样当婆婆，怎样当媳妇，更重要的是怎样当一个好媳妇。

桂兰：罐子啊罐子。（欲摔）

灵芝：妈，要摔咱们一起摔。（转身取过两个罐子，给奶奶一个）

桂兰、林母：对，咱们一起摔。（各执一罐）

［曲起，切光，摔罐，亮相］

幕后合唱：摔罐摔出情与理，摔罐摔出曲与直；

　　　　　　生活小事明大义，婆媳互敬紧相依。

［切光，剧终］

（二）双丰收（节选）
（小陇剧）

编剧：李培喜。

人物：玉花爹——50岁左右，贫农社员，简称爹。

　　　　玉　花——25岁，生产队干部，简称花。

　　　　玉花妈——50岁左右，贫农社员，简称妈。

［幕启：妈手提木桶上］

妈：（唱）丰收凯歌震天外，贫下中农喜心怀。

千村万户齐欢庆，大寨红花遍地开。

（白）毛主席他老人家指示我们"农业学大寨"，今年又是个丰收年，粮食亩产上了"纲要"，社员生活又有了提高，家家都听毛主席的话，多养猪，养好猪。我家喂的两口猪，膘肥个大。我早就划算好，把最肥最大的那一口卖给国家，留下一口到年下宰了，再磨些白面，把闺女、女婿和她俩姨都请来，热热闹闹过个年。

来了！来了！这两个胀不死的，真能吃！

（提桶喂猪。爹上。）

爹：（唱）学习大寨赶昔阳，人换思想地换装。

五谷丰登六畜旺，骏马快车送公粮。

毛主席教导记心上，备战备荒第一桩。

节约用粮不能忘，家庭会上细商量。

（进门）

玉花她妈，快抬粮食。

（二人出门）

妈：哎呀！分这么多粮食！真是，毛泽东思想闪金光，人换思想地换装，五谷丰登粮满仓啊！

爹：哈！学习有成绩，出口就有词儿，真不简单！

妈：许你先进，就不许我进步了？快抬粮食！

（二人抬粮食）

爹、妈：（合唱）一轮红日出东方，葵花朵朵向太阳。

人民公社就是好，幸福生活万年长。

妈：你只顾分口粮哩，公购粮任务咱队完成没有？

爹：那还用说，超额完成了，咱队多向国家交售一万斤。

妈：那就太好了。这都是毛主席、党中央领导得好啊！玉花她爹，今年咱们分了这么多粮食，还有咱的两口肥猪，咱……

爹：两口肥猪支援国家。粮食，咱们定个用粮计划。

妈：玉花她爹，咱们把最大最肥的一口交给国家……

爹：那一口呢？

妈：到年下把它宰了，再多磨些白面，把闺女、女婿接来，再把她俩姨也请来，热热闹闹地过个年。

爹：噢，宰猪，磨面，再打上十几斤好酒，摆上它十来桌，就更红火了。

妈：（信以为真地）哟，玉花爹，你的胃口比我还大呀！那——怕就有点铺张浪费了吧？

爹：你也知道那叫铺张浪费吗？那咱就定个节约计划，你也再不要想自家宰猪、摆席的事了，给你说，队上的生猪交售任务已经完成了，到年下要宰猪给社员分肉，咱们把咱分的十几斤猪肉领回来，也能热热闹闹过个年。

妈：嗯，看你小气的，十几斤猪肉够干个啥？丰收了嘛，过年也要像个样子，免得亲戚们笑话。

爹：那——你真的要宰猪、摆席呀？

妈：咦，你说呢？

爹：这是旧风俗、旧习惯，我坚决反对！

妈：啥叫旧风俗、旧习惯？猪是我喂的，粮食是劳动分来的，自家吃上些、喝上些、咋，这犯政策了吗？

爹：不犯！

妈：犯法了吗？

爹：不犯！

妈：好哇！我一不犯政策，二不犯法，那——谁也挡不住！

爹：可是你违反了毛主席关于勤俭节约的指示，我就要挡！

妈：你少乱扣帽子。

爹：你……玉花妈！

（唱）老伴脚步离了"线"，铺张浪费看不见。

　　　只知眼前增了产，勤俭节约抛一边！

妈：（唱）勤俭节约我有经验，黑板报上也把我宣传。

　　　过年请客吃顿饭，又能花费几斤粮食几个钱？

爹：（唱）一斤粮食一粒弹，备战备荒紧相连。

毛主席指示我照办，我看你站的路线偏。

妈：（唱）毛主席指示我照办，各项任务走在前。

你少上"纲"又上"线"，我脚跟站得比你端。

爹：（唱）老婆子顽固不听劝，个人主义冒了尖。

妈：（唱）老头子骄傲又自满，谁理你这个"管得宽"。

爹：（唱）你有缺点我就要管。

妈：（唱）我偏要磨面、宰猪、接闺女、请俩姨，你休想把我拦。

（妈赌气，背爹而坐。）

爹：你……

（玉花上）

花：（唱）庆丰收，办展览，进行教育搞宣传。

举旗抓纲讲路线，特地借宝把家还。

（进门）

妈：（惊喜地）玉花！你回来了，可真把妈想坏啦，几个月都不回来转一趟，你看人家哪个女出了门不转娘家？就你这个娃唱响主旋律呀，当了革委会委员就忙得也不回来把妈看看。

爹：你看你！成天想娃哩，娃一进门你就唠哩唠叨，也不问娃队上抓革命、促生产搞得咋样？

妈：你少管，我当然要问哩。

爹：你……

花：爹、妈，你俩咋回事呀？

爹：（拉花）来，玉花，听爹跟你说，丰收之后……

妈：（拉花）来，玉花，妈跟你说，分粮之后……

爹：我先说！

妈：我先说！

爹、妈：（同时）你说，你就说！

花：（背唱）见爹妈面不和声高气大。

妈：（背唱）见玉花空手回不像转娘家。

爹：（背唱）忙秋收我女儿不会请假。

花：（背唱）我还要先调查问问爹妈。

妈：（同时背唱）我还要悄悄地问问玉花。

爹：（同时背唱）我还要寻机会问问玉花。

妈：（倒水）先喝杯水，妈给你擀长面吃。这回来，可得多住几天。

花：不啦！妈，我马上就要回去。

爹：那你是——

花：我是来借东西的。

妈：借东西？——粮袋？

花：不是。

爹：脱粒机？

花：不是。是一件宝贵的东西。

爹：宝贵的东西？

妈：宝贵的东西又是啥呀？

花：（唱）贫下中农心红志坚，毛主席教导牢记心田。

　　　　丰收做到"五不忘"，革命利益放在先。

爹：玉花她妈，啥叫"五不忘"啊？

妈：这我还不知道？丰收不忘毛主席，不忘国家，不忘集体，不忘备战备荒，不忘支援世界革命。

爹：你知道了就好。玉花，你们打算怎么办？

花：（唱）年前办个小展览，贫下中农忆苦思甜。

　　　　防止浪费乱花钱，提高觉悟促备战。

爹：对，对，对！铺张浪费的人，我们队就有，也要及时帮助教育哩！

妈：（不自在地）这……

花：（唱）因此来借一件宝，展览会上做宣传。

爹：好！我知道了！

（爹下）

妈：玉花，你到底借啥宝呀？

花：妈……

（爹内喊：玉花捧破瓦罐上，亮相）

爹：你借的可是这个传——家——宝！

（唱）捧饭罐怒火燃往事重现，阶级仇血泪史涌上心间！

　　　旧社会"三座大山"压得穷人筋骨断，

　　　国民党马匪帮狠毒凶残。

　　　抓壮丁硬通咱全家离散，你爷爷满腔怒火冲上前。

　　　猛一掌打伤了匪军狗眼，马军把老人一顿皮鞭。

　　　打得他浑身上皮开肉绽，风雪夜死在那古庙里边。

　　　此后你奶奶拿起了这讨饭罐，东讨西要流落外乡十三年。

妈：后来你奶奶去世，你爹逃壮丁不敢回家，我又接过这个讨饭罐，背着你两岁的哥哥，背井离乡……

（唱）地主恶霸似虎狼，穷人到处受摧残。

　　　你哥生病无钱看，冻饿而死痛难言。

　　　祖孙三代血泪史，满腔悲愤说不完。

花：（唱）重温家史怒满面，深仇大恨记心间。

　　　　饮水思源不忘党，忆苦方知今日甜。

　　　　永远不忘阶级苦，继续革命永向前！

妈：我在丰收面前停了步，"私"字冒了尖。

爹：所以要狠斗"私"字，努力改造世界观。

花：爹，咋回事呀？

爹：你叫你妈自己说吧。

妈：你爹要定节约用粮计划，我呢"私"字冒了尖，心想粮食亩产上了"纲要"，是起码要求，我们还要乘胜前进，继续革命，跨"黄河"过"长江"，为中国革命和世界革命做出更大贡献。

花：爹说得对，我们应当眼观世界风云，心怀革命全局，立足本职为革命种田，坚决贯彻毛主席提出的"备战、备荒、为人民"的伟大战略方针。

爹：当前，新的世界大战的危险依然存在，我们要时刻提高警惕，防止敌人搞突然袭击。节约粮食，超额完成国家征购任务，就是具体的战备行动。

花：妈，对毛主席的指示，我们贫下中农要坚决照办，这是个路线问题啊！

爹　妈：好闺女，你爷儿俩学习毛泽东思想比我强。我只说平时劳动积极，学习开会一次不落，样样任务都完成，就差不多了，看来我学习还差得很远，路线觉悟太低了。

爹：好！自觉上"纲"上"线"，这就说到根子上了。哈哈哈……

玉花妈，那么两口猪……

妈：不宰了，两口猪都卖给国家。

爹：咱们过个革命化的年。

妈：好，我同意。

花：妈，我们贫下中农应当超额完成国家任务，支援国家社会主义革命和社会主义建设。

爹：好哇，玉花妈，把我前两天做的那个大木箱子搬过来。

妈：干啥？

爹：把节约粮食计划落实到行动上！

妈：噢，噢噢！

（妈下）

爹：哈哈哈……

（妈抱着木箱上）

妈：玉花，给好好在箱子上写几个字。

花：写啥呀？

妈：毛主席教导我们要"增加生产，厉行节约"哩，你就给咱写上"节粮箱"三个字。

花：好！

（花握笔写字）

爹：今天这个家庭会开得好。毛主席说："要使我国富强起来，需要几十年艰苦奋斗的时间，其中包括执行厉行节约、反对浪费这样一个勤俭建国的方针。"我们要时时刻刻牢记在心头，落实到行动上。

妈：你真不愧是学习毛泽东思想的积极分子，我向你学习。

花：写好啦！

妈：让妈看看。

爹、花、妈：（合唱）毛主席教导记在心，备战、备荒、为人民。

胸怀革命大目标，迈开大步向前进！

［亮相。幕落］

（注：这个剧本经甘肃省小陇剧团修改后演出，并发表于
《甘肃日报》）

（三）洞房花烛夜（节选）
（小陇剧）

编剧：高正刚。

时间：花烛夜。

地点：洞房。

人物：吴义——40多岁，农民新郎。

根花——40多岁，绰号"独根草"新娘。

吴强——吴义之子，20多岁，乡企工人。

吴母——吴义之母，70多岁。

二嫂——40多岁，寡妇，吴家邻居。

［幕启。在欢快的音乐中，布置一新的洞房］

场景：吴义、根花由舞台两侧各推半个巨大"喜"字上至台中，"喜"字合拢，两人在喜字后面的"口"字中探出头来亮相，转出。

根花：（唱）我根花，命不凡，再嫁吴义赛神仙。

吴义：（唱）谁说半百无人问，西瓜还是老的甜。

根花：（唱）光阴无情驱娇容。

吴义：（唱）老梅不嫌春光淡。

根花：（唱）我只图安逸享乐春心稳。

吴义：（唱）我为你敢下火海上刀山。

（大笑）哈哈哈……

（拿起苹果，递给根花）

（白）花！给，先解解渴，今天喜事办了个红火，可也把你给累坏了。

根花：（顺势地）啊哟！（娇态百出，嗲声嗲气）腰也是酸的，腿也是痛的！

吴义：（谄媚地）咳咳！（忙为其捶腰）

根花：义哥，今日席也开了，客也散了，有件事还得落实。

吴义：哪一件？

根花：咯咯……（虚与周旋）义哥！我问你，这世上是老婆亲还是老娘亲？

吴义：这……

根花：说呀！嗯！

吴义：这老婆，老娘，老娘，老婆……

根花：说呀！（威逼地）讲呀！

吴义：咳！当然是老婆比老娘更亲嘛！

根花：你还是有见识的。

吴义：咳咳……

根花：你可是嘴上有了毛的人，可要说话算数！

吴义：说到做到，不放空炮！

根花：好！人都叫我"独根草"，这你知道。（转身取出一个旧包袱）接着！（将包袱甩到吴义怀里）

吴义：噢！这是我娘的包袱。

根花：我知道是你妈的包袱，这漂亮的洞房里放这东西多扎眼。你再瞧，这鲜活的新生活偏有个碍手碍脚的老包袱。多别扭！

吴义：啊……（将包袱放一边）花！你是我的心尖尖，别生气，来，先喝杯水。

根花：水？水壶还底朝天呢。

吴义：唉！真是老糊涂了，忙也忙不到点子上！（向内）开水、开水！

（吴母提壶，高兴地上）

吴母：（唱）人逢喜事精神爽，再苦也不觉累得慌。儿子办了终身事，了却了我的心事一桩。从今后我又把婆婆当，洗锅做饭、喂鸡扫院、洗洗涮涮、提壶倒水也欢畅。

（进房）（白）哟！看我老颠瞎忙的，干活丢三落四的！媳妇呀！渴坏了吧？（欲倒水）

吴义：（接壶）我来！

吴母：（见根花不乐意）媳妇是累了吧，快躺下歇歇（欲扶根花，花急躲开）哟！看我这烧了灶火的脏手。媳妇，你想吃点啥？妈给你做去。

根花：哟！（风凉腔）我刚一过门就成了个要饭的了！

吴义：（不耐烦地）啊呀！我的妈呀！别啰唆了，该吃饺子了！

吴母：行啊！羊肉白菜馅是现成的，我这就去包。（笑着下）

根花：人老话多，讨厌又讨嫌！

（幕后传来二嫂的声音："快闹房去，你们偷看什么，快进房吃喜糖去！"）

（二嫂手提红包，边说边上，进屋）

二嫂：他大叔，该闹闹洞房了吧！

吴义：他二嫂，你别凑热闹了！

二嫂：咳！说的哪里话？今晚我不来，就没人来给你热闹了。

根花：（掏出一大把花糖）给！我看有糖才能甜住你的嘴。

二嫂：嗬！真开通，我的嘴呀，越甜话越多！哈哈哈……来来来，我先看看新娘子！呀……哟！他大叔，你可真有眼力呀，快奔五十了还交了桃花运，你艳福不浅，看多漂亮呀！

根花：义哥！这是……

吴义：这是咱的老邻居，她为咱结婚帮了不少忙，人都叫她"二嫂子"。

二嫂：对！几十年的老邻居了！今晚专门给你们闹新房来了。（将红包放到桌上）

根花：（打开红包）啊哟！这……

二嫂：饱瓜籽，大红枣，开花馒头挂面条，哈哈哈……

（唱）枣儿红，瓜籽饱，早生贵子小宝宝。

开花馒头张口笑，精细的挂面顺心条。

孝顺老母人称道，和美的日子节节高。

叫吴哥，唤吴嫂，你说这礼物好不好！

根花：尽说笑话，我都快45岁的人了，还生什么贵子。

二嫂：咳！人常说：四十五，努一努嘛，哈哈哈……（笑）

根花：咯咯……好吧！图个吉利！（放起红枣和瓜籽，不收挂面和馒头）

二嫂：（看在眼里，急转话头）妹子呀！你这一来就好了！这个家三代人就缺个拿针做饭的人啊。

根花：我也是看吴义怪可怜的，咱女人心软呀！

二嫂：唉，更可怜的是他妈，年青守寡，儿子又中年丧妻，她管了老的管小的，管了外头管屋里，不容易呀！没明没夜几十年，可把她苦坏了。

根花：哪个当妈的不是这样！

二嫂：咳！话可不能这么说。就说你们结婚吧，老人家跑前跑后，都快把老骨头贴上了，妹子呀！老人家就盼有个孝顺贤惠的媳妇呢！（笑啦）。（吴母上）

吴母：她二嫂，洞房里就数你热闹了。

二嫂：大妈！恭喜你了，媳妇一来，再不用你僵胳膊硬腿的扑腾了。

吴母：只要能爬动，我就坐不住哟！哈哈……

二嫂：咳！该享福就享福嘛。我看根花是个通情达理的人，还能再让你受罪？再说他大叔也再不让你动弹了。

吴母：那敢情好！

二嫂：唉，好啦，房也闹了，糖也吃了，你们也该吃这团圆饺子顺心面了，我该走了。

（二嫂说笑着下）

根花：真是尿泡打人，臊气难闻。

吴母：她就是那个嘴，是个厚道人，热心肠，丈夫下世早，留下个瘫婆婆，整天接屎接尿地伺候，左邻右舍谁不夸，年年都被市妇联评为"好媳妇"呢！

根花：那个老婆子也太不自觉了，我要是得了病，就早点死了，活着有什么用，拖累别人。哼！

吴母：唉，生死不由人哪！

根花：啊呀！吴义，这么晚了，你们家是不是有新娘结婚挨饿的规矩呢？

吴义：啊呀！我的妈呀！你咋还没做好饭嘛！

吴母：哎，哎！饺子已经包好，我这就去下。

根花：痛快点，不给吃就别作难。哼！

吴母：啊？！

吴义：还愣着干啥，快去吧，我的妈呀！

吴母：……（默然下）

吴义：唉！真是老不中用。

根花：那你还把她当祖宗供养呢！（顺手拿旧包袱甩在地上）

吴义：你别生气，厨房没地方放，再说大白天人多眼杂，大面子上也得亮得过去呀！

根花：去你的！你不动手，我来！咳！也该把你妈这千金包袱请出去了。（拾起包袱扔向门外）

（吴强上，正好接住包袱）

吴义：啊！是你小子。白天你不回来，这么晚了，你回来干啥？

吴强：接……包……袱！

吴义：啊？

根花：啊？

根花：吴义，这是……

吴义：这就是我给你说的我的儿子吴强。

根花：噢！是吴强呀！咯咯……吴强真孝顺，真会替你爹着想。

吴义：（拉吴强到一边悄声地）吴强，要有礼貌，叫妈！（吴强不应）叫，叫呀，叫妈！……你？！

吴强：爹！你不要生气，我将来绝不会将她当包袱扔出门外的。

根花：吆！这娃还挺多心的，刚才是闹着玩的，不小心将包袱……（示意吴义下）

吴义：吴强，你跟你妈先拉拉家常，我出去一下。（下）

根花：吴强，来，坐下，吃个苹果。

吴强： 我是来搬我的行李卷，从今以后，我就到厂里安家了。

根花：（高兴地唱）好啊！厂里安家主意好，奶奶也该享福了。跟着孙
　　　　　子住高楼，祖孙关照享天伦。

吴强：（背白）她是明甩包袱，暗赶奶奶。哼！我先看看这独根草有多
大本事。

根花：（背白）他既然回来接包袱，我也好来个顺水推舟。

吴强：（同时转身）奶奶这包袱就留在家里用吧！

根花： 这包袱就留在家？

吴强：（唱）包袱是奶奶的传家宝，几十年伴她把日月熬。这包袱好比
　　　　　老梅经霜雪，它本是奶奶心血浇。

根花：（唱）你既然说它这般好，赶快拿走别唠叨。

吴强：（唱）留下它奶奶用时很方便，你为何执意将它抛？

根花：（白）噢！原来你是一个人走呀！

吴强：（故意地）奶奶由我爹和你照顾，我挺放心的。

根花： 咳！你爹都快50岁的人了，你咋就不想他晚年。

吴强： 奶奶都70多岁的人了，你咋不想想奶奶的晚年。

根花： 你倒教训起我来了，你爹说话还得看我三分眉眼呢。

（背白）我还怕他不成！（突然撒起泼来）哎哟，好厉害的娃子，像你
这样，我以后还咋样活呀！我可受不了这气呀！（大哭大闹）

吴义：（急上）怎么啦？花，花，你怎么啦？

根花：（大声嚎叫）我可受不了这气呀，他进门就比鸡儿骂狗，你结婚
咋不和你那宝贝儿子商量好，我的妈呀！

吴义：（大发雷霆）你这龟子儿，吃上疯狗肉了，你知道不知道你老子
今天结婚。

根花：（继续）你得给我做主呀，刚过门就受欺侮，我没法活了！

吴义： 根花！你听我说。（对吴强）吴强，不管怎样，以后她就是你
妈，你不要拆老子的台，破坏你老子的爱情。

吴强： 我不拆你的台，不破坏你的爱情。可也不能娶了老婆不认娘呀！

吴义： 可你还没娶老婆就不认娘了。我把你娘摆在面前，你都不叫一声

妈，你还有脸说老子！前几天我就憋着一肚子气，老子忙着结婚，你也跟着凑热闹，搞什么恋爱！老子没结婚，儿子就谈对象，这像什么话？你才二十五六岁，你着什么急，老子都四五十岁了，哎！你说说，像你这样的儿子能孝顺父母嘛？哎！我这个老子在你的心里还有没有位置？

吴强：（突然大笑起来）哈哈哈……

吴义：你，你笑什么？都把好心当成驴肝肺了，真把人的心都凉透了！

根花：凉透了，真真儿的凉透了。（又大哭起来）

吴义：花，别哭！都怪我平时家教不严，（对吴强）哼！今日你气坏你娘，你负责，真没见过你这样不知好歹的逆子！

吴强：哈哈，逆子，天底下头号逆子，就是你，在外面奶奶有个好名声，有儿子有孙子，可我这孙子没本事，我每月工资全都被你抠去给了她，就连奶奶省吃零用积攒的钱也被你拿去为她办了嫁妆，可奶奶过的啥日子，奶奶咳嗽哮喘，整夜睡不着，你问过一句吗？医生开了20片气氨茶碱，你还改成10片，就这10片也是等我下班买回来，奶奶才吃下，你有良心啊，你孝顺啊，哼！奶奶的苦心被狼叼去了。

吴义：（无言以对）这！唉！

根花：（见势不对）啊呀！吴义啊！有这样的儿子，咱老了可怎么活呀……咱也太窝囊了。呜呜……

吴义：（对吴强）你！你给我滚！

吴强：我是该滚了，就连奶奶也该滚了！

（吴母端饺子上，止步听屋里的争吵）

根花：哎！这可是出自你口，我们没吭声。

吴强：我早知道你就等我这句话了，奶奶快80岁的人了，睡在厨房地上连个床都没有，可你们这洞房里连奶奶的包袱都放不下，一件件往外抛，你这孝顺儿子能扔出手吗？

吴义：（词穷理尽）你！（欲打吴强，吴母急忙进屋，拦住）

吴母：啊呀，行行好吧，也不怕别人笑话，快先吃饭吧。

吴强：奶奶，你……

吴母：你也快去吃饭吧！去，去！

（吴强不动。吴义坐一旁无话。吴母将饺子递给根花，根花毫无顾忌地吃起来。）

吴母：你们要闹，等我死了再闹。

（起曲）（咳嗽起来）

吴强：奶奶，你的药我配齐了，你快喝了休息吧！

吴母：你爹他们都还没吃饭呢！

根花：（眼珠儿一转）吃这饺子，干丝胡噎的想连气带卡噎死我呀！

吴义：（恶狠狠地）来碗汤的。

吴母：哎！汤我已舀好了，我去端。（下，遂即上，将汤递给根花）

根花：啊呀呸！……打死卖盐的了。

吴义：哎呀！你怎么不调淡点。

吴强：我重去端一碗。（接碗欲下）

吴强：（挡住）奶奶，少伺候他们。（奶奶无言，含泪）

吴强：奶奶！（夺下碗，放在一边）奶奶，你有没有志气?!

根花：对呀！人要有点志气嘛，别叫人伺候！不是咸，就是淡，诚心不给吃！吴义，咱自己做！（把饺子碗塞到吴母怀里，吴母一阵头昏，碗落地粉碎）

吴强：奶奶，奶奶。（急扶奶奶）（吴义欲扶）

根花：啊哟，啊哟！（吴义又忙去照顾根花）

吴母：吴义，娘我一片好心，真没想到换出你们这样的话来，唉！人老讨人嫌，只要你们两口子和和气气地过，我这好说！

根花：哎！老人家你这是什么意思？我可受不了这气，干脆各讨方便，我走，吴义，你跟你妈过吧。

吴母：（急得跪下）我求求你，就是我走也不能让你走呀！

（曲止）

根花：少来这一套，哼！（收拾急下）

吴义：（焦急）根花，根花，啊呀！都是你们这些祸害给搅的！根花！根花。我的妈呀！（欲追下，被吴母喝住。）

吴母：慢！你刚才说什么？祸害？

吴义：这……咳！（返身追下）

吴母：结婚第一天，就变着法儿赶我走，哼！我就是走，也得走个明白，干净！

吴强：奶奶，咱走，我就不信，天底下就没有咱的容身之地。

吴母：是该走了，我守儿子一辈子，反倒成了祸害，唉！我咋就想不过来。（二嫂扶根花上）

二嫂：吴嫂呀！要是早日我可以留你，今日这事呀，我怎么也不能留你在我屋里。（二人进屋。）

根花：看看，这哪里还是洞房。洞房洞房，夫妻同床，你看闲人满屋子。哼！

（吴义上）

吴义：啊呀！你到哪里去了，叫我好找。

根花：你还有心找我呀。

二嫂：刚才我看她跑出来了，就拉到我屋里缓了一缓，这不我又送她回来了。一家人贵在和顺，大家和气生活该多好。

吴母：（再次忍住）根花呀！咱都是过来人了，千错万错都是我的错，算了吧。

根花：不算了又有啥办法。我这肚量大，气不死。吴义，你们家老的、小的，我可是伺候不起，从今以后咱可是井水不犯河水。

吴母：啊……

二嫂：这……

吴强：哼！……

根花：吴义，你看着办！

吴义：唉！（唱）

　　　　吴义受的两头气，老鼠钻到风匣里，赶走娘亲众人骂，得罪根花我舍不得，何去何从难下手……

根花：吴义，你是当家的，你说吧，该咋办。

吴义：（接唱）催命鬼一个劲儿把我逼。

二嫂：（接唱）一家人和和气气过日子，又何必闹闹腾腾各东西。

吴强：（接唱）夜猫子进宅没好心，奶奶快快拿主意。

根花：（接唱）事已至此话已明，

（向吴义）你要娘还是要婆姨。

吴义：（接唱）罢罢罢！我心一横，眼一闭，不要脸，不要皮……舍弃老母为娇妻。

（白）妈！那……那……为了咱这个家，你就，你就和强儿一起走吧。

吴母：啊！（彻底绝望）真没想到，这一天来得这么快。

（唱）伏天的暴雨数九天的风，冰冷的肝肠铁打的心。儿子的屎尿娘吃尽，心血换来泪淋淋。50 年啊！……寒九酷暑娘牵挂，头疼脑热娘心痛。眼巴巴望子成了人，媳妇进家娘出门。

根花：老人家，你想开一点吧，这不是赶你走，你看现在家家如此，娶了媳妇就分家，咱也得改革改革嘛。

二嫂：吴义、根花，你们也太过分了。

（唱）花烛夜赶亲娘天理不容，眼前事不由人怒火填胸。你们这样忘恩负义妄为人，丧尽天良是畜生。

根花：狗拿耗子多管闲事！

二嫂：走！大娘，先在我家住下，我就不信天下哪有劈不开的柴疙瘩。

根花：谁家的老人能跟儿子过一辈子，不要那样顽固，什么事情都得识时务，自觉一点儿。

吴母：自觉？你们也要一天天老下去，我自觉，强儿，拿上包袱，咱走。

（吴母头昏欲晕出，二嫂、吴强跟出）

吴义：（欲追）妈……

根花：（挡，关门）吴义！（怒视）

（吴义退却。）

吴义：我的天呀！（抱头蹲在一边）

吴母：（猛转身）吴义，你有胃病，千万……别吃那硬东西。

（天空霹雷一声，闪电照出吴母的身影）

[幕急落，剧终]

附录二　银达村乡村文化的典型传承人物访谈录

（一）银达村文艺节目表演传承人——方秀兰（女 70 岁 农民 演员 曾任农民业余文化艺术团团长）

2015 年 8 月 10 日上午，本项目课题组成员乔德华、李有发、吴绍珍、刘徽翰、白贺兰在银达村调研期间，对银达村文艺节目表演传承人方秀兰进行了专访。

问：听说您打小就开始演节目了，是吗？

答：是的，我从 13 岁就开始演节目，一直演到现在。

问：那您本来是银达人，结婚后还是在银达生活？

答：对，为了娘家的演出队，结婚还是找了本村人，留在了娘家村。当时其实主要还是领导和观众们要求的，要求我嫁人要嫁在本村。我们村像我这样的有七八个，为了娘家的演出队，选择嫁在了本村。银达人娶媳妇都是有条件的，要娶有文化、会唱的姑娘，嫁女儿也要嫁到银达。

问：那您后悔过吗？

答：年轻的时候后悔过，你想啊，结婚去外地，去更好的地方，一辈子的命运说不定都改变了，能不后悔吗？但是现在不后悔了，我觉得我们银达还是好，我愿意为银达、为大家服务，能为大家带来快乐我感到很光荣，很自豪。银达搞文艺活动，领导只要言传一声，我必定来。

问：当时排练节目条件很艰苦吧？

答：是啊，以前在文化活动室排练，房子里太冷了，演员来都自己背上玉米芯芯来取暖。当然也没有钱买演出服和道具，这些我们都自己动手做。我记得曾经有 1 条围裙就是用我老公的 3 条裤子裁成的，还有日本军官的衣服是把一个麻袋染黄做成的，没想到做出来看着特别像，评价特别好。马的道具就拉出来一个马驹，照着量，画成图纸，用木头做成的。

问：你们一般什么时候排练呢？

答：白天我们要下地干活，只有晚上有时间排练，10 点钟开始，一排就到两三点，如果第二天演出的话就到四五点了。

问：节目排完是不是就可以回家休息了？

答：不行，早上四五点节目排完衣服一换直接去田里传花粉，因为我们这边搞制种。

问：排练节目真的是非常辛苦，那会不会因为太累影响干自己家的农活？

答：台上一分钟，台下十年功。要演好需要花时间、花心思去排练，当然我本身在这方面有一些天赋，也非常热爱这个，辛苦不用说，但我也因为演戏需要花时间，做事就快快地做，效率比较高，所以不仅不会影响干自己家的活，而且心眼变敞亮了，我还办了两个养殖场，一个朱氏牧业，一个天河养殖场，所以家里的经济发展得也不错。

问：听说您获得了很多的荣誉，都有哪些呢？

答：获得的荣誉有 1998 年世界妇女生活创造奖，2001 年全国第十一届"群星奖"戏剧比赛银奖，1991、1994、1995、2004、2006 年全省文艺调演一等奖，参加了全国第八次妇女代表大会，1993 年被选为省人大代表，还被评为全国、全省、全市的三八红旗手和肃州区的文化能人，以及 1994 年的全乡致富带头人、1996 年的全乡先进个体户。

问：世界妇女生活创造奖的奖金您都捐了，是吗？

答：是，奖金大概有 4000 元，我全捐给市妇女儿童基金会了，捐款的事情我都积极参加，我们艺术团去别的地方演出，道具都是我的车拉，一分钱不要。我当艺术团团长的时候，要求演员们不能各顾各，服装穿好没要互相看，要互相帮助，大家是一个团体。

问：您演了很多的戏，对哪几部戏印象或者感触最深？为什么呢？

答：那么多的戏中，我对《摔罐》和《洞房花烛夜》感触最深，因为这两部样板戏很经典，主要是教育人们要孝老敬亲，教育意义特别深刻。1996 年文化调演就在我们银达举办，我主演了《摔罐》，那时我们的剧场虽然简陋，但观众们看节目时鸦雀无声，高潮处都感动地流下眼泪。观众里面有很多是跑到银达来看戏的酒泉城里人。那时候城里人跑到农村看戏的情况不多见，但是在我们银达，那是经常有的。

（二）银达村文艺节目创作传承人——高正刚（男 82 岁 编剧 曾任酒泉地区酒泉县文化馆馆长）

2015 年 8 月 10 日下午，本项目课题组成员乔德华、李有发、吴绍珍、刘徽翰、白贺兰在银达村调研期间，对银达村文艺节目创作传承人高正刚进行了专访。

问：听说您一工作就到了银达，而且在银达工作了很久？

答：是的，我跟银达的文化渊源比较长。1955 年我参加工作，下乡第一个点就是银达村，那时省、地、县在银达常驻 66 个人，其他人半年一换或者一年一换，而我常年不换，几乎要变成银达人了。退休之后，银达有什么文化方面的事我也都在。

问：可以说您见证了银达文化的辉煌，能详细说说吗？

答：解放初期，银达只有 8 个人识字，为了发展生产，调动群众的积极性，村上办了速成识字班，大家积极性很高。虽然吃着"无菜一汤"，就是玉米糊糊汤，但学文化的精神头很足，争分夺秒地学习，睡觉时肚皮上画，干活空当时画墙皮、画地皮来识字。现在村里 62 岁左右的人几乎没有不识字的，父母很重视，村上乡上也很重视，还督促。1955 年毛主席按语更加鼓舞了银达人，学文化的浪潮一浪掀过一浪。当地还流传着这么一句话"远学小金庄，近学银达乡"，银达成了大家学习的榜样。银达的孩子们入学率在酒泉最高，升学率也最高，银达中学的学生 50%～60% 都能上师范，有的城里的孩子也来这里上。我的两个娃娃、我亲戚的两个娃娃都是在这里上的学。文化在银达深入人心，深入每个家庭，都知道家里头挂字画，增加文化氛围，很多人都叫我写了字，拿回去挂在家里头了。现在银达人也都想着必须要把孩子送进大学，不然觉得羞得很。

问：学文化大家都很重视，积极性很高，那文艺活动大家也一样积极参与吗？

答：非常积极。找演员别的地方是不好找人，银达是不好刷人。区上的演出都找银达村的文艺骨干。银达每年过年过节都有节目，年年有新花样，都比较先进新颖。群众也都很支持，农民还自发地亲自把柴火、馍馍送到排练场，说"好日子要唱着过"。1975 年，银达修了第一个剧场，2 层楼，砖土木结构的，能容纳 2600 人，那时候乡政府大楼都没建这么好。从 1980 年开始，银达三年搞一次文化艺术节，逢春节、三八、五一、六一、七一、十一、元旦都有活动。节目内容也比较丰富，小品、快板、戏曲联唱、舞蹈都有，舞蹈基本都是大型舞蹈，最多的时候一个舞蹈有 24 个人跳，男的女的一起上。演员们集体荣誉感也比较强，谁一旦感觉自己节目不如别人，就主动晚上加班，再弄一个经典一些的。

问：听说您创作了很多的剧本，好些还获了奖，都有哪些呢？

答：改革开放前主要有眉户剧《播种之前》《争分夺秒》、小陇剧《全家满意》，改革开放后主要有眉户剧《二混混接妻》《二混混发家》、小陇剧《摔罐》《洞房花烛夜》《拜寿》，还有民歌剧《怕老婆》。其中，《摔罐》获得了全国"群星奖"戏剧比赛银奖，《二混混接妻》获得了省、地、市调演创作一等奖，《二混混发家》获得了市调演创作一等奖，《洞房花烛夜》获得了市文艺调演一等奖，《拜寿》获得了区文艺调演三等奖，《怕老婆》获得了市文艺调演二等奖。

问：这些剧本题材的来源是什么？主要是什么内容呢？表演之后群众反映怎么样？

答：剧本的题材来源于农村真人真事，主要是弘扬社会美德，教育大家孝老敬亲的。像《摔罐》《洞房花烛夜》就是教育大家要孝顺老人。演员是身边的人，演的也是身边发生的事，这样的戏比较受欢迎。曾经也请外面的人来演，不管卖票还是不卖票的，群众好像兴致都不是很高，但是本土演员来演，场子里人站得满满的。观众比较给力，演员们也演得起劲儿。

问：银达的文艺活动这么受欢迎，您觉得还有什么别的原因吗？

答：我觉得还有一个深层次的原因就是银达的文艺活动内容都是传递一些正能量，引导人积极向上的。通过文艺活动的耳濡目染，银达人的文化素养、觉悟、上进心都提高了，男人不去喝酒打牌了，女人不搬弄是非。因此，刑事案件很少，邻里矛盾也很少，偶尔有，自己村里的人也能调解。以前有段时间，银达人孝老敬亲做得不好，观看了《摔罐》之后，有很大的改善。

问：咱们银达学文化学得轰轰烈烈，文艺活动也搞得红红火火，那经济发展得咋样呢？您觉得文化和经济之间有什么关系吗？

答：文化上群众都很积极，生产上也比别人先进，如制种，新品种的引进都要比别的村早，也更丰富。因为有了文化，脑子活了，就想办法搞好生产，把庄稼种好。村上就有一个农技站，收集了很多农作物品种的标本，农技站的同志研究制种技术连夜瞅麦子开花，一晚上不睡觉就在地里蹲着，对科学痴迷到这个程度了。银达有好几个全县第一，建立了全县第一个合作社、扫盲第一、银达村居民点修的最早、科学种田第一、政企合并第一、养鱼第一。那时城里人还不会吃鱼，而银达的鱼塘鱼苗就有 10 万条。我觉得文化与经济相互依存、相互促进，经济发展是文化发展的基础，文化又反过来推动经济的发展，成为经济发展的动力。像方秀兰，她是舞台上的台柱子，也是家里的顶梁柱，脑子活，眼界广，自己家里有两个养殖场，里里外外都是一把好手。

问：听说银达的社火每年都不一样，银达人非常善于创新，是这样吗？

答：是这样的，时代不同，政策不同，我们会编不同的剧本。社火啊，戏剧啊，都更新比较快，一般银达的新戏演出来之后，别的地方慢慢才改编，才演，别的地方演的基本都是银达的翻版。

问：您对现在银达的群众文化活动有什么意见和建议？

答：现在银达的教育走上正轨了，但是业余文化还得打个问号。物质条件好了，服装、灯光、设备都是现代化的，文艺节目表面上看起来很繁荣，但是形式大于内容，情绪表演多了，情节表演少了，一般舞蹈只要整齐就好，"满台锣鼓响，看人没印象"。专业剧团没了，业余剧团也没了，群众文化怎么办？希望政府能拿出个管理办法来。

附录三 银达镇文化艺术节目剧本创作统计表

银达镇文化艺术节目剧本创作统计表

剧种	剧名	创作年份	作者	演出单位	备注
眉户剧	《自主婚姻》	1954	李培喜	银达艺术团	
眉户剧	《路遇》	1958	李培喜	银达艺术团	

续表

剧种	剧名	创作年份	作者	演出单位	备注
眉户剧	《送子应征》	1958		银达艺术团	获酒泉市文艺调演一等奖
眉户剧	《抖秸草》	1958	李培喜	银达艺术团	获河西三地区文艺汇演三等奖
眉户剧	《两百块钱》	1960	李培喜	银达艺术团	
眉户剧	《金凤展翅》	1960	李培喜	银达艺术团	获酒泉市文艺汇演三等奖
眉户剧	《反对买卖婚姻》	1962	李培喜	银达艺术团	
眉户剧	《大地回春》	1962	李培喜	银达艺术团	
眉户剧	《老代表》	1967	李培喜	银达艺术团	
眉户剧	《学文化》	1968	李培喜	银达艺术团	获酒泉县文艺汇演二等奖
韵白剧	《风雨之前》	1968	李培喜	银达艺术团	
眉户剧	《播种之前》	1968	高正刚	银达艺术团	
眉户剧	《渡槽传情》	1968	李培喜	银达艺术团	参加酒泉市文艺调演
眉户剧	《重任在肩》	1968	冯会铭	银达艺术团	
小秦剧	《入团之前》	1968	李培喜	银达艺术团	
小陇剧	《送公粮》	1970	党书宏	银达艺术团	
小歌剧	《小先生》	1970	冯会铭	银达艺术团	
眉户剧	《鱼水情》	1971	冯会铭	银达艺术团	
小陇剧	《双丰收》		李培喜	甘肃省小陇剧团	
眉户剧	《看瓜记》	1971	冯会铭	银达艺术团	
眉户剧	《换标语》	1972		银达艺术团	
眉户剧	《追猪》	1972		银达艺术团	
小秦剧	《两张发票》	1972	李培喜	银达艺术团	参加酒泉市文艺调演
小秦剧	《东风化雨》	1972	郑铭	银达艺术团	
眉户剧	《争分夺秒》	1973	高正刚	银达剧团	
小秦剧	《青松林下》	1973	李培喜	银达剧团	
小秦剧	《两件衣》	1973	冯会铭	银达剧团	参加酒泉市文艺汇演
眉户剧	《两篮鸡蛋》	1974	李培喜	银达剧团	获甘肃省群艺汇演三等奖
眉户剧	《绘新图》	1975		银达剧团	参加酒泉市文艺汇演

续表

剧种	剧名	创作年份	作者	演出单位	备注
小陇剧	《全家满意》	1978	高正刚	银达剧团	参加酒泉市文艺汇演
眉户剧	《问路》	1982	段春林	银达剧团	
眉户剧	《卖整猪》	1983	小李	银达剧团	
小秦剧	《果农的忧喜》	1989	兰新斌	银达剧团	参加市文艺调演
眉户剧	《流水传情》	1982	李培喜	银达剧团	获市文艺汇演创作三等奖
小陇剧	《摔罐》	1991	高正刚	银达剧团	获"群星奖"戏剧比赛银奖
眉户剧	《二混混接妻》	1990	高正刚	银达剧团	获省、地、市调演创作一等奖
眉户剧	《二混混发家》	1995	高正刚	银达剧团	获全市调研创作一等奖
眉户剧	《姑嫂劝母》	1990	李培喜	银达剧团	
眉户剧	《换良种》	1991		银达剧团	
眉户剧	《两张证书》	1991		银达剧团	
秦剧	《包头赶驴》	1992		银达剧团	
眉户剧	《新郎新风》	1992		银达剧团、市粮食局	
小秦剧	《换宅基》	1993	李培喜	银达剧团	获市文艺汇演创作三等奖
歌舞剧	《他就是你》	1994		市农牧局	参加市文艺调演
小陇剧	《科技缘》	1995		市农牧局	参加市文艺调演
眉户剧	《抢险风波》	1994		市农牧局	参加市文艺调演
话剧小品	《放不下的心事》	1995		市农牧局	
眉户剧	《邻里情深》	1995		银达村十二组	获区文艺调演创作奖
韵白剧	《一路同行》	1995	李培喜	银达剧团	
小陇剧	《洞房花烛夜》	1995	高正刚	银达剧团	获市文艺调演一等奖
	《赵翠芳打胎》	1997		拐坝村十二组	获村文艺汇演一等奖
眉户剧	《新兄妹开荒》	1998		银达村十二组	获乡文艺汇演一等奖
小陇剧	《拜年》	1995	高正刚	农民艺术团	获区文艺调演三等奖
民歌剧	《怕老婆》	1995	高正刚	农民艺术团	获市文艺调演二等奖
秧歌剧	《情系灾区》	1998		农民艺术团	

续表

剧种	剧名	创作年份	作者	演出单位	备注
小陇剧	《老娘家中宝》	2006	张正彬	银达艺术团	获市文艺调演三等奖
眉户剧	《家中来了个陌生人》	2006	周彩人	银达艺术团	获区文艺调演演出二等奖
秦腔	《红柳泪》	1995	胡林江	原怀茂乡代表队	获区文艺调演二等奖
秦腔	《花城湖畔》	1995	王小林	原杯茂乡代表队	获区文艺汇演一等奖
秦腔	《考女婿》	1995	李培喜	银达艺术团	获区文艺调演二等奖
眉户剧	《皮包里的秘密》	2004	刘士超	银达艺术团	获区文艺调演一等奖
音舞快板	《欢迎你到银达来》	2006	周彩人	银达艺术团	
音舞快板	《婚育新风进万家》	2001	张正彬	银达艺术团	

附录四　银达镇农民业余艺术剧团骨干演员花名册

银达镇农民业余艺术剧团骨干演员花名册

姓名	性别	职业	艺术特长
祁世卿	男	教师	最早的文艺组织者之一，能拉能唱
王振邦	男	教师	表演、导演
王庆守	男	农民	三弦伴奏，能自弹自唱
杨临江	男	农民	戏曲表演
赵有礼	男	农民	戏曲表演
王保选	男	农民	戏曲表演和舞台效果制作
高正刚	男	农民	文武器乐伴奏和导演、作曲
王天明	男	农民	戏曲表演和弦乐伴奏
冯会铭	男	教师	戏曲表演和编剧、导演
李培喜	男	农民	编剧、化妆、文武器乐伴奏
陈辉祖	男	农民	戏曲表演，善扮老生
陈天佑	男	农民	戏剧表演和文艺组织
王正英	男	农民	戏剧表演、嗓音高亢，善扮老生
陈忠瑚	男	农民	舞台美术设计制作

续表

姓名	性别	职业	艺术特长
张志成	男	农民	戏剧表演
张生贵	男	农民	戏曲表演，善扮老生、丑角
孙佰汉	男	农民	戏曲表演，善演丑角
方三祥	男	农民	高胡伴奏和打击乐伴奏
刘登成	男	农民	板胡伴奏和三弦伴奏
李丰清	男	农民	洋琴、板胡伴奏
陈明祖	男	教师	板胡、二胡伴奏
王桂兰	女	农民	戏曲表演和组织
方秀兰	女	农民	戏曲表演和歌唱
唐秀珍	女	农民	戏曲和舞蹈表演、打击乐伴奏
杨爱琴	女	农民	戏曲、舞蹈、歌唱
李珍	女	农民	戏曲表演、打击乐伴奏
孙瑞英	女	农民	戏曲表演、打击乐伴奏
石会琴	女	农民	戏曲表演、打击乐伴奏
章志明	男	农民	戏曲和舞蹈表演
孙吉中	男	农民	戏剧表演
贾孝	男	教师	二胡、笙伴奏
运学义	男	农民	洋琴伴奏
伊吉恩	男	农民	戏剧表演
崔德元	男	农民	板胡、二胡伴奏
刘建鹏	男	邮递员	二胡、长胡伴奏
胡建荣	男	农民	板胡伴奏
程鸿斌	男	农民	竹笛伴奏、戏剧表演
方三成	男	农民	二胡伴奏
郑峰	男	农民	二胡伴奏
汪金文	男	农民	司鼓、戏曲表演
张维荣	男	农民	戏曲表演
吴会兰	女	农民	戏曲表演
党翠芳	女	农民	戏曲表演
张彩萍	女	农民	戏曲表演
赵玉风	女	农民	戏曲表演

姓名	性别	职业	艺术特长
祁淑玲	女	农民	戏曲表演
郑彦东	男	农民	戏曲表演
杨生辉	男	农民	戏曲表演
王帅	男	农民	戏曲表演
李琼	女	农民	戏曲表演
何玉玲	女	1968 年下乡知青	戏曲、舞蹈表演
张淑琴	女	1968 年下乡知青	戏曲表演
尹丽亚	女	1968 年下乡知青	戏曲、曲艺表演
魏兴霞	女	1968 年下乡知青	戏曲、曲艺表演
胡采英	女	1968 年下乡知青	曲艺表演

注：1968 年下乡知青在银达农民业余艺术剧团演出过很多好节目，尹丽亚、张淑琴还参加了全省群众文艺调演，获得优秀演员奖。

后　　记

　　本项目由甘肃省农业科学院党委书记、研究员魏胜文博士主持，负责项目总体设计及统筹，确定研究内容、研究方法，制订实施方案、组织检查落实，确定篇章结构、写作大纲、调查问卷，承担部分文稿撰写，并负责统稿、定稿；甘肃省社会科学院马克思主义研究所所长李有发研究员参与项目选点及总体设计，设计书稿篇章结构、写作大纲、调查问卷，组织现场调研及全书审稿工作；酒泉市社会科学院院长孙占鳌研究员参与项目选点及总体设计与资金统筹，协调安排和组织落实现场调查并参与审稿工作；甘肃省农业科学院农业经济与信息研究所所长乔德华副研究员会同李有发研究员共同组织进行现场调研、重点访谈及个别访谈工作。甘肃省农业科学院农业经济与信息研究所党总支副书记陈文杰助理研究员组织进行现场补充调研及入户访谈。参加现场调研的有甘肃省社会科学院吴绍珍副研究员、刘徽翰副研究员、宋文姬助理研究员，甘肃省农业科学院农业经济与信息研究所白贺兰助理研究员、任慧研究实习员，以及甘肃农业大学硕士研究生黄炳凯。原酒泉市肃州区史志办主任刘吉平全程参与现场调研，并负责组织对接调查问卷的逐户发放与填写回收，全部调查问卷由任慧统计分析。

　　除特殊说明外，本项目基础资料截止时间为2015年底。书中图片除各章作者提供外，其余照片由魏胜文、乔德华、白贺兰提供。

　　《文化新村》共分三篇八章。其中，第一章"银达村历史沿革、自然地理环境与社会传统"由任慧、乔德华、孙占鳌共同执笔；第二章"银达村文化的起源与变迁"由陈文杰执笔；第三章"改革开放前银达村文化与经济社会发展"由白贺兰执笔；第四章"改革开放后银达村经济社会发展与文化变迁"由陈文杰执笔；第五章"银达村文化与社会发展"由刘徽翰执笔；第六章"银达村文化建设与经济社会协调发展的特色与经验"由宋文姬执笔；第七章"银达村文化建设与经济社会协调发展面临的挑战"及第八章"银达村文化建设与经济社会协调发展展望"由吴绍珍执笔。前言、导言、后记及封页、扉页、封底相关内容由魏胜文、乔德华撰写。附录一"不同时代银达村乡村文化的代表性作品"由任慧、白贺兰整理；附录二"银达村乡村文化的典型传承人物访谈录"由白贺兰整理；附录三"银达镇文化艺术节目剧本创作统计表"及附录四"银达镇农民业余艺术团骨干演员花名册"由任慧整理。全部书稿由乔德华进行初审，并汇稿、统稿；李有发、孙占鳌复审，魏胜文终审。

在本项目实施过程中，酒泉市地方史志办公室（酒泉市社会科学院）提供了部分经费支持，参与了现场调查及资料查询工作。在项目调研中，得到了酒泉市档案馆、农技中心，以及肃州区文化馆、史志办、文体局、广电局、教育局等单位领导和工作人员的大力协助，得到了酒泉市肃州区银达镇党委、政府及银达村历任书记、主任的全力支持，特别是有"百村经济社会调查"总课题组及中国社会科学院社会学研究所、社会科学文献出版社和甘肃省农科院、社科院及银达村现任领导班子的鼎力支持，本项目才得以顺利完成，在此一并表示衷心感谢！有多位受访对象，以及银达村全体村民对调查问卷的填写给予高度重视和积极配合，在书稿出版之际顺表谢忱！

编　者

二〇一九年八月

图书在版编目(CIP)数据

文化新村 / 魏胜文等著. -- 北京:社会科学文献
出版社,2019.10
(中国百村调查丛书)
ISBN 978 - 7 - 5201 - 5628 - 8

Ⅰ.①文… Ⅱ.①魏… Ⅲ.①乡村 - 社会调查 - 调查
报告 - 肃州区 Ⅳ.①D668

中国版本图书馆 CIP 数据核字(2019)第 218971 号

· 中国百村调查丛书 ·

文化新村

著　者／魏胜文　李有发　孙占鳌　乔德华

出 版 人／谢寿光
责任编辑／任晓霞
文稿编辑／马甜甜

出　　版／社会科学文献出版社 · 群学出版分社 (010)59366453
　　　　　　地址:北京市北三环中路甲 29 号院华龙大厦　邮编:100029
　　　　　　网址:www.ssap.com.cn
发　　行／市场营销中心 (010)59367081　59367083
印　　装／三河市尚艺印装有限公司

规　　格／开 本:787mm × 1092mm　1/16
　　　　　　印 张:16.25　字 数:245 千字
版　　次／2019 年 10 月第 1 版　2019 年 10 月第 1 次印刷
书　　号／ISBN 978 - 7 - 5201 - 5628 - 8
定　　价／89.00 元

本书如有印装质量问题,请与读者服务中心 (010 - 59367028)联系